ベルクソンとマルセルにおける直接経験

ベルクソンとマルセルにおける直接経験

塚田澄代 著

知泉書館

謝　辞

本書のフランス語版を徹底的にご指導下さった，マルセル研究の第一人者でベルクソン研究者でもあった私の哲学の師，故パラン＝ヴィアル先生と，ベルクソン哲学を教えて下さった故澤潟久敬先生に本書を捧げます。

略 号 表

文献に関する略字および数字は，作品および引用ページを示す。
なおベルクソンの著書に関しては（ / ）内の前の数字は単行本の，後の数字は『全集（*Œuvres*）』のページ数を示す。マルセルの著書に関しては，前の数字は旧版の，後の数字は新版のページ数を示す。《 》は論文名。

BC: *Bergson*（J. Chevalier）

BE: *Henri Bergson et la notion d'espace*（H. Heidsieck）

B I, B II: *Bergson*, vol. I‒II（H. Hude）

BFM: *Bergson et le fait mystique,*（M. Cariou）

BSFP: *Bulletin de la Société française de philosophie*

CBN: Gabriel Marcel, *Colloque organisé par la Bibliothèque Nationale et l'association* «Présence de Gabriel Marcel»（J. Parain-Vial, S.Plourde, etc.）

Chr. Ev: *Bergson et le Christ des évangiles*（H. Gouhier）

DH: *La Dignité humaine et ses assises existentielles*（G. Marcel）（『人間の尊厳』）

DI: *Essai sur les données immédiates de la conscience*（Bergson）（『時間と自由──意識に直接与えられているものについての試論』）

EA: *Être et avoir*（G.Marcel）（『存在と所有』）

EAGM: *Entretiens autour de Gabriel Marcel*（G. Marcel, J. Parain-vial, P. Ricoeur）

EB‒I ～ IX: *Études bergsoniennes,* vol. I‒IX

EC: *L'Évolution créatrice*（Bergson）（『創造的進化』）

EE I, EE II: *De l'existenc à l'être*, vol. I‒II（R. Troisfontaines）

EMGM: *L'Ésthétique musicale de Gabriel Marcel*

ERM: *Entretiens Paul Ricoeur - Gabriel Marcel*（『≪対話≫　マルセルとリクール』）

ES: *L'Énergie spirituelle*（Bergson）（『精神的エネルギー』）

ET: *Entretiens sur le temps*（G. Marcel）

EVE: *En chemin vers quel éveil ?*（G. Marcel）（『道程　いかなる目醒めへの』）

略号表

EX.CH. *Existentialisme chrétien*: G. Marcel

FP: *Fragments philosophiques*（G. Marcel）

GB: «*Grandeur de Bergson*», *Henri Bergson, Essais et témoignage recueillis par A.B éguin et P. Thévénaz*（G. Marcel）

GM: *Gabriel Marcel interrogé par Pierre Boutang*（G. Marcel）

GM-KJ: *Gabriel Marcel et Karl Jaspers*（P. Rocoeur）

GM I: *Gabriel Marcel et les injustices de ce temps*（G. Marcel）

GMVE: *Gabriel Marcel un veilleur et un éveilleur*（J. Parain-Vial）

HH: *Les Hommes contre l'humain*（G. Marcel）（1958年版/1991年版）(「人間、それ自らに背くもの」)

HP: *L'Homme problématique*（G. Marcel）(『人間、この問われるもの』)

HV: *Homo viator*（G. Marcel）(『旅する人間』)

H IV: *Histoire de la pensée*, vol. IV（J. Chevalier）

JM: *Journal métaphysique*（G. Marcel）(『形而上学的日記』)

M: *Mélanges*（Bergson）(一部 *Écrits et paroles*, vol. I–II は『小論集』I–II に収録)

M IV: *Métaphysique.* Vol. IV（J. Parain-Vial）

ME I, ME II: *Le Mystère de l'étr*e, vol. I–II（G. Marcel）

MM: *Matière et mèmoire*（Bergson）(『物質と記憶』)

MPA: *Gabriel Marcel et la pensée allemande*（G. Marcel）

MR: *Les Deux sources de la morale et de la religion*（Bergson）(『道徳と宗教の二源泉』)

OE: *Oeuvres*（Bergson, Introduction: H. Gouhier）

PI: *Présence et immortalité*（G. Marcel）(『現存と不滅』)

PM: *La Pensée et le mouvant*（Bergson）(『思想と動くもの』)

PST: *Pour une sagesse tragique et son au-delà*（G. Marcel）

PVA: *Percées vers un ailleurs*（G. Marcel）

R: *Le Rire*（Bergson）(『笑い』)

RI: *Du Refus à l'invocation*（G. Marcel）（RI,1940年版/ *Essai de philosophie concrète*）(『拒絶から祈願へ』)

RMM: *Revue de Métaphysique et de Morale*

VC: *Vers le concret*（J. Wahl）

VPGM: *Vocabulaire philosophique de Gabriel Marcel*（J. Parain-Vial, S. Plourde etc.）

序　文

　　塚田さんは，ベルクソンとマルセルという二人の偉大なフランスの哲学者が，直接的認識について反省することによって，20世紀初頭に形而上学を否定していたさまざまな学説，つまり実証主義，科学主義，唯物論，マルクス主義またある種の観念論からさえも形而上学を解放したことを，大変深い洞察力で示した。これら二人の哲学者たちは，科学的認識が実在の全体に到達しないだけでなく，それらの科学的認識は直接的認識を含んではいるが，直接的認識，つまりまず持続や感覚，ついで神秘的経験とまでは言わなくても，明らかに共感や愛を説明できないということにも気づかせてくれる。それ故，彼らは直接的認識は，時間的な人間の存在が永遠の存在であることを気づかせてくれる。私たちの永遠の存在とは，マルセルの表現を繰り返すなら，「……と共にいる存在」であること，（存在は共存在であること）である。「存在」は，その言葉の完全な意味では，愛である「神」である。存在のさまざまな面は，私たちの直接経験，つまり感覚から美的経験，共感，さらに愛へと進む，と塚田さんが言う，経験に確かに内在している。すなわち，経験とは，両哲学者にとって，「主観と対象の対立を超えて自己以外のものを私たちに明らかにしてくれる開かれた行為である」（234ページ）。塚田さんは，ベルクソンとマルセルが直接経験を再発見するために類似した方法を用いることを示す。「ベルクソンとマルセルは，この経験に忠実であろうとする。そして彼らはこの具体的な認識を覆っている言語や抽象的概念を超えて認識をその独自性と特異性において再発見しようと試みた。この認識は主観と対象の分離を超える経験である」（233ページ）。
　　完璧に私たちの言語を使いこなし，我が国の偉大な著者たちの思想を伝えるだけではなく，彼らの哲学の根本的な点について反省する洞察力

を持っている日本の解釈者たちのフランス哲学への寄与に対して日本に感謝しなければならない。

パラン＝ヴィアル

まえがき

―――――

　本研究に取り組む前に，これらの二人の哲学者の比較研究にどのようにして取りかかるに至ったかを述べたい。本研究は，両哲学者の思想との日本の地での出会いによって生み出された。

　まずベルクソンとの出会いについて。20世紀前半の日本の代表的哲学者である九鬼周造は，ベルクソンが日本でどれほど評価されているかを語っている。彼によれば，私たち日本人が知った最初の西洋哲学は，「スチュアート・ミルとスペンサーの功利主義であった。〔しかしながら，〕日本精神はこの種の思想を全面的に受け容れることに賛成しなかった」[1]。これに反して，当時の主要な二つの思想の流れである「武士道という形での神道の思想と禅という形での仏教の思想」[2] の中で，前者がカント哲学との親近性があったように，後者はベルクソン哲学との親近性があった。つまり日本思想においてベルクソン哲学が受容されるようになったのは，絶対を直観によって捉えようとする禅との共通性があったからである，と述べている[3]。ベルクソンが日本で果たした役割につ

---

　1) «Bergson au Japon», *Les Nouvelles Littéraires*, 1928,『九鬼周造全集』第 1 巻，岩波書店，1982 年，261 ページ。坂本賢三訳「日本におけるベルクソン」同書，436 ページ。

　2)「武士道すなわち『サムライの道』は，絶対精神の信仰であり，物質的なるものの無視である。それは「意気」の理想主義道徳である。かくしてそれは日本におけるカント主義受容の必要不可欠の条件だったに相違ない。カント主義は，おそらく，認識論としてはともかく，少なくとも『道徳形而上学の基礎』としては，武士道の国にひとたび導入された上は，決して滅ぶことはないであろう」(同書，258 ページ。邦訳 439 ページ)。

　3)　九鬼はそれらの共通点としてベルクソンを引用しつつ，以下の三点を指摘している。(1) ベルクソンの方法は，「精神の単純で不可分な直観」であり，持続の「直接の取得」である。彼は言う，「回り道によっては持続に到達しない。一挙に持続のうちに身を置かねばならぬ」，と。ある禅僧は同じようなことを語っている。(2) ベルクソン氏は次のように書く，「我々は，外界からみずからを引き離し，力強い引き離しの努力によって自己を取り戻すよう心がけよう」と。これもまた禅の瞑想の方法である。(3) ベルクソン氏は持続についてそ

いては次のように述べている。

　　「主として形而上学への意欲を駆り立てたことであった。ドイツ新カント派の批判的形式主義によってあまりにも干からびさせられた我々の精神は，ベルクソンの形而上学的直観という『天恵の慈雨』を迎え入れたのであった。(…) ベルクソンがカント主義と闘ったその程度に応じて日本の哲学的思惟は新カント派の認識論から遠ざかったのである (…) ベルクソン氏は，カントが認識の質料と形相の間に打ちたてた厳格すぎる区別立ての中にカント主義の基本的誤謬を見て取った。(…)
　　〔それ故〕我々はベルクソン哲学によって新カント主義から（ドイツの）現象学に導かれたのであった。(…) ベルクソン哲学の第二の結果は，もっと自然的なものであって，それはフランスの哲学一般を評価することを我々に教えた」(Ibid., 89-90/259-260, 437-438)。

　西田の弟子である澤瀉久敬[4]の教えによってベルクソン研究のこの伝統はさらに存続し，私たちはベルクソンの思想に関心を抱いた。澤瀉はベルクソン思想を日本に広めるのに大いに貢献し，氏によって著者もベルクソンに出会う幸運に恵まれたのである。
　マルセルも日本の哲学研究において注目すべき重要性を有したと思われる。彼は 1957 年と 1966 年に来日し，9 巻の著作集が出版された。さらに，現代日本の代表的哲学者の一人である今道友信は，1988 年にフランス国立図書館と「G・マルセル協会」主催の学会で，マルセルの思想，特に参与と証拠の思想が，「我が国の伝統と明らかに似通っていると認めた哲学者たちによって進んで受け入れられたこと」(CBN, 172) を報告した。今道氏によれば，「マルセルは存在論の言語枠から脱却しようとした最初の西洋哲学者であった」(CBN, 171)。またマルセルに

の「表象は，(…) 自己に戻り自己に専念する思考にとっては明晰なものであるが，これを常識の言葉に翻訳することはできないであろう」と言っている。同じ理由から禅も言語を軽視する。(Ibid., 91/258,439)

　4) 澤瀉久敬はベルクソンについて次のような研究を出版した。『科学入門 ベルグソンの立場に立つて』角川新書, 1955。『ベルグソンの科学論』学芸書房, 1968。編著『ベルグソン研究』勁草書房, 1961。『世界の名著 ベルクソン』中央公論社, 1969 など。

まえがき

おける「証言としての命題の価値は存在論的真理と道徳的真理との合流点である。G・マルセル以来，私たちは，存在論をその客観性を損なうことなく内面化する可能性を見出すことができる。(…) 一つの証言をするためには，参与の行為をなすことが必要である」(Ibid.,171-172)。

著者は1996年にマルセルの「科学と知恵」という題の講演を聴くという幸運に恵まれた。この出会いと同様に作品を通じて両哲学者との出会いは，マルセルの表現によれば，「私自身の内的原理として，私に働きかけたのである」(GM,129)。

なお，本書は1991年，グルノーブル第Ⅱ大学に提出，受理された哲学博士の学位取得論文 *L'immediate chez H. Bergson et G.Marcel* を1995年に Éditions de l'Institut supérieur de philosophie, Louvain-la-Neuve（Éditions Peeters, Louvain-Paris）で出版したものに加筆・修正・削除を施したものである。

最後に，出版を励まし出版社をご紹介くださった久米博先生と，時間的に大変な無理を申し上げたにもかかわらず刊行をお引き受けくださった知泉書館の小山光夫社長に心から感謝いたします。

目　次

略号表 v
序　文 ix
まえがき xi
ベルクソンのマルセルへの手紙 xix

序　論 3

第1部　方法論

第一章　ベルクソンの方法──直観 17
　A　ベルクソンの超知性的方法 19
　　a）特権的思考としての直観 19
　　b）方法の第一歩──否定的方法 21
　　c）知的表象が引き起こす疑似問題と時間実在の無理解 41
　B　ベルクソンの「反科学的ではない方法」 46
　　a）厳密な科学としての哲学の方法 46
　　b）直観の生命科学による説明 49

第二章　マルセルの方法──第二の反省 53
　A　マルセルによるベルクソンの直観批判 53
　B　第二の反省 57
　C　第一の反省 58
　D　実存的確信 61
　E　結論──マルセルの第二の反省とベルクソンの直観 67

第2部　テーマ別研究

第一章　持続と広がり〔延長〕（時間と空間） ……………………… 77
 Ⅰ　ベルクソンとマルセルにおける直接的広がり〔延長・空間〕…… 79
  A　ベルクソンにおける直接的広がり〔延長〕………………………… 79
   a)　物質の広がり〔延長〕の直接的知覚〔純粋知覚〕………………… 79
   b)　芸術的空間 ……………………………………………………… 89
  B　マルセルにおける生きられる空間 ………………………………… 98
 Ⅱ　ベルクソンとマルセルにおける空間化された時間 ……………… 114
  A　ベルクソンにおける空間化された時間と空間 …………………… 114
   a)　等質的空間 ……………………………………………………… 114
   b)　記憶の広がり …………………………………………………… 122
  B　マルセルにおける空間化された時間 ……………………………… 128
 Ⅲ　ベルクソンとマルセルにおける持続 ……………………………… 139
  A　ベルクソンの不可分な持続とマルセルの分割されていない
    持続 ………………………………………………………………… 139
  B　空間化された持続の批判の帰結 …………………………………… 158
   a)　過去の経験──記憶 …………………………………………… 159
   b)　現在の経験 ……………………………………………………… 163
   c)　未来の経験──予見不可能な持続と予知 …………………… 170
  C　持続──永遠 ……………………………………………………… 175
  第一章の結論 …………………………………………………………… 179

第二章　ベルクソンの共感と愛およびマルセルの相互主観性 …… 185
 Ⅰ　ベルクソンにおける共感と愛の観念 ……………………………… 187
  A　他者と自己の存在 ………………………………………………… 188
  B　共感と愛のさまざまなレベル …………………………………… 190
 Ⅱ　マルセルにおける相互主観性 ……………………………………… 202
  A　他者と自己の存在 ………………………………………………… 203
  B　相互主観性のさまざまなレベル ………………………………… 207

Ⅲ　ベルクソンとマルセルにおける直接経験·· 217

全体の結論 ·· 233

参考文献 ·· 247
索　　引 ·· 257

ベルクソンのマルセルへの手紙

パリ，ヴィタル通り　32番地
1928年3月23日

拝啓

　あなたの『形而上学的日記』を私にご献呈下さると言うお考えに，私がどれほど心を打たれましたかをまず申し上げさせて下さい。しばらく前から体調が芳しくなく，仕事に取り掛かる時間が大変限られており，滞った膨大な仕事を片づけなければならなかったので，あなたのご著作を非常に表面的にしか読むことができませんでした。しかし一読しただけで，ご著書の深さと受容度を十分に推し量ることができました。特にそこに対象化の問題，あるいはむしろ実存の問題を新しい用語で提起する力強い努力を私は見てとります。あなたがご自分の思想に与えられた形態，つまり『日記』の形態は，読者にあなたの見解を見極める困難を覚えさせるでしょう。あなたのご著書を注意深く再読する必要があるでしょう。あなたが論じられる哲学は特に「超心理学研究」，つまりあなたがそのご著書の第二部で非常に重要な位置を与えているこの超心理現象によって拡大された実在に特に適用されるように私には思われます。お祝いと御礼を申し上げます。

敬　具

H. ベルクソン

パリ，1934 年 5 月 9 日

拝啓
　私の健康状態のせいで私は日中仕事をしたり書いたりする時間がほとんどありません。したがってあなたが下さった『こわれた世界』と『存在論的神秘の提起』もまた急いで表面的にまた大変遅れてしか読むことができませんでした。しかし一読しただけで，更に深く再読する必要があるでしょうが（自由な時間があれば確かにそうするでしょうが），あなたが序文で示された珍しい理由で一緒にされた二つの作品の重要性と価値が十分に見てとれました。しかしたとえこれらの理由がなかったとしても非常に新しい着想の戯曲とこのような深い思索を一つの作品にされたことを大変幸いに思います。あなたの「創造的誠実」という考えに私は惹きつけられました。それを十分に「実現する」には至らないのですが。あなたの『形而上学的日記』に関して私はあなたに書いたと思いますが，私があなたの思想を全面的に理解するには，あなたの見解を私の見解に対して位置づけることができたときにのみ可能でありましょう。そのためにはあなたの作品を更に詳しく，そしておそらくノートを取りながら再読しなければならないでしょう。目下のところは，あなたの非常に力強く非常に独創的なあなたの新作品をどんなに興味深く拝読したかを申し上げるのにとどめておきます。

敬　具

H. ベルクソン

　　　　　　　　ベルクソンのマルセルへの手紙　　　　　　xxi

————————

　　　　　　　　　　　　　　　　パリ，1934 年 7 月 2 日

　拝啓
　あなたが私の本『思想と動くもの』について書いて下さったことにどんなに私が心を打たれたかを表現できません。あなたは私の意図を素晴らしく理解して下さいました。そのご理解にふさわしいことを私はしたのでしょうか。あなたが結論で与えて下さる評価に私は深く感動しておりますが，私の作品はその評価に値するのでしょうか。この世を去ろうとしているときにあなたからのお言葉を実際頂くことができることは，確かに，言い表しがたいほどの喜びでありましょう。あなたは「音楽の精神」について語っておられます。あなたがこの「精神」について，書かれるご予定の御本あるいは論文を御執筆なさるよう願っています。御礼と友情をこめて。

　　　　　　　　　　　　　　　　　　　　　　H. ベルクソン

————————

　　　　　　　　　　　　　　　　パリ，1935 年 6 月 11 日

　拝啓
　『存在と所有』を拝読したばかりです。この御本が私にもたらした強い印象を述べたいと思います。文学史家が言うように，あなたは一つの「ジャンル」の創設者です。あなたは『形而上学的日記』を作り出されました。それは毎日の印象を綴られるのですが，それらの印象は一般的な意味での感覚や意識にさえ由来するものではありません。それらは確かに形而上学的印象です。それらの印象はどこから来るのでしょうか。その源は，あれこれの魂の状態において，あなたがある超感覚的な実在から直接的に発見される意味内容の中に見出されると思います。その意味内容のあるものは，一方では，あなたが身体に関するものを，他方で

は魂の表面にあるものを除かれるとその後に残るものです。しかしあなたがご自分の思想を一つの連結線で結ばれるなら，あなたの御本は私にとってもっと明瞭なものになるでしょう。もちろんそれを一つの体系的な全体にすることなく，ですが。私がより一層の連続性を望むのは恐らく間違っているかもしれず，互いに結びついている様々な部分の性質を変質させてしまう危険があるかもしれないということは事実です。本当のところは諸著作を再読する必要があります。もっと注意深く，これまでできなかったほど遥かに注意深く，です。しかしあなたがこの御本を書かれたこと，多大な力と洞察力をそこに注がれたことに対してお祝いを早速申し上げたいと思います。

敬 具

ベルクソン

ベルクソンとマルセルにおける直接経験

序　論

　本書のテーマは，ベルクソンとマルセルにおける直接経験である。直接経験とは，彼らにとって根本的なテーマのひとつである。これら両哲学者の比較研究が興味深いのは，彼らの主要な関心が，マルセルの表現を取り上げるなら，「どのような条件で，哲学するという行為が，言葉ではなく，事象そのものを対象とする実際の行為となり得るかを知ること」(GB, 34) であればあるだけになおさらである。言い換えれば，彼らは人間経験をできる限り誠実に分析することを望んでいるのである。
　第二に，両哲学者の研究が興味深く思われるのは，フランスにおける新しい哲学の方法が，実際，ベルクソンとマルセルと共に生まれたからである。カントに代表される古典的哲学は，実際，認識する者と認識されるものとの間に距離を作り出すので，認識は直接的ではあり得ない。
　近代思想は，ヘーゲルと共に直接経験，あるいは直接的実在に到達するためにこの距離をなくそうと試みるが，ベルクソンとマルセルによれば，その試みは挫折する。というのは，ヘーゲル哲学は，媒介を再導入するからである。つまり探し求められた直接経験は，間接的にしか到達されないのである。たとえ直接経験に到達するとしても，媒介の過程には終わりがないように思われる。
　ベルクソンとマルセルと共に，直接経験の新しい認識が告げられるように思われる。その認識とは，マルセルが言うには，「実存の根源そのもので媒介不可能な」(ME I, 125) 直接経験の性格を発見することである。さらに彼は次のように付け加える。「この困難な観念の周囲に，それを一層明白に解き明かすため反省が，いわば強力な光を放射しなければならない」(Ibid.)。

マルセルは，ベルクソンとロイスの著書[1]について考察することによって，直接経験の重要性に気づいた。そのことを明確にしよう。マルセルを引き付けたのは，体系としてではなく，思考様式としてのベルクソン哲学である。マルセルが称賛するのは，ベルクソンの哲学精神，直接経験に対する探求精神である。実際，ベルクソンにとって，考えることは，「発見し，明らかにし，開示する」(GB, 34, ERM, 15) ことである。それ故この思考様式は，私たちの深い実在を明かす直接経験の探求に至る。ベルクソンの影響を受けてマルセルは，当時在籍していたソルボンヌ大学を支配していた「抽象化の精神」(ME I, 63-64, GM, 29) から解放された。

　確かにベルクソンは，「概念を偶像崇拝する思考のまったくの不十分さ，むなしさ」(MPA, 116)[2]を示す。概念は，「経験から出発するのではなく，名前こそ経験でも，経験の屑から出発する」(ME I, 63-64)。マルセルは彼の哲学的探求の方向全体を「現実の咬み傷」(RI, 89/101) を見分ける哲学の方法，つまり具体的哲学へと変更するように導かれた。

　それ故マルセルにとっては，ベルクソンの後で，哲学することは，もはや体系，ベルクソンが言うように「完璧な建造物」を作り上げることではない。マルセルの用語によれば，「素晴らしい建物の重なり合った階」(GB, 34) を打ち立てることではない。哲学することは，ベルクソンにとっては，「直接経験へと帰ること」[3]，「測深器」を投げ込むこと，「底に触れること」(PM, 225/1431) であり，マルセルにとっては，「掘り下げること」(RI, 23/26) である。それだからと言って，彼らが19世紀まで用いられた意味での経験論者である，ということではない。彼らは，むしろマルセルが後に「経験的」(ERM, 45-46, EAGM, 86) 哲学と

---

1) J. Royce, *L'Esprit de la Philosophie moderne*（1982），*La Conception de Dieu*（1893），*Les Études sur le Bien et le Mal*（1898），*Le Monde de l'Individu*（1900-1902），*Mannuel de Psychologie*（1908），*La philosophie du loyalisme*（1908），*La Philosophie de la Vie*（1911），*Les Sources de l'intuition religieuse* (*The Sources of La métaphysique de Royce*, Paris, Aubier, p.7)，*Religions Insight*（1912），*Le Problème du Christianisme*（1913）．

2) A.-A. Devaux, «La conjoncture de la raison et de l'amour», MPA, 116.

3) E. Le Roy, *La pensée intuitive*, vol. I, *Au-delà du discours*, Paris, Bovin et Cie, 1929, pp.86, 141.

呼ぶだろうものを作ったのである。ベルクソンとマルセルにおける直接経験へと帰ることに関する比較研究において興味深く思われるのは，一方では，両哲学者においてこの立ち帰りが表している真理への関心〔疑いえないものへの欲求〕である。また他方では，この関心によって彼らがたどらなければならない過程である。直接経験への立ち戻りは，ベルクソンにおいては，持続と感じることの経験から神秘的経験へと向かい，マルセルにおいては，感じることから信仰と愛へと向かう。そして両者とも神を見出した。

　ここでマルセル思想の展開を手早く順を追って思い起こすと，ベルクソンがマルセルに対して占めた重要性を理解する助けになるであろう。ペギーが語ったように，「私たちの鉄鎖を打ち砕いた」(GB, 32)，すなわち20世紀の初めに伝統的経験論，観念論，唯物論が押しつけた鉄鎖を打ち砕いた人，ベルクソンに対するマルセルの感謝の念を理解することができるであろう。

　子供の頃から，マルセルは，「死者はどうなるのか」という気がかりな問いに付きまとわれた。彼を取り巻く人々は，不可知論者であり，その子供の周りに不安定で無味乾燥な雰囲気を作り，そこでは息苦しかった。この付きまとう問いが彼岸や神についての彼の思索の出発点であり，彼の将来の探求を方向づけた。彼の個人的で，具体的なものへの要求は，すぐに現れる。彼はドイツの抽象的哲学に対して抱いていた関心を，彼自身の先祖がゲルマンであるということによってだけではなく，その思想の厳密さや特に日常生活やその退屈な流れから超越したいという彼の欲求によっても説明する。まず彼はヘーゲルの読書に没頭した。彼はヘーゲルから『精神現象学』の冒頭でなされているような直接経験への批判や『論理学』を支配している絶対知を学んだ。しかし彼はすぐに，1910年から1911年頃に，この絶対知の観念を批判する (Cf. FP, 23-67)。なぜならば，絶対知は，存在が意識に全面的に内在することを主張し，存在と存在の観念を同一視するからである。しかしながら，1909年頃にはまだ，マルセルはヘーゲルに対する情熱を保っていた (Cf. EE I, 40)。彼の高等教育免状取得のための口頭審査の際に，「最も真に現実的なものは，最も直接経験ではなく，弁証法の果実，思考の建

物の到達点であることは大いにあり得るであろう」[4]と断言した。マルセルはヘーゲル哲学に長い間惹きつけられたことを打ち明ける。1951年にもなお彼はこう書いている。「ヘーゲルは具体的なものが決して直接経験〔この語の観念論的意味で、つまり多様なもの〕と混同されえないことを力強く説き明かしながら、具体的なものの優位を擁護するために見事な努力をした」(HH, 8/13)。にもかかわらず、マルセルは回想録の中では、ヘーゲル哲学は、具体的で実際の私の運命に対する無理解のゆえに、深い警戒心を起こさせた、と述べている (Cf. EXCH, 295)。トロワフォンテーヌは、これに対して「恐らく、ヘーゲルの影響についての過去にした判断がいくらか微妙に違ってきたのであろう」(EE I, 40) と指摘し、またヴァールは、「1914年の『形而上学的日記』の第一部では、時にはヘーゲル的、また時にはフィヒテ的な観念論と合理論の跡をとどめた多くの箇所を、〔マルセルは〕後になって斥けるに至る」(JM, 3, 19-23, 30-37, 74-75, 103-107,129; VC, 226) と指摘している。

　フィヒテについて、マルセル自身次のように述べる。ヘーゲル同様に、「フィヒテは、その道徳第一主義と特に絶対的自我から具体的自我への移行の不可能性によって、自分をいらだたせた」(EXCH, 295)。マルセルが「高次の経験論」に近づくための光を見出したと思ったのは、どちらかといえば後期シェリングにおいてである。彼の経験論が、マルセルの超越的なものへの要求、個人的で具体的なものへの関心に応え、経験を「約束の地」(EXCH, 295-296) として示すように思われていたのである。このヴァールが言う「第二段階の経験論」(VC, 7) は、J. S. ミルあるいはスペンサーのような「第一段階」(*Ibid.*) の経験論ではない。一方、マルセルを引き付けていた非常に抽象的なドイツ哲学は、恐らく彼にとってこの第一段階の経験論から逃れる手段であった。マルセルにとって「高次の経験論」は「超感覚的世界」へと自らを開くことにある。こうして彼は次のように断言する。「哲学することは、私にとって恐らくはじめから超越することであった。(…)〔ただ、〕超感覚的世界という考えが或る意味で私の思想的発展の中心となっていたとしても、私はこの世界を原型としての宇宙として描くことに深い嫌悪感

---

4) «Consatates», *La Nouvelle Revue Française*, avril, 1925, p. 596.

を抱いていた」（EXCH, 294-295)。したがって，彼はすでに暗黙のうちに実在論者であった。彼は自らこう述べた。「個人的で具体的な要求」(*Ibid.*)，「諸存在をそれらの特異性においてとらえようとする執拗な欲求は，私の演劇作品ではるかに直接的に表明された」（RI,192/220)。彼は個人的生活の置き換えできない独創性を考慮に入れないことを認めようとしなかった。そしてマルセルにとって「抽象は一つの目的そのものと思われないばかりか，それは確かに必要であるけれど，最後には本当に具体的なこと[5]，こう言ってよければ，感覚的経験よりももっと具体的で，感覚的経験がその中に再び現れるとしても，それを変形させ，変容させてしまうような具体的なことに達するための，険しい，曲がりくねった道にしか見えなかった」（DH, 38)。「私たち各人のうちで普遍的な原理と考えられているような思想は，それを下から支えている具体的で，個別的な経験を，偶然的なものと見なすことができないばかりではなく，むしろ逆に，それが無用な形式になってしまわないためには，そのような経験の内容が偶然ではないことを認め，表明しなければならない。（…）しかしそのことは，結局，その内容は信仰者が神の意志と考えているような，偉大な力によって望まれたものであるということになる」（DH, 49)。ところで，マルセルが変貌について語る時，ブラッドレーの著作『現象と実在（*Appearance and Reality*）』の影響下においてである。その上，マルセル自身，この影響を否定しない。ブラッドレーとボザンケ〔イギリスの新ヘーゲル哲学者たち〕は，「ヘーゲルの弟子を自称しつつ，実際にはその学説を変形した。ブラッドレーにおいては特に，一方では，直接経験の非常に強い感覚が，この直接経験に関してのヘーゲルの批判と共存している。他方では，絶対知という考えが，知られ得ない絶対へと変貌する」（VC, 225) とヴァールは説明する。そしてマルセルは，「ブラッドレーにおける有限な中心にある主観性とボザンケにおける世界と自己の統一について考察することによって」，彼らを超えて，「新ヘーゲル哲学とは正反対の見解」に到達し，新しい直接経験という考え，「世界の劇的で宗教的な見方」を見出す（*Ibid.*)。け

---

[5] マルセルにとって真に具体的なこととは，目に見える感覚的経験ではなく，感覚的経験をも含むが，その根底にある目に見えない普遍的な人間の本質，つまり人間が目指すより充溢した存在になること，充溢した「存在」に近づく経験である。

れども，1913年から1914年には，まだマルセルは，宗教の理解あるいは，「思考の正当で独創的な方法として認められる信仰の先験的条件」[6]について，まだカント以後の哲学のように体系を打ち立てることを望んでいた（Cf. RI,23/25, JM, IX）。彼の計画は，「アムランの『表象の諸要素についての試論』とまではいかなくとも，少なくとも例えばブートルーの『自然法則の偶然性』に比べられる古典的な形の作品を作り上げることであった」（RI, 83/95）。しかしマルセルは，日記の形態は，「望んだわけではなかったが，必然的にこういう形をとることになった」（Ibid.）ものであると付け加える。『形而上学的日記』の第一部では，厳密であろうとする要求によって採用した観念論的原理に従った弁証法の観念を乗り越えようとしたと打ち明ける。彼自身が言うように，観念論に由来する言語を用いており，その後それを廃棄することになる（Cf. JM, IX – X）。

確かにベルクソンの影響と1914年の戦争によって，マルセルの注意は，感覚の実在と自己の身体へと集中することになった。つまり，私の身体は，直接的感覚によって世界や存在するあらゆるものに現存するということに気づいたのである。ベルクソンの方法と彼の直接経験へ帰る関心に助けられて，マルセルは感じることについての自分の考えを練り上げ，「感覚はメッセージではなく，あらゆる媒介作用の以前にある直接経験である」（JM, 267）とするようになる。

言い換えれば，マルセルは，ベルクソンのいくつかの考え，例えば，「感覚がなんらかの仕方で理解可能なものとして現れるためには，精神が観念の世界ではない宇宙の中に一挙に身を置くことに成功しなければならない」（JM, 322）という考えを採用する（Cf. VC, 235）。マルセルは，1927年に出版された彼の初の著書『形而上学的日記』をベルクソンに捧げる。彼の著作の中には，至るところベルクソン的表現が見出される。特に次のような対立を示す表現が見られる。「具体的と抽象的」，「寸法を合わせたと出来合いの」，「閉じていると開いている」，「時間的と空間的」，「質的と量的」，「自由と決定的」「実在の思考と論理数学的思考」，「持続と映画手法的観点」などである。しかしながら，マルセル

---

[6] M.-M. Davy, *Un philosophe itinérant, Gabriel Marcel,* Paris, Flammarion, 1959, p. 228.

が第二の『形而上学的日記』である『存在と所有』をベルクソンに送った時，次のようなベルクソンの返事を受け取った。「私はあなたの御本を読みました。私は大変当惑しています。というのは，あなたを私に対して位置づけることができないからです」（GM, 60-61）。マルセルは，ベルクソンの感想はもっともだと認める。というのは，「『存在と所有』はベルクソン的ではない次元に位置していたからである」（Ibid.）。ベルクソンがマルセルを自分に対して位置づけることの難しさは，恐らく，ベルクソンがマルセルほど人間存在のドラマ，「霊的な問題のドラマチックな切迫性」[7]に対して敏感ではなかったからである，とマルセルは言う。片親のなかったマルセルに強い衝撃を与え，また戦争の経験が掻き立てた人間愛と死のドラマに対して，ベルクソンは，マルセルほど敏感ではなかった。これは一仮説である。というのは，ベルクソンは，あらゆる伝記的詳細を消すことを気にかけているように思われるからである。また彼の書簡を出版することを禁止しさえしたからである。

　そうであったとしても，両哲学者は，具体例を引き合いに出し，「その意味が経験に基づいている概念しか受け入れない」（GMVE, 130）。ここで私たちは，直接経験，実存，存在についての彼らの考えの一致と相違を明確にしよう。なぜなら「人間が反省して以来，人間の生の意味と神の存在という永遠の問いに直面する」[8]のであるから。

　まず彼らの方法を明らかにし，比較することから始めよう。ベルクソンとマルセルが到達したいと望む直接経験は，親密で，純粋で，深く，質的である経験である。主体と対象との対立を超える経験を再び見出すために，構築され，媒介的なあらゆる認識，ベルクソン的用語では，有用で，空間的な表象がどのように取り除かれるかを見つけなければならない。

　それら両者の方法が，直接経験への接近を妨げる抽象的で構築された概念を取り除くことに取りかかるために，ほぼ一致することが分かるであろう。そして言語の空間的で抽象的な性格とまた同様にその結果生ずる思考に対するベルクソンの告発は，マルセルにおいては，実存と存在

---

7) «Notes et réflexion. Note sur les limites du spiritualisme bergsonien», *Vie Intellectuelle*, n°2, 1929, p. 269.

8) J. Parain-Vial, *Tendances nouvelles de la philosophie*, Paris, Le Centurion, 1978, p. 11.

の相互主観的性格に近づくことへの障害となる対象化に対する批判に対応している。トロワフォンテーヌは「二人の哲学者の根本的な歩みは真の類似を示している」(EE I, 204) と指摘する。直接経験に到達するために，ベルクソンは直観を，マルセルは「第二の反省」を用いる。「第二の反省」によって，マルセルは彼が「直接経験」，「生きられた経験」，「存在への参与」，「盲目的にされている直観」，「完全な相互主観性」，あるいは「愛」と呼んだものへと導かれる。

方法の問題は本質的である。というのは，これから見るように，哲学の厳密さがそこにあるからである。ベルクソンを「持続の直観」，マルセルを「存在への参与」へと導いたのは，私たち各人がやり直すことができる厳密な反省である。マルセルは，第二の反省によって，ベルクソンに続いて言語と言語に緊密に結びついている概念批判を行うが，それは真の知的本質をなしているものである[9]。

第二部では，各々の方法の実践によって明らかになる直接的実在の比較を行う。それらの実在とは，感覚世界，人間存在，超越的「存在」である。

第一章では，両哲学者における広がり〔延長〕，持続，永遠の観念を考察する。それによって，時間と空間に関して彼らが発見する直接経験と媒介的なものの区別のみではなく，存在や永遠に対する私たちの実存の位置についても明らかになるであろう。つまり時間に関する両哲学者

---

9) これに対して，ベルクソンは，次のように知的本質の批判をするが，それはベルクソン的な意味における知性批判である。「思考と言語は，元来空間における人間労働を組織する事を使命とし，知的本質のものである。ただしそれらは必然的にあいまいな知的性格のものであり——社会が利用すべき物質への，精神のきわめて普遍的な適用なのである。哲学が最初それらのもので満足し，純粋な弁証法として出発したのも当然至極である。哲学はそれ以外のものを持ってはいなかったのである」(PM, 87/1321)。この言語と概念批判は，「ベルクソン哲学自体のカギの一つであり，学説全体，その主要な否定的証明がそれに基づき，寄りかかる主要な構成の一つである」(J. Théau, *La critique bergsonienne du concept*, Toulouse, PUF, E. Privat, 1968, p. 15)。というのは，ベルクソンは哲学者のさまざまな学説を検討した結果，彼らの論争がぶつかる難問においては言語が大きな役割を演じていたことを発見するからである (Cf. PM, 5, 149/1256, 1370)。

マルセルもまた同様に，あらゆる語は不適切であるということを認めている。例えば，「現存」，「参与」，「新しい直接経験」，「統一」，「共存在」，「状況内存在」などである (Cf. GMVE, 94-97)。彼は「晩年に『参与』の語に空間的響きがあることを懸念した」(GMVE, 96, Cf. RI, 224/257, EAGM, 205-206)。このように，彼は，用いる言語について絶えず反省し，それを批判し，取り替える。

の存在論を検討する。
　第二章では，この存在論をさらに方法論としてではなく，直接に研究する。存在を言い表す語の一般に避けられない不的確さに由来する語彙の相違に欺かれないように試みつつ，両著者における存在についての考え方の類似と相違を見る。語彙というものは常に二元論的で，思考をそれが表す対象と対立させる。これに対して，ベルクソンとマルセルの哲学は，そのように言われているのとは違って，漠然とした印象あるいは感情に基づいてはおらず，還元することもそれなしで済ますこともできない存在についての理解，つまり，感覚的認識と身体的生を精神的生と神秘的経験に結びつける存在についての理解に到達するということを示したい。

第1部
方　法　論

ベルクソンの反省は20世紀の初めに展開された。ベルクソンは，彼が最初に与していたスペンサーの哲学に疑問を感じると同時に，当時カントの観念論を解釈し普及した新観念論に対しても反発した。カントは，彼には「実在の直接的な把握を放棄している」[1]ように思われた。

　「スペンサーにおいて惹きつけられたのは，彼の精神の具体的な性格であり，精神を常に事実の場に連れ戻そうとする欲求であった」[2]。ベルクソンは，科学のもつ「絶対的な正確さと，完全なまたは増大する明証性」(PM, 2/1253) をスペンサー哲学の中にだけ見出すことができると考えた。

　しかしながら，ベルクソンは，博士論文を書くために時間について熟考し始めたとき，スペンサーに対立した。彼は，スペンサーが抱き科学者たちが用いていたような時間は持続しないことに気づいた。それ故，彼は，私たちが経験する，あるいは生きているような持続とは何であるかを知りたいと思った。つまり直接経験を見出そうと試み，1889年に『意識に直接与えられているものについての試論』を書いた。

　直接経験を見出すためのベルクソンの直観的方法とは何であったのか。第一に，私たちが自分たちの生を知性によって構築された世界の表象に基づいて考えることに彼は気づいた。そのことは，彼が「空間化された時間」と呼ぶものを前提としている。しかし，私たちは何を生きているのか，つまり，どのような持続の経験をしているのかについても，彼はまた自らに問いかけた。それは，彼が「厚みのある現在」，不可分な持続，注意という行為によって把握される統一と呼ぶものである。彼は，表象と知覚を分析することによって，それに基づいて知性がこの表象を構築する経験に私たちを気づかせ，つまり，持続する感覚，記憶によって覆われている感覚あるいは知覚に気づかせる。彼は「知覚は思い出す機会」(MM, 68/213) であることを示す。ここにデカルトが示した例がある。彼が窓越しに見たとき，「私は人間そのものを見ていると言う。しかし私が見ているのは，帽子と衣服だけではないか」[3]と彼は指

---

1) M. Barthélémy-Madaule, preface, *Bergson et adversaire de Kant*, Paris, PUF, 1966, p. VII.

2) Ch. Du Bos, *Journal* 1921-1923, p.63, Paris, Corréa, OE, 1541

3) *Méditations seconde*, Ch. Adam et P. Tannery, *Oeuvres de Decartes*, vol. IX, Paris, Vrin,

摘する。私たちはこのように以前に見た帽子と衣服を身に付けた人間の記憶を投影して，帽子と衣服を知覚しただけで，人間を見ていると思い込んでしまうのである。

　この方法によって，私たちは，自分たちが実際に生きていること，経験していることが何であるかに気づくよう導かれる。そしてベルクソンの影響を受けて，マルセルは，そのことを再び取り上げることとなる。

　マルセルもまた不可知論的な環境で，「よく理解できないが，常に息苦しかった不安定で無味乾燥な雰囲気」（EXCH, 300）の中で生きた。ベルクソンのように，彼は経験論と実証主義に反対していた。彼はまたソルボンヌ大学を支配していた新観念論をも不十分なものだと見なしていた。

　彼が「第二の反省」と呼ぶことになる方法は，第一の反省に対する反省である。まず両哲学者の方法の共通点と相違を明確にし，彼らの方法の違いはなぜか，その理由を探すことを試みよう。特に諸科学に対する両哲学者の相反する態度が，彼らの方法とその理由の違いという点に関してどんな重要性をもつのか検討するであろう。それによって両哲学者の共通点と相違を一層よく理解できるであろう。

---

p.25. *Oeuvres et Lettres*, Paris, Gallimard, 1953, p. 281.

第一章

ベルクソンの方法
——直観——

　ベルクソンの方法が興味深いのは,「根本的な逆説」, つまり「二つの目標の結合」(H IV, 553) にある, とシュヴァリエは言う。これらの二つの目標の一つは,「反科学的ではない方法」であり, もう一つは,「超知性的方法」(B, 99-100) を用いることである。けれども付け加えなければならないのは, この方法は「繰り返し誤って言われているように, 反知性的」(*Ibid.*) ではない, ということである。

　さて, 第一の目標である, 反科学的ではない方法を用いるということは,「哲学を実証科学と同様に正確で厳密な漸進的な学問に作り上げる」(H IV, 553) ことにあった。第二の目標は,「高次の思考方法である直観の展開によって概念的で推論的な知性を乗り越える」(*Ibid.*) ために「超知性的方法」を用いることであった。

　「第一の目標は, 成し遂げるべき仕事の方針を, 新実証主義として示すことである。つまり, 17 世紀の学問の基礎の上にデカルトが行った仕事を 20 世紀の科学の基礎の上に取り上げなおし, 形而上学を経験に基づいた学問にすること, 他の科学と同様に, 普遍的に受け入れられる成果を蓄積することによって漸進的に作り上げられる学問にすることである。第二の目標は, 学問の方法を定義することによって, その諸条件を述べ, その方法を分析の批判に基づいて打ち立てることである。この目標は, 内から把握される認識で, それが表現される概念を超える総合的認識にその学問の基礎を探し求めるようになる。『試論』で正された意識は, この総合的認識方法

の原型を示したのであり，直観の名称を受け入れ，その名称はテクニカルタームとなった（H IV, 537）。

ところで，「ベルクソンの学説が引き起こした論争は，その大部分は，これらの二つの目標のうち，大部分の論敵と同様にその賛美者のあいだでも，二番目のものが一番目のものをかすませてしまったことに起因する。ところが，彼自身の見解では，これらの二つの目標は，両立しうるばかりではなく，不可分のものなのである」（H IV, 553）。「そこにベルクソンが嘆いてやまない誤解の特徴の一つと同時に，理由の一つがあるのである」（H IV, 536）。この点については，彼の「反科学的ではない方法」を説明するときに私たちは再び述べるであろう。そしてベルクソンにとっては，知性を批判することは，「科学と知性を軽視することを意味することではなく，それどころか彼はそれらに基づくことを決して止めなかった」（H IV, 559）ということを示すであろう。ベルクソンの著書は「端から端まで実在が理解できるという信念に満ちている」（Ibid.）。その上，「直観的方法によってベルクソンは哲学に科学的な方法，すなわち絶対的な正確さと，完全なまたは増大する明証性をもたらすことを考えていた」[1]。直観的方法が「知性の名（なぜならば，それは彼の同時代人たちがこの名で指し示していたものであるから）で批判する能力は，精神の概念的，推論的能力であり，その批判は知性のあらゆる価値を否定するのではなく，ただその限界を示し，その使用を調整することを目指しているのである。知性を主観的で検証不可能な印象に置き換えるのではなく，知性が自己批判の努力を行うように促し，知性の諸概念を無限に作り直し，それらをよりよく調整し，そうして既成の思考をサイズに合わせた思考に置き換えることが重要なのである」（H IV, 559）。

すなわち，ベルクソンは広く一般的な意味の知性主義，「真の知性主義，自分の思考を生きること」（M, 495）を受け容れている。彼は「動いている思考を固定した概念で不動にし，コインのように扱う疑似知性主義」（Ibid.）を拒絶する。彼が疑似知性主義を批判するとき，知性の意味は，特にベルクソン流に定義される。「ベルクソンは，『知性』の名

---

[1] M. Barthélemy-Madaule, *Bergson*, Paris, Ed. du Seuil, 1967, p. 130.

を本来は物質を考えるためのものである精神の推論的能力にあてがわなければならないと思った」(B, 100)。

マルセルについていえば，一方では，彼はベルクソン哲学のうち，特に彼の「思考方法」，「探求，創造的探求として(…)知性の具体的生命に近づこうとする」(RI, 21/23) 配慮を認めている。しかしながら他方では，マルセルは，「体系としてのベルクソン哲学が示す知性論」には同意しない。彼の「体系の誤りは，知性を共感して把握しそれと内面的に交わることがなく，ただそれ自身知性化された図式——知性自身は知性の産物と混同されるときにのみ図式化される——のみを示す点にある。以上のことを簡単に表現するとすれば，知性を本能あるいは直観から区別することが基本的なことなのではなく，〔具体的哲学の〕「考える思考」と〔抽象的哲学の〕「考えられた思考」を対立させることこそ基本的なことであると思う」(RI, 21/23-24)。

A　ベルクソンの超知性的方法

a）「特権的思考」としての直観

直観は経験による存在の直接的認識である。それは「絶対に到達する」(PM, 178/1393) 能力である。そしてこの点で直観は「特権的思考」である。

直観が直接的に捉えるのは「物質の本質と同様に生命の本質である。(…)〔直観は〕実在を生みだす行為と一致する」(M, 773)。実在の典型は私たちの直接的意識の持続である。直観についてベルクソンはまた次のようにも言う。「私はこの言葉によって，思考の形而上学的な働きを，つまり主として精神による精神の内的認識と，二次的には精神による物質の本質的な面の認識を指し示した」(PM, 216-217/1423-1424)。

しかしこれらの断言は，直観が伝達されるための表現，手段にすぎない。あるいは，「直観が『説明』を提供するためにはどうしても助けてもらわなければならない概念的な，必然的に記号的な表現」(PM, 120/1347) でしかない。たとえ直観が捉えたものがベルクソンの精神に与えられた「持続」，「生命の躍動(エラン・ヴィタル)」のような「媒介的イメージ」によっ

て表現され，それによって根源的直観の接触がある程度私たちの精神に示されたとしても，直観は諸々のイメージや概念を超えている。単純な直観と哲学者がそれを表現するために駆使する手段との間には，通約不可能性が常に残る。たとえ直観とその表現との距離が縮められているとしてでもである。

確かに「具体的な直観の単純さと，この直観を翻訳する抽象的なものの複雑さとの中間に立つ〔媒介的〕イメージは，逃げ足が速く，すぐに消えてしまう。それはたぶん気づかれないが，哲学者の精神に付きまとっている。それは彼の思想の紆余曲折を通じて影のようについてくる。そしてそれは直観そのものではないにしても概念的な表現よりも，遥かに直観に接近している」（PM, 119-120/1347）。しかし実在は「直観において，直接に私たちに示されうるのであり，（…）間接的にはイメージによって示唆されうるのである」（PM, 188/1402）。実在を覆いなしに捉えるためには，一つの手段しかない。すなわち「一挙に〔この実在の〕核心の中に入り込む（…）しばしば苦しい努力が必要なのである」（PM, 225/1431）。

さて，直観が捉えるものは，「あまりにも単純であるために，当の哲学者がそれを言うことに決して成功しなかったもの」（PM, 119/1347）である。つまり直観的認識は表現され得ない。ベルクソンは，直観は普通の意味での，いわゆる認識」（EC, 178/645）ではない。それは推論的反省から逃れる。それは知性のように「主語に述語を付与することによって行われる判断」（PM, 73/1310）によって得られる認識ではなく，むしろ「知ること〔行為〕と知られるものの間の分離」（M, 773）のない認識である。それ故ベルクソンは直観を次のような表現で特徴づける。「見ることというよりも触れること」，「衝動」（PM, 123/1350），「一致」（PM, 27/1273），「精神的な共感」（PM, 120/1347），「創造」。しかしそのどれもぴったりしたものではない。

ただし，ベルクソンは，「この能力はなんら神秘的なところを持たない」（PM, 225/1431）と断言する。その上，彼が「直観とは反省である」と言う場合は，反省という語を推論能力の意味で用いるのではなく，直観が本能や感情と混同されるのを避けるためである。

ここにベルクソンが直観の特徴を述べている文がある。「純粋知性の

権限に属するいわゆる認識の代わりに，直観は，知性の与えるもののどこがここでは不十分であるかを私たちに気づかせ，それを補う手段を私たちに垣間見させてくれるであろう。すなわち，直観は，一方では，知性のメカニズムそのものを利用してここではもはや知性的な枠が厳密に適用され得ないことを示すとともに，他方では，自分の働きそのものによって，知性的な枠に代わるべきものの少なくとも漠然たる感情を暗示してくれるであろう」（EC, 178-179/645-646）。

直観は，知性によって作り上げられた疑似問題に出会わなければ，自己充足しているであろうし，それ自身では自分に問いかけたりはしないであろう（Cf.PM, 68-69/1306）。直観は自分が捉えるものを生きるであろう。しかし知性の弱さによって引き起こされた問題に対しては，直観は，少なくとも知性が捉えるもの　　　　を否定的に表現することができる。「私たちが直観的に真実を見抜くやいなや，私たちの知性は考えを正し，誤りを訂正し，その誤りを知的に言い表す。示唆を受け取ったので，知性は検閲を行うのである」（PM, 67/1305）。

こうして知性は自己批判を行うに至る。知性はベルクソンが次のように言う反省を含んでいる。「知性は自分の難点と限界を意識し，直観を呼び求める」（H IV, 543）。すなわち，知性は，自分の難点が，自分が体系間の果てしない論争のもととなっており，精神的実在を理解する妨げを作り出す疑似問題を提出したという事実を認める。それ故，知性は自分の限界を認め，その限界を「思弁的知性」としては物質の思索に，「実践的，あるいは適応型の知性」（H IV, 556）としては，物質と社会生活における実用的活動あるいは生命維持活動にとどめておくべきなのである。

b)　方法の第一歩——否定的方法

直観の方法としての特徴は，まずその批判的側面である。直観の第一の働きは，批判の働きである（Cf. PM, 120/1348）。「内的経験に道を開くためには大がかりな除去作業を必要とする」（PM, 47/1289）。ベルクソンは「直観のこの否定能力の特異な力」について語る。「哲学者の思想がまだ十分に確立されず，彼の学説に何一つ決定的なところがない時にも，彼の最初の第一歩は，いくつかの事物を決定的に退けることであ

る」(PM, 120-121/1348)。特に精神を知る時，哲学的方法として第一歩を発足させるのは，この否定の働きである。ベルクソンは，さらに，直観は，その方法が分析的で，その対象あるいは固有の領域が，物質である知性の限界を画し，知性の使用法を決める，とも言う。

　直観は，ベルクソンによれば，第二の否定的側面を含んでいる。確かに直観は，実在の絶対性を直接的に知る能力である。それは「特権的な思考」である。しかしながら，直観は初めからすぐに明瞭なわけではない。「概念は知的な起源のものであるゆえに，少なくとも，十分な努力をなしうる精神にとっては直ちに明晰であるが，他方，直観から生じた観念は，私たちの思考力がどうであろうとも，最初は通常不明瞭である」(PM, 31/1276)。直観は，「たぶん混雑しているが，しかし決定的なある経験」(PM, 121/1348)である。ベルクソンは，彼の反省の初めに，直観によって導かれる哲学者は，「思想がまだ十分に確立されず，彼の学説に何一つ決定的なところがない」(PM, 120-121/1348)と感じることを明らかにする。その思想は肯定することをいろいろと変えることもあるだろうが，しかしながら否定に関しては，決定的である。

　直観が明晰ではなく，つまりその内容を明確に述べることが必ずしもできないが故に，直観は「純粋な知性の権限に属するいわゆる認識」(EC, 178/645)ではないのである。ベルクソンにおいてまず決定的であったことは，「実在の時間」として認めることができなかった数学的時間の否定であった。

　ベルクソンによれば，したがって直観は硬直した概念的反省の支配を逃れる。しかしながら，彼は一方では直観に至る準備に関しては，正確で事実に沿った反省の必要性を認める。他方，この直観の表現に関しても，反省は本能や感情ではないという意味で不可欠で，より一層柔軟で，厳格に概念的ではなく，イメージ豊かなものになるであろう。もう一つ別の意味で，ベルクソンは「私たちの直観は反省である」(PM, 95/1328)とまで言うに至るだろう。

　さて「ベルクソンがスペンサーを好んで研究していたことが分かった。しかし彼は時間の観念のところで立ち止まっていた。時間とは何であるか。空間としてそれを計ることができるのか」[2]。ベルクソンは難点を見る。つまり「ある日，私は黒板でエレアのゼノンの詭弁を説明し

ていて，どの方向に探し求めなければならないのかが一層明白に分かり始めた」[3]。「時間の観念を現代の問題において理解するためには，古代の論理に戻らなければならなかった」[4]。このようにして持続は，「物質界の現象である運動の不可分性についての反省」(H IV, 555) によって発見された。

こう言ってよければ，実在する時間の内的意識の本質としての「持続する」という特徴は，この意識の時間に限られない。その特徴は，ベルクソンが同様に，拡張された意識，意識一般，生命の意識，他者の意識，また心理的無意識である純粋記憶とさえ呼ぶものである。

直観は「散乱した持続」，つまり物質的宇宙の肯定を含む。または「直観は事物の中に，物質的事物の場合においても，それらが精神性を分有する点」(PM, 29/1274)，つまり「物質の本質」を把握しようとする。物質の持続と反対方向にある強化された持続の方向においては，直観は「創造し，自由で，物と生命を同時に生みだす神」(M, 964) の肯定にまで行く。

それ故，「ベルクソンの認識論は，知的な怠惰と惰性に対する単に厳しい反発だけではない。それはまた人間の表象以前の実在の認識である」(H IV, 585)。

しかしながら，指摘すべきは，各々の実在の認識あるいは肯定の前に否定があるということである。直観は，知性に由来する学説に「不可能であるというある感情」(PM, 121/1348) で異議を申し立てる。そのような学説とは，決定論，精神物理学的並行論，進化論における機械論と極端な目的論，無と無秩序の観念である。直観によって私たちは実在の表象を否定するか，問題視するように導かれる。

ベルクソンが否定するものは，結局のところ，常に同じ思考方法，彼が「私たちの知的習慣」と呼ぶものである。「直接に与えられているものへ帰ることは，諸観念と諸体系の批判的分析によってしか行われ得ない。つまりそれは諸観念が含むごまかしを明らかにし，諸体系が，その

---

2) R-M. Mossé-Bastide, *Bergson éducateur*, Paris, PUF, 1955, pp. 27-28.
3) *Ibid.*
4) Ch. Du Bos, *Journal, op. cit.*, p.64. Cf.. Œ., 1542.

ごまかしを止めないためにぶつかる諸難問を明らかにすることである」(H IV, 554)。

直接的に与えられているものへの到達に障害となる知性の批判
──知的表象による精神的実在の無理解

　なぜ知性は精神的実在あるいは精神的な事物を認識することが不可能なのだろうか。それは，知性が十分「注意」する努力を行わないからである。知性と直観は，「同じ注意能力であるが，レベルを異にする二つの働きである。意識は，第一の場合は間接的で，第二の場合は直接的である。第一は自発的で，第二は注意深い」(H IV, 554)。各々は異なった諸対象，つまり精神と物質に適合している。精神実在の無理解は，知性が通常物質にすると同じ形の注意を精神にするときに生じる。しかしながら，ベルクソンにとっては，物質と精神は，デカルトの二元論における場合のように，二つの異なった実体ではなく，同一の活動の反対方向，つまり「上昇」と「下降」の運動に対応している（Cf. EC, 11/503）。「物質にせよ精神にせよ，実在は，私たちにとって，不断の生成として現れる。実在は，自己創造するか，こわれていくかのいずれかである」（EC, 272/725）。発生の観点からみると，精神は「創造の流れ」（EC, 240/698）であり，それが「瞬間的に中断されるときに，物質の創造があるだろう」（Ibid.）。

　精神は発明の方向へ，「予見不可能な新しさの連続的創造」（PM, 115/1344）の方向へと進む。物質は「要素的な無数の反復と変化」（MM, 234/343）の方向へと向かう。精神と物質は「異なったリズム」（MM, 232/342）で持続し，「より緩慢であるか速やかであるかによって，意識の緊張あるいは弛緩の程度を示すであろう」（Ibid.）。精神は緊張であり，物質は「広がり〔延長〕であり，（…）緊張の中断であり」（EC, 246/703），一方から他方へは「逆転によって」（EC, 237/696）移行する。

　精神と物質の間には「さまざまな持続の連続全体〔があり〕，私たちとしてはそれを下方へか上方へか，たどろうと試みなければならない」（PM, 210/1419）。それ故，「知性と直観は，意識の働きの相反する二つの方向をあらわす。直観は生命の方向そのものに進み，知性は逆の方

向へ向かい，自然的に物質の運動に従って働く」(EC, 267/721)。一方では緊張し個性的な意識である直観は，精神と実在の時間と，すなわち「異質で，質的で，創造的な持続」(M, 1148) と一致する。他方では，判明な非人称的意識である明確で科学的な知性は，物質と空間と一致する。

知性は空間化され，同質で，量的，反復的，「粉々になった」(PM, 210/1419) 時間において考える。一方の直観はまったく一続きの注意の努力であり，他方の知性は，「一連の不連続的な努力」(PM, 164/1382) である。

したがって，実在の各形態が捉えられるのは，意識あるいは注意の方向の逆転によってである。意識の運動の両極端には，程度の差異ではなく本性の差異がある。したがってベルクソンは唯物論を逃れる。というのは，彼にとって知性は，「本質的に惰性的物質に向けられた精神の一つの特殊な働きであり，(…) 知性と物質とが相互に漸進的に適合し合い，ついにある共通の形式にたどり着いた」(EC, 207/670) からである。しかも，「この相互的適合はまったく自然に実現されたことであろう。というのも，同じ運動の同じ転換が，精神の理知性と事物の物質性とを同時に創造するからである」(*Ibid.*)。

それ故，誤りは，知性が精神を認識するために物質を認識する方法を適用する時生じる。この方法を取っているのが独断的形而上学である。ベルクソンから見れば，独断的形而上学は，行動において染みついた習慣と同様に，常識的考えや科学によって用いられるカテゴリーを哲学的思索の中に人為的に移し入れている。「私たちの自然な認識は，全面的に行動に向けられており，したがって，行動の要求に支配されているので，私たち自身の本性について，実用と社会的生活の利益に応じて調整された人為的な表象しか与えてくれないことは納得できる。それ故，その行動のための認識を間違いのないものと見なすなら，思索を惑わせてしまう可能性があるのである」(H IV, 535-536)。

「科学は行動の補助手段であり」(PM, 138/1362)，「科学は思索を行う場合にもやはり行動することを念頭に置いている」(PM, 35/1279)。したがって，科学は，精神的実在と哲学的思索に対しても日常の認識に対するのと同じ態度を取る。

1　哲学のさまざまな学説における認識の起源——概念批判　オックスフォード大学で行った講演で，ベルクソンは認識の源，すなわち概念と推論による認識の構成より時間的にも存在論的にも以前の感覚の統一をよりよく説明しようと試みている。この試みは，後にマルセルが再び行うものである。

そのために，ベルクソンは，哲学史において哲学間の合意点から出発する。それらの合意点は次の通りである。

① 高次の能力としての知覚
② 概念の存在理由は知覚の不十分さに由来する。
③ 概念的認識の難点。

私たちにこれらの合意点についての理解を求めながら，ベルクソンは，それらを展開し，彼の方法の的確さを私たちに納得させるために，概念では置き換えられない知性の働き以前の直観的知覚を明らかにしようとする。

第一の点は，完全で理想的な認識は推論ではなく，知覚であるが，それは実際には「失楽園」となってしまっている。「もし知覚と意識が限りない範囲に及ぶなら，そして知覚の能力が物質と精神の両方向に無際限に広がっているなら，概念によって思考する必要はなく，まして推論する必要もないだろう。概念的思考は，知覚が与えられていない場合の止むを得ない手段であり，推論は知覚の空所を埋めたり，その範囲を広げたりするために行われるのである。（…）それに，完璧な人とは，推論や抽象や一般化を経ないで直観的にすべての物を知る者であることを，直ちに肯定しないような形而上学者や神学者はいない」(PM, 145-146/1367-1368)。

第二点は，哲学史において，概念と推論が生みだされた原因についてのベルクソンの解釈である。「私たちの知覚能力の不十分なこと——これは私たちに概念的思考と推論の能力があることによって確証されるが——これが哲学を生みだしたものである。さまざまな学説の歴史がそのことを立証している。確かに，ギリシャの最も古い思想家たちの思考は，たいそう知覚に接近していたが，それは彼らが，水や空気や火のような感覚的元素の変形によって，直接的感覚の不備を補っていたからである。しかしエレア学派の哲学者たちが変形の思想を批判して，感覚的

所与にこれだけ密着したままでいることは不可能であることを示した，もしくは示したと信じた時から，哲学は，「『超感覚的』世界へと導く道へ足を踏み入れたのであり，そして以後ずっとこの道を進んできたのである。つまりそれ以後，人々は純粋な『観念』でもって事物を説明しなければならなかったのである」(PM, 146/1368)。

ベルクソンは，「ギリシャ思想の特徴は，正確さであり，この特質は思想とそれを表現する言葉の絶対的一致」(M, 574) に現れているということを認めている。しかしベルクソンは，この正確さは厳密な意味でのものではないことを示すことになる。というのは正確な言語は科学に固有のものであるからである。哲学は，ベルクソンによれば，言語を超えることによってしか正確さを獲得できないのである。「ギリシャ哲学においては，ロゴス，言説，表現可能性に服さないものは思考と見なされず，実在ではない」(M, 574)。

「古代の哲学者にとって，叡知的世界は，私たちの感覚や意識が知覚する世界の外に，その上にそのまま位置づけられ，私たちは，永遠で不動なイデアが時間と空間の中に投射した影だけを知覚していた。反対に近代人にとって，これらの本質は，感覚的事物そのものを構成するものであり，また真の実体であって，現象はその表皮にすぎない。しかし古代人も近代人もそろって，知覚に概念を置き換えることを哲学と見る点で，見解を同じくしている。彼らはすべて，私たちの知覚と意識が不十分であることから，もはや知覚ではない精神の諸能力に，つまり抽象と一般化と推論の機能に訴えるのである」(PM, 146-147/1368)。「人間の特性は，知覚しないものや，もはや知覚しないものを表象する〔ので，〕(…) 概念は認識の主な手段となり過去の経験や未来にするかもしれない経験を考えることができる，要するに欠如している無限の世界を考えることができるのである。各個人によって生きられる現在，つまり実際の経験は限られているが，その表象は無際限である。というのは無限に概念を形成することができるからである」[5]。このように，ベルクソンは，「〔人間の〕知覚の不備を概念的思考によって補足しなければならなかったのであり，この概念的思考は感覚や意識が与えたもの相互の間にある

---

5) J. Parain-Vial, *La nature du fait dans les sciences humaines*, Paris, PUF, 1966, p. 23.

間隙を埋め，そのことによって事物に関する私たちの認識を統一し体系化」(PM, 148/1369) しなければならなかったということを明らかに認めていたのである。

　第三の点は知性がぶつかる難点であり，ベルクソンはそれらの難点を解決するために直観を提案する。第二点までベルクソンは哲学共通の道をたどった。しかし第三の点から，別の道へと私たちを連れて行き，彼の方法を展開する。すなわち，彼は，概念批判に移行し，知覚の概念による置換ではなく，「知覚の拡大」(PM, 147-150/1369-1371) という，根源に帰る彼固有の方法を提示する。「純粋な観念を用いて実在を構成し，または補足する哲学は，私たちの具体的知覚の全体に代えて，これらの知覚を加工し薄くし細かくして抽象的一般的観念に転化したものの中から，任意のものを置き換えたり付け加えたりするに過ぎないであろう。(…) しかしさまざまな学説を吟味すればわかるが，概念的思考の能力は，この積分の仕事を進めて行くにつれて，どうしても実在から多数の質的差異を削除し，私たちの知覚を部分的に消し，宇宙に関する私たちの具体的な洞察を貧しくすることになる。(…) だから方法が目的に逆行している。つまり概念的思考は，理論から言えば，知覚を拡大し補足しなければならないのだが，事実から言えば，さまざまな知覚のうちの特定のものが他の知覚の代表となることができるために，多数の知覚に消えてくれと頼まざるを得ない」(Ibid.)。

　「諸事物はそれぞれの概念に還元され，諸概念は相互に入り組んで，ついには諸観念の観念に到達するが，この概念によってすべての説明がつく，と私たちは思いこんでいるのである。実を言えば，この観念はたいした説明を与えない。というのは，まず，この観念は，社会が言語に託した諸概念すなわちたいていの場合社会が便宜上作り上げた諸概念へと実在が細分され分類されることを認めるからである。次に，この観念が行う諸概念の総合は内容空虚であり口先だけのことだからである。問題は，なぜこの本質的な点が深遠なる哲学者たちに気づかれなかったのか，ということである。また世界を説明するものに祭り上げた原理を規約的に記号によって表現しただけで，なぜ彼らはなにかその原理の特性を示したつもりになれ

たのか，ということである。(…)『物自体』に好みの名称を与えて，そこからスピノザの実体，フィヒテの自我，シェリングの絶対者，ヘーゲルの理念，ショーペンハウアーの意志，などを作り出すならば，言葉は明確な意味を備えて現れるであろうが，それは無駄なことなのである。その言葉を事物の全体に適用するや否や，それらは明確な意味を喪失するのであり，およそ意味というものを持たなくなってしまうのである。(…)『すべてはメカニズムである』と言おうが，『すべては意志である』と言おうがそんなことは私には重要ではない。いずれの場合においてもすべては混同されている。いずれの場合においても『メカニズム』や『意志』は存在の同義語になっており，したがって互いに同義語となっている。この点にこそ哲学諸体系の主要な欠陥があるのである。哲学諸体系は絶対的なものに一つの名称を与えて，それで何かを教えたつもりになっている」(PM, 48-49/1290-1291)。

その結果，互いに争う多様な体系が生じることになる。これに対してベルクソンは一つの統一的学説を提示するが，それは「すべての思想家を同じ知覚において和解させることができる説である。——そしてこの知覚はさらに共通の方向を目指す哲学者たちの努力を結集してどこまでも広がって行くであろう」(PM, 149/1370) ものである。すなわちそれは概念的思考と推論の行使をもちろん放棄せずに，「知覚に立ち帰り，知覚が膨張し拡大すること」(PM, 148/1369) である。

「哲学者の役割はこの際，私たちの注意を幾分ずらすことによって，実在の一層完全な知覚へと私たちを導くことではないだろうか。この注意を世界に対する実用的関心の側面からそらせ，これを実用的には何の役にも立たないものの方へ向け変えることが問題となるだろう。注意のこの転換がまさに哲学である」(PM, 153/1373-1374)。

多数の哲学者たちが根拠とする普通の知覚は注意的，直観的知覚ではない。事実，たいていの場合，諸概念が直接的知覚である「注意の努力」に置き換わっている。すなわち「知覚することはもはや思い出す機

会でしかない」(MM, 68/213)。このように「できあがったもの」が持続，生に置き換わり，実在を直接見ることを妨げるのである。その上，推論的認識は実在との接触を探し求めず，実在を対象として，主観としての自分の前に置き，親密にはならない距離のある認識にしか到達しない。

　それ故，知覚を根本的な能力であり，認識の出発点であると認める哲学者たちは，彼らの最初の断言から反対方向にそれ，直接的認識，直観の可能性を否定する傾向にある。例えば，カントは「形而上学が可能であれば，それは直観の努力によるしかありえないことを決定的に打ち立てた。——ただし，直観だけが私たちに形而上学を与える力を持っていることを証明した後で，彼はこう付け加えた。このような直観は不可能である」(PM, 155/1375)と。「事実，大部分の哲学者たちは，直接与えられているものに精神についての自然的概念か人為的概念を着せようとするが，それらの直接与えられているものは，これらの概念の内部では効力がないということに気づき，そこからフイエ氏のように，直接経験の価値を疑わなければならないと結論づけてしまう。しかし私が示そうと試みたのは，これらの概念は事物，特に物質に対する私たちの行動に関係するものであり，それらの概念にそのために作られてはいない役割を（それらに深刻な変化を被らせない限りは）務めさせることはできないということである」(M, 771)。

　限定された有用で通常の知覚を表す概念は「純粋認識」(MM, 24/179)向きではない。というのは，このような知覚の目的は，過去の出来事を繰り返している状況において，私たちの未来の行動のために予見をすることでしかないからである。つまり，そのような知覚は，むしろ「可能的あるいは潜在的行動」(MM, 57/205)なのである。「うまく行動するためには，これから行おうとすることを考えること，行ったことを理解すること，行い得たであろうことを思い描いてみることが疑いもなく有利なのである」(PM, 41/1284)。しかしこの方法で考えるためには，精神は過去，現在，未来という時間を，それらにはっきりした輪郭を与えて表象しなければならない。「〔時間の〕継起はまず並置された〔瞬間的な〕『以前』と『以後』の区別として意識に現れる」(PM, 166/1384)。「私たちの実際的関心は，過去を斥ける，もしくは少なくと

も現在の状況を幾らかでも有利に解明し捕捉することができる過去だけしか受け入れないのである」(PM, 152/1373)。

　人間に関する時は，物質を考察するために構成された概念を用いるならば，「自己についてのある種の無知」(PM, 41/1284) に行き着いてしまう。つまり，人間や事物について「消え失せる光景（dissolving views）」，つまり，「青ざめ色あせた光景」(PM, 150/1371) を描く。すなわち，「私たちが通常外的対象や自分自身について持っている光景が，実在に対する愛着や生活と行動の必要によって，狭められ空虚になった一つの光景を描いてしまう。(…) 哲学をする前に，生きなければならない。私たちが目隠しをつけ，右や左や後を見ずに進まなければならない前方を真っ直ぐに見ることを，生活は強要しているのである」(PM, 151-152/1372)。私たち自身と外的事物について豊かで「輝かしい」光景を得るためには，実用的なものから遊離し，関心を引き離し，注意をそらすことをしなければならない。「精神に賦与された光景を拡大し深化し無際限に強化〔しなければならない。〕というのはこの光景の不十分さは，すでに『空間化された』精神を対象とすることに起因するから」(PM, 41-42/1285)。

　それ故，「注意の転換」(PM, 153/1374) を行わなければならない。そうすることによって，注意は，不動の対象を認識するときの実用的な関心を，私たち自身や外的事物の上にもはや投影したりすることはない。つまり注意は「事物の静的光景」(PM, 175/1391) であることを止める，つまり，「現在に現実的関心を寄せるのを止める〔やいなや〕過去〔と忘却〕の中に落ちる」(PM, 169/1386) 準備ができている瞬間的な現在への注意であることを止めるのである。

　こうして，「持続する現在」(PM, 170/1365)，つまり「厚みのある現在」への注意，「過去が現在と一体になっている不可分な変化」(PM, 173/1390) への注意が生まれることになる。その場合，私たち自身の過去だけではなく，どのような変化の過去でも現在と一体となり不可分な変化をしていることに注意が向けられる。なぜなら「現在における過去の保存ということは，変化の不可分性にほかならない」(PM, 173/1389) からである。

　このような過去が現在と一体化している持続への注意は，「記憶であ

り，絶えず生まれるだろう現在において現れては消える純粋な瞬間的現在であることを妨げる記憶」(M, 98) であり，「一つのメロディ」(*Ibid.*) である。注意は「普遍的生成の光景(ヴィジョン)」(PM, 175/1391) となるであろう。知覚の拡大によってこの注意の転換が不可能だと反論する人に対して，ベルクソンは，芸術的経験や例外的な経験から借りた例を示す。芸術家たちは，私たちが自然に気づかないものを見させてくれることは事実である。なぜなら，彼らは「知覚するために知覚する。何かのためではなく，楽しみのために知覚する」(PM, 152/1373) のであるから。彼らは，「知覚能力の拡張が可能であることを示してくれる」(PM, 150/1371)。

　生の「例外的な場合には，(…) 過去が〔再び〕現在となる。突然の死の脅威が思いがけず出現するのを目の当たりに見る人々，つまり絶壁からその底へ転落する登山家や，溺れた者や，首を吊った人などにおいては，注意の急激な転換——これまで未来に向かい，行動の必要に心を奪われていたのに，突然そんなことに関心を失うといった意識の方向変化のような何か——が起こり得るものと思われる。『忘れられていた』何千何万の細部が思い出されるためには，またその人の全歴史が動くパノラマとして眼前に展開するためには，それだけで十分である」(PM, 170/1387)。以上のことから，哲学的知覚は，例外的な広がりと深みに到達することによって「普遍的生成の光景(ヴィジョン)」となることを願うのである。

　しかし，生の例外的な経験や「純粋な思弁だけが，普遍的生成に関するこのような洞察(ヴィジョン)から利益を受け取るのではないだろう。私たちはこれを毎日の生活の中へ浸透させ，そしてこれによって哲学から，芸術の与える満足に似た満足を，しかしいっそう頻繁な，いっそう連続的な，普通の人々にもいっそう接近できる満足を得ることができるだろう。もちろん，芸術は事物の中から，私たちが自然に知覚するよりは，いっそう多くの性質といっそう多くのニュアンスを私たちに発見させてくれる。芸術は私たちの知覚を拡張させるが，深みにおいてではなく，むしろ表面において拡張させる。芸術は私たちの現在を豊かにするが，その現在をほとんど超えさせてはくれない」(PM, 175/1391)。これに対して，哲学的直観によって，「なにか四次元のようなもの，これによって先行した知覚が現在の知覚と結びつき，目前に迫った未来自身が現在の中に部

分的に現れることができるもの」(*Ibid.*) に到達することができるのである。

> 「哲学的直観は芸術的直観と同じ方向に関わっても、それはずっと遠くまで進んでしまう。つまり芸術はもっぱらイメージに関わっているのに反して、哲学的直観は、それがイメージの中に拡散する前に生命を把握してしまう」(M, 1148)。

> 「すべてが私たちの周りで活気づく。すべてが私たちの中でよみがえる。一つの大きな躍動が生ある存在と事物をしのいで行く。この躍動によって私たちは持ち上げられ、引きずられ、運ばれるのを感じる。私たちはより躍動的に生きる。そして、この生命の増加は、次のような確信をもたらす。すなわち、哲学のいくつかの重大な謎は、実在に対する硬直した見方から生まれるのであり、また私たちの生命力の人為的な弱体化が思想上の用語に翻訳されたにすぎないのであるから、このような謎は解決されることができるだろうし、もしくはたぶんこのような謎は提出されるべきでさえないという確信である。実際、すべてのものを持続の相の下に考え知覚する習慣を多く身につければ、私たちは実在的持続の奥深くに入り込むのである」(PM, 176/1392)。

2　概念と言語の性格〔知的表象〕，抽象と一般化の結果　これまでにベルクソンの概念に対する態度を見た。すなわち、事物の実在について反省する哲学者が、それらの具体的な本質である時間と精神性を逃してしまうのは、知性の手段である空間的な性格をもった概念を用いてしかそれらの本質を考えないからである。概念は言語と密接に結びついており、空間しか表象しないのである。

ベルクソンが「一般観念」と呼ぶ概念は、「同一の名称の下に〔互いに類似している〕無際限な数の事物を一つにまとめる表象〔であり、〕大部分の語はこうして一つの一般観念に対応することになるであろう。しかし哲学者にとって重大な問題は、どのような操作によって、どのような理由のために、そして特に実在のどのような構造のために、事物がこのように一まとめにされうるのかを知ることである」(PM, 53-

54/1294)とベルクソンは言う。彼は，哲学の手段としての概念の欠陥を示すために，概念の構造をその起源に，つまりその形成の過程にさかのぼって考察する。

　第一に，どのような操作によって事物が一般概念によって一まとめにされるかについて，ベルクソンは「一般観念が意識によってどのように形成されるのか」を示すために一般観念の誕生について「心理学的説明」[6]を行う。「一般観念は知性的な分析と総合から生じる。観念連合も同様である。一般観念は，一方では知覚心像(イメージ)，他方では記憶心像(イメージ)という二つのタイプの表象が二極，つまり習慣と感覚運動作用を伴った身体の極と，私たちの過去が全面的にしかし観念として保存されている記憶の極の間を動いて表象する一つの総合として定義されうる。つまり一般観念は，身体の指示に従った過去の分析の中にその起源をもち，この分析によってもたらされた諸要素の総合，つまり精神は，身体が知覚するものをよりよく理解し利用するために行われた総合で構成される」(Ibid.)。「私たちの判明な知覚は，まさしく閉じた円環に例えられ，その円環の回路の上を，精神に向けられた知覚心像(イメージ)と外部空間に投げ出された記憶心像(イメージ)とが，互いに追いかけ合っている」(MM, 113/249)。「一般観念の本質は，じつに，行動の領域と純粋記憶のそれとの間を，絶え間なく動くことである」(MM, 180/301)。「行動面――私たちの身体がその過去を運動的習慣に縮約する平面――と，私たちの精神が流れ去った生涯の情景をあらゆる詳細にわたって保存する純粋記憶力の平面との間には，異なった意識の無数の平面，私たちの体験全体の完全で，しかも種々異なった無数の反復」(MM, 272/371)がある。

　「自己の生を生きる代わりに夢見るような人間は，おそらくそのようにして過去の生涯の数限りない詳細な事情を，あらゆる瞬間にその視界から漏らさないであろう。また反対に，この記憶力を，記憶力が生み出すすべてのものと共に斥ける人は，その生活を真に表象する代わりに，絶えず演じているだろう。つまり彼は意識を持つ自動人形のようなものであり，刺激を適切な反応へと受け継ぐ有用

---

6) J.Théau, op. cit., p.297.

な習慣の傾向に従うであろう。第一の人は，特殊なものはおろか，個別的なものからさえも決して離れることはないであろう。彼は，各々のイメージに時間における日付と空間における場所をそのまま与えながら，そのイメージが他と異なっている点を見て，似ている点を見ないであろう。反対にもう一方の人は，いつも習慣によって動かされるわけで，ある状況の中に見て取るものと言えば，先立つ状況と実際に似た側面のみであろう。一般観念は思い出された多数のイメージの少なくとも潜在的な表象を予想しているから，おそらく普遍的なものを思考する能力はないにしても，それにもかかわらず普遍的なものの中を彼は進むだろう。習慣は行動に対して，一般性が思考に対するのと同じ関係にあるからである。しかし，一方では個別的なもののみを光景(ヴィジョン)の中にとらえるまったく観想的な記憶力と，その他方ではその行動に一般性の刻印を押すまったく運動的〔身体的〕な記憶力とのこの二つの極限状態は，互いに切り離されることはなく，完全に姿を現すのは，例外的な場合だけだ。正常な生活では，それらは緊密に相互浸透しつつ，こうしていずれも，本来の純粋性をいくぶんか捨てる。前者は差異の記憶となって現れ，後者は類似の知覚となって現れるが，二つの流れの合流点に，一般観念が現れるのである」(MM, 172-173/295-296)。

　「だから私たちは個体の知覚からも類概念からも出発するのではなく，中間的認識，すなわち特徴的性質あるいは類似の漠然たる感じから出発するように思われる。この感じは，完全に把握された一般性からも判明に知覚された個体性からも同様に遠く，分離によっていずれをも生み出す。反省的分析がこの感じを一般観念にまで純化し，識別的記憶がそれを個体の知覚にまで固定するのである」(MM, 276/298-299)。

　「精神は抽象する時，類似から出発するが，その類似は，感じられ，生きられる類似であり，はっきりしたイメージとして表象されたり，考えられたりするものではない。しかしその出発点の類似は，精神が意識的に一般化するとき到達する類似とは同じものではない。それは，知的に認知されるか思考される類似である。そしてまさしくこの感覚から思考へと進行中に記憶力と知性の二重の努

力によって，個体の知覚と類概念が構成される。——記憶力は自然発生的に抽象された類似に差別を付け加え，知性は類似による習慣から明晰な一般性の観念を取り出すのである。この一般性の観念は，元来は，多様な状況における態度の同一性についての私たちの意識にすぎなかった。それは運動の領域から思考の領域へとさかのぼる習慣そのものであった。しかしこうして習慣によって機械的に輪郭を示された類から，私たちはこの操作そのものについて成し遂げられる反省の努力によって，類の一般観念へと移ったのである。そこで，いったんこの観念が構成されると，私たちは，今度は意図的に，無数の一般的概念を構築したのだ。この構築の細部にわたって，知性の後を追うことはここでは必要ない。ただ知性は自然の仕事をまね，自分もまた，今度は人為的な運動機構を組み立てることによって，無限に多様な個別的対象に対し，有限数の反応をさせるとだけ言っておこう。これらの機構の総体が，有節言語なのである」(MM, 178-179/300-301)。

第二に，どのような理由で事物は一般観念あるいは概念に分類されたのかに関して，ベルクソンは，主に「会話，共同作業，行動」(PM, 75/1311) を可能にするためであると考える。「概念はたいていの場合，なんら形而上学的ではない目的のために社会機構によって編み出されたものである。これらの概念を形成するために，社会は，自分の要求に従って現実を分断したのである」(PM, 51/1292)。知覚されるものを包摂する概念は，行動手段の役目をはたすが，それらは言語の中に「蓄積され」(PM, 47/1289)，「言葉の中に封じ込まれている」(PM, 51/1292)。

「では，言語の原初的機能は何であるか。それは共同作業のために意志疎通を確立することである。言語はさまざまな命令や通知を伝える。言語は命令したり，描写したりする。第一の場合は直接的行動への呼びかけであり，第二の場合は未来の行動のためにする事物またはその特性のどれかの記載である。しかしいずれの場合においても，その機能は産業的であり，商業的であり，軍事的であり，常に社会的である。言語が描写する諸事物とは，人間の労働を目的と

して人間の知覚が現実の中から切り取ったものである。言語が指摘する諸特性とは，人間の活動に対する事物のさまざまな呼びかけである。それ故（…）示唆される活動方式が同じなら言葉も同じであろうし，また取りだすべき同じ利益や行うべき同じ行動の示唆が言葉を呼び起こす場合にはどこでも，精神は，多様な事物に同一特性を認め，それらを同様に表象し，要するにそれらを同一観念の下に包括するであろう。言葉や観念の起源とはこのようなものである。もちろん言葉や観念も進化した。それらはもはや昔ほど露骨に功利的ではない。しかもやはり，それらは依然として功利的なのである。社会的思考はみずからの根源的構造を保存しないわけにはいかないのである」(PM, 86-87/1320-1321)。

マルセルも同様に行動の手段としての言語と概念の役割を認めている。この意味で，彼は「その価値が純粋に道具的で技術的な記号の体系」(HP, 51) について語るが，彼はそこに留まってはおらず，言語が積極的な価値を持っていることを認める。言語は，「記号の体系に変形する前の元来の純粋性」(*Ibid.*) においては，「あるものが私に与えられたということが確信できるために（…）明白な保証〔として〕（…）贈与の本質をなすと考えうる」(ME II, 122)。マルセルにとって贈与とは，「例えば音楽的才能，数学的才能のような生まれつきの素質だけではなく，もっと極めて重要な基本的な恵みである生と，その恵みを具体的にまた十全に生かしつつこの世界に存在する事実である」(ME II, 122-123)。「それでもなお，いわば贈与を保証する言葉を想像することに，何らかの意味があるのだろうか。（…）はじめはちょっと面食らうこのような問いに対しては，可能な答えは一つしかないように思われる。すなわち，そのような言葉は啓示以外にはありえない，という答えである。（…）まだ自分にも完全に明らかになっていない問いに対して，これ以上正確に答えることは不可能であるから，ただ次のことを指摘するにとどめる。言葉それ自体，つまり人間の言葉というものは，どんな推移を経るにもせよ，私たちが動物において見受けるような，自然発生的な表現に帰せられるとは考えられず，おそらくそれは，『神の言葉の反映』，言い換えれば，『言葉(ロゴス)』の反映としてのみ解されうる」(*Ibid.*) と

いうことである。

　ベルクソンは「語や文字は人間の積極的な努力によって作り出された」(EC, 211/673) と言うにとどまっている。確かに彼は福音書の「神的な言葉」(MR, 254/1178-1179) を認めている。しかしながら，山上の垂訓の中で告げられたような「愛に満ちたメッセージ」でさえ，「あなたは (…) と聞いている。しかし私はあなた方に (…) 言う」といったような定型表現は，ベルクソンにとって古くからある方法を反映しており，「開かれた魂」の「運動と傾向の直接的表現」ではないが，その運動と傾向を「静的で不動の言語に翻訳するこの定型表現の中で，危うく矛盾を免れているのだろう」(MR, 58/1025)[7]。

　ベルクソンは，このように，「私たちの知性と言語が実際対象としているのは事物であり」(MR, 57-58/1024-1025)，それらが精神的なものを表現するのに苦労しているという事実を強調する。この点については，同様に言語批判をする際のマルセルとも類似性を見出すことができるだろう[8]。というのは，言語は存在と所有の間に，つまり，「啓示と獲得」(MEI, 62) の間にあるからである。ベルクソンは，「人間の言語記号を特徴づけるのは，その一般性というより，むしろその動性である」(EC, 159/629) と指摘する。ベルクソンは以下のことを認めてい

---

　7) ここに一つの例がある。「福音書の道徳は本質的に開かれた魂の道徳である。その戒めのうちで，最も明確に説かれている道徳が，逆説すれすれ，矛盾すれすれでさえあると指摘されたのも間違っていなかったのではないか。もし富が悪だとしたら，貧しい人々に私たちの持ち物を施すことは，彼らを損なうことになるのではないか。片頬を打たれた人が，もう一方の頬を差し出すならば，正義はどうなるのか。しかも正義がなければ愛はありえないのだ。だがこうした格言の真の意図は，ある魂の状態を導くことであることを考慮すれば，逆説はなくなり，矛盾も消えてしまう。富める者が富を捨てなければならないのは，貧しい人のためではなく，自分自身のためである。その意味で，『心の』貧しき人は幸いである。美しいのは，奪われることでも，自ら捨てることでさえもなく，失ったと感じないことである。魂が自らを開く行為は，結果的には，定型表現のうちに閉じ込められた道徳，物質化された道徳を純粋な精神性にまで拡大し，高めている」(MR, 57-58/1024-1025)。

　8) 「言語によって欺かれないように気をつけよう」(ME I, 76)。「言語から出発して架空のものを創造する危険」(ME I, 83)，「対象としての言語では決して表現されえない実際の参与」(ME I, 133)「〔この語が引き起こす〕困難は，ベルクソンが倦むことなく強調した，人間の言語が事物をもとにして作られるように思われるという事実に基づいている (DH, 107)。「私は常に言語の落とし穴を恐れている。(その点で，私はベルクソンの継承者と言ってもいいだろう。) 私たちは，言語に導かれるままになってしまう誘惑に対して抵抗するために力の及ぶ限りのことを常にしなければならない」(RMM, n°3, 1974, p. 350)。

る。「動物でさえ一般化を行うし，さらに，その記号は本能的であったとしても，常に多かれ少なかれ類を示している」(Ibid.) が，「本能的な記号は固着した記号であり，知性的な記号は動く記号である」(Ibid.)。というのは，「人間社会では，製作や行動の形態がさまざまであり，しかも，各個人は，その身体構造によって役目をあてがわれているわけではないから，めいめい自分の役目を学びとらなければならない。それゆえ，絶えず既知のものから未知のものへ移ることを可能にしてくれるような一つの言語が必要である。そのような言語記号は——無限数ではあり得ないが——無数の事物に行き渡ることのできるものでなければならない」(Ibid.)。そしてベルクソンは，人間の言語はその動性のお陰で「知性に反省能力を与え」(Ibid.)，物質的対象に釘づけされることから「知性を解放するのに大いに貢献した」(EC, 160/630) と考える。「実際，語はある事物から他の事物へ移れるようにできているので，本質的に移動可能であり，自由である。したがって，語は，ある知覚された事物から他の知覚された事物へ広がるばかりではなく，知覚された事物から，この事物の思い出へ，また，はっきりした思い出から，取りとめのないイメージへ，さらにとりとめのないとはいえ，まだ表象されているイメージから，イメージを表象する働きそのものの表象，すなわち観念へと，広がることができるであろう」(Ibid.)。

　このように言語は，知性が思索し，「自らを超え」(EC, 152/623)，「余分の仕事，つまり利害を離れた仕事〔をする，つまり〕実利的行動と直接関係のない対象についての観念を持ち，(…) 理論に配慮する」(EC, 160/630) ことを可能にする。言語は反省の道具として知性に奉仕する。

　第三に，実在のどのような構造のために，事物がこのように一般観念によって一まとめにされうるのかに関して，ベルクソンは，「実在そのものに本質的に属している客観的一般性」(PM, 58/1298) が存在することをみとめている。それは，ベルクソンの次の主張にもかかわらず，である。つまり，真の形而上学は「記号なしにすませようと志し」(PM, 90/1323)，実在と共感し，実在を内面的に生きようとする。そして抽象的で一般的な認識の落とし穴を乗り越えるためにはその他の方法はないという主張である。この二つの一見相反するような考えから，ベルクソンの実在や一般観念は，一種類ではないことが分かる。彼は，一般観

念〔概念〕を三つのグループに分ける。初めの二つは自然的一般観念から成るが，第三のものが人為的観念から成る。つまり，「個人と社会の便宜」（PM, 57/1297）のため，「会話，共同作業，行動」（PM, 75/1311）のために，「人為的な構成による自然の模倣」（PM, 57/1297）によって，すなわち自然的一般観念をまねて形成され，単純で柔軟性のない概念となってしまい，それが実在に当てはめられるとき次に述べる疑似問題や哲学的実在の無理解を引き起こすという理由で彼の批判の対象となる。

　第一のグループに属する一般観念は，「生物学的本質に属する。これらは生命の働きが類や種という一般観念を有しているかのように行われることに由来する。（…）私たちが一般観念として表す種や類などの一般性への細分の基礎は（…）原理的には実在そのもののうちにあるであろう」（PM, 58-59/1298）。第二のものは，無機物の次元に属する。それらの一般観念は，同様に「実在的な類ではあるが，まったく異なった性格のもの，例えば，色，味，匂い，のような諸性質，酸素，水素，水のような諸元素又は化合物，さらに重力，熱，電気のような物理的諸力」（PM, 59/1299）である。この場合，「知覚に由来する概念作用や，物質の特性や作用に対応する一般観念は，事物に内在する数学的なものによってのみ可能であるか，または現にあるものである」（PM, 63/1302）。

　第三の一般観念は，人間に有用なものに応じて構成された。これこそベルクソンがあいまいで不正確な認識の源であるとして批判し続けるものである。それらはたいていの場合，さまざまな事物またはさまざまな状態の間の「類似性〔つまり共通な特性〕の自動的抽出」（PM, 56/1296）によって作り出された。私たちの身体がそれらの事物や状態に対して同じ反応を準備する時，それらの類似性は，一つの同じ範疇つまり同じ言語の下に分類される。哲学者が用いる一般観念は，「知覚を唯一の起源とするものではなく，（…）物質的対象とは遠くからしか関係しない」（MM, 173/296）。ベルクソンはその観念の起源を私たちの身体の要求が引き起こす作用と同じ作用の中に見出す。「反省が，物質的な枠内への意識の挿入にすぎなかった諸表象すなわち態度や運動を純粋思惟の状態に高めたとき，反省は自発的に，直接的に，模倣によって，一般観念を形成するであろうが，これらは観念にすぎないであろう。反省は，その際言葉から強力な助けを受けるが，言葉は，今度は身

体的であるよりは精神的な挿入枠をなおも表象に提供するだろう」(PM, 57/1297)。それらの一般観念は「思考と態度すなわち運動習慣との相互作用,(…)つまり行動の領域から思考の領域へと上昇する習慣」(*Ibid.*)から生まれたのである。それゆえ,それらの一般観念は,「まったく人為的な類」(PM, 58/1298)でしかない。結局,ベルクソンは,一般観念の起源に物質的な構造を見出すのである。言い換えれば,知性は,「言語のおかげでその操作領域を広げることができたが,言語そのものは,物を指示するために作られており,事物以外の何ものも指し示さない。ただ,語が動くことのできるものであり,ある事物から他の事物に移るからこそ,遅かれ早かれ,知性は,語が何ものの上にも固定してないときに,途中で語をとらえ,事物ではない一つの対象に,これを適用したのであろう。この対象は,そのときまで身を隠したまま,語の助けで,闇から光へ出るのを待っていたのである。けれども,語は,この対象を覆うことによって,またしてもこれを事物に変えてしまう。こうして,知性は,もはやただの物質に働きかけるのではないときにも,この働きで身につけた習慣に従う。知性は無機質の形式にすぎないような形式を適用する」(EC, 161/630-631)。

　c)　知的表象が引き起こす疑似問題と時間実在の無理解
　知性による認識方法は,疑似問題と時間実在の無理解を引き起こす。疑似問題に関して,ベルクソンは,それらを二つ,「存在論」と「認識論」の問題へと帰着させる。第一の疑似問題は無の問題であり,第二は無秩序の問題である。「第一のものは,なぜ存在があるのか,なぜ何かまたは誰かが存在するのか」(PM, 105-106/1336),「無ではなくて,なぜ物質,精神,神が存在するか」(MR, 266/1188)ということが問題になる。第二の疑似問題は次のように言い表される。「なぜ宇宙は秩序づけられているのか,どのようにして規則が不規則に,形相が質料に押しつけられるのか。私たちの思考が諸事物の中に自己を見出すのは何に由来するのか」(PM, 108/1338)。しかし,ベルクソンにとって,それら二つの問題,つまり無と無秩序という「二つの錯覚は,実際には一体をなしている」(PM, 109/1339)。それらは「実在しない問題」(PM, 105/1336)あるいは「誤って提起された問題」(*Ibid.*)である。その問

題は，現にある実在の中から，私たちが関心を抱かないものをすべて排除する私たちの知的表象の結果として生じるのである。無も無秩序も私たちが実際に知覚するものの排除に由来する。無も無秩序も単に私たちが求めていない存在や秩序の排除である。このように，「哲学者が混沌(カオス)や無について論ずる時，(…) 彼は，存在と秩序を『後から不意にやって来たもの』として，したがって無と無秩序とを可能的なもの，または少なくとも考え得るものとして思い描いているが，これは言葉の上のことにすぎず，観念の幻想にすぎない」(PM, 68/1306)。

しかし実際には，空虚も無秩序も存在しないのである。「このように排除とは置き換えを意味するのである」(PM, 106/1337)。すなわち，経験という現在眼の前にあるものの知覚の代わりに「私たちが求めるもの，欲するもの，期待するものの不在」(Ibid.) の表象を置き換えること，私たちが知覚するものに代わって「思い出（つまり『元の事物』）から生じた自分の期待外れ」(EC, 281-282/733) を置き換えることである。この表象は「私たちが実生活で用いる考え方であり」(PM, 107/1337)，「行動しうると確信する」(PM, 103/1334) ために作り出されるのである。より効果的に行動するために，私たちは普段もはや知覚しないもの，例えばある事物の隠れた面を表象する。この表象は製作，産業の領域の特徴であるが，創造のそれではない。

決定論，自由の問題，心身生理学的並行論といった他の擬似問題もまたこのような知的表象に由来するのである。ベルクソンによれば，それらの擬似問題は，「持続と延長，継起と同時性，質と量のあらかじめの混同」(DI, VII /3) から，それゆえ直観的方法と知的表象との混同から生まれたのである。心理的決定論の支持者や，〔ミル[9]のような〕一部の自由の擁護者たちでさえも，誤って「あれこれの思案を空間内の動揺の形」(DI, 137/120) か「二点 X と Y の間の一種の機械的動揺」(DI, 134/118) の形で思い浮かべている。自由は質的で不可逆的な経験であり，空間に表象できないものである。この自由の問題を，「決定論者たちとその反対者たちがそれぞれ反対の方向に先験的(アプリオリ)に決めてしまう。実際，決定論者たちの議論は，与えられたいくつかの先行条件に対しては

---

[9] 「スチュアート・ミルは言った，『自由意志の意識を持つことは，選んでしまう前に，別の風にも選ぶことができたという意識を持つことである』」(DI, 130-131, 114-115)。

ただ一つの可能な行為が対応するものであることを予想させるものであり，自由意志の支持者たちは，反対に，同じ先行条件が，等しく可能ないくつかの行為に到達し得たはずだ，と考えている」(DI, 131/115)。実は，両者とも「流れている時間」(DI, 166/145) を「流れ去った」(*Ibid.*) 時間 (DI, 166/145) と混同している。「確かに，一度時間が流れた時にも，私たちは，その継起する各瞬間を互いの外にあるものとして思い浮かべ，そうすることによって空間を横切る線を思う権利も持っている」(DI, 136/119) が，その逆，つまり流れている時間においては空間的線で考えることはできない。「これは自由意志の擁護者も反対者も──前者は行われたのとは異なった行動をする可能性を肯定する時，後者はその可能性を否定する時に──共に等しく忘れてしまっていることである」(DI, 136-137/120)。しかし「自由についてのこのような真に機械論的な考え方は，当然の論理によって，きわめて頑固な決定論に至りつく」(DI, 133/117)。

それ故この決定論は，「経験によって論破されるが，自由についてのいっさいの定義は，決定論を正しいとすることになるだろう」(DI, 173/150)。自由な行為は，概念つまり「空間的で，いわば社会的な表象」(*Ibid.*) を取り除かなければ，すなわち「精神の連合説的考え方〔現在の意識状態はそれに先立つ意識状態の必然の結果という考え方〕」(DI, 117/103) や「自我についての欠陥のある考え方」(DI, 119/105) を取り除かなければ可能にならない。

この自我とは，はっきりと区別され，輪郭が明確で，安定しており，非人称的な状態で構成された自我であり，連合説的心理学はそのイメージを言語や社会生活から借りているが，相互に浸透しあった一連の動的な状態と一致している生き生きした自我とは同じものではない。

このような疑似問題における知的表象のみではなく，ベルクソンは，プラトン，アリストテレスを始め，哲学者全般において実在である時間を空間と同種のものとする知的表象においても真実在が把握できなかったと指摘する。知性はあらゆるものを明晰で判明な形でつまり不連続な形で表象する。それ故，「事実，概念は，空間内の対象と同様，相互に外的である。概念は対象と同じような安定性を持っている。概念は対象を原型として作られたものだからである。それらの概念は，集まって一

つの『知性的世界』を形成している。この世界はその本質的な諸性格からみて，固体の世界に類似しているが，この世界を構成している諸要素は，具体的事物の単なる心像(イメージ)よりも一層軽く，一層透明で，知性にとって一層扱いやすい。事実，概念は，もはや事物の知覚そのものではなく，知性が事物に目を注ぐ行為の表象である。それゆえ概念はもはや心像(イメージ)ではなく，象徴(シンボル)である」(EC, 161/631)。真理を時間の彼方に探し求める哲学者たちが操る概念とはこのようなものである。「ただしそれは必然的にあいまいな知的性格のものであり——社会が利用すべき物質への，精神のきわめて普遍的な適用なのである。哲学が最初それらのもので満足し，純粋な弁証法として出発したのも，当然至極である。哲学はそれ以外の物を持ってはいなかったのである。プラトンやアリストテレスのような哲学者たちは，言語の中にすでに出来上がっている実在の切り抜きを採用する。『弁証法』とは，(…)『対話』と『分配』とを同時に意味する。プラトンのような弁証法は，言葉の意味について一致を求める会話であると共に，言語の指示に基づいて事物を配分することでもあった」(PM, 87-88/1321-1322)。そして言語は「三種類の表象〔を含む。〕第一の表象は性質であり，第二の表象は形態もしくは本質であり第三の表象は行為である。これらの三つの見方には，語の三つの範疇，すなわち形容詞，名詞，動詞が対応する」(EC, 303/751)。これらの表象は「変化よりむしろ状態に関係する」(*Ibid.*)。

しかし実際は私たちの内においても私たちの周囲においても，あるのは変化しかない。「生成は無限に多様である。黄色から緑色に移る生成は，緑色から青色に移る生成に類似していない。この二つの生成は，それぞれ異なる性質的運動である。花から果実へ移る生成は，幼虫から蛹へ，蛹から成虫へと移る生成に類似していない。この二つは異なる発達運動である。食べたり飲んだりする行為は，戦闘の行動に類似していない。この二つは，広がりの運動であるが，それぞれ異なっている。また，性質的運動，発達的運動，広がりの運動というこれらの三種の運動そのものが相互に深く異なっている。私たちの知覚の技巧は，私たちの知性の技巧や私たちの言語の技巧と同様に，これらの多種多様な生成から生成一般という唯一の表象を抽出する点にある。このような無規定な生成は，単なる抽象であり，それだけでは何の意味もなく，また私たち

がそれを考えることさえも稀である」(EC, 303-304/752)。たとえこの運動を，言語によって再構成しようと努めても，その言語の結果生じる概念思考は，映画手法的な錯覚 (Cf. EC, 272, 304-305/725, 753)[10]に似ている。つまり映画のフィルムのように各シーンが不動の一連の空間的なイメージの助けを借りて，この時間を分解し，ついでそれらのフィルムをつなぎ合わせるように再構成することによっては，運動，つまり時間の本質である不断の生成には決して到達しないであろう。

　以上のことから，「それ故，もっぱら言語に基づく哲学は時間を未だ知ることができない」(M, 574) ということが明らかになる。同じ理由で，ベルクソンは次のことを見出す。「哲学史全般を通じて，時間と空間は同列に置かれ，同じ種類のものとして扱われている。空間を研究してその本性と役割とが決定されると，次いで，得られた結論は時間に移されるのである。空間論と時間論とはこうして対をなす。一方から他方へ移るには言葉を変えさえすればよかった。『並置』が『継起』で置き換えられた。真の持続に対しては一貫して目がそむけられていたのである。(…) さまざまな学説を検討した結果，言語がここでは大きな役割を演じていたように私には思われた。持続は常に延長として言い表されている。時間を指示する諸用語は空間の言葉から借用されている。時間を呼びだそうとすると，呼びかけに答えるのは空間である。形而上学は言語の習慣に従わねばならなかったが，言語の習慣自体が，常識の習慣に習っているのである」(PM, 5/1256)。確かに「言語人(ホモ・ロカクス)」(PM, 92/1325) としての知性的人間は「あらゆる事柄についてもっともらしく話すことがうまく，すぐに批判するか，(…) だれかが言ったことを評価する」(PM, 90/1323)。しかし「社会的な領域の外では〔つまり真の認識においては，日常の諸概念の結合から生じる〕真らしいものが，真であることはほとんどない」(Ibid.)。

---

　10) この映画手法的錯覚については，第二部第一章の持続と広がり〔延長〕(時間と空間) のテーマ別比較の中で再び取り上げる。

B　ベルクソンの「反科学的ではない方法」

a)　厳密な科学としての哲学の方法

　ベルクソンは,「神秘主義を（今日もほとんど常になされているように）実証科学に対する反動と解するなら」(M, 494), 彼の方法は神秘的なものではない, と明言する。その反対に, 彼の方法は,「形而上学と科学の間に（カント以来断ち切られた）関係を回復することを提案する。この科学と形而上学との対立は, 私たちの哲学が苦しんでいる大きな弊害である」(*Ibid.*) とベルクソンは断言する。

　「ベルクソンの見解では, 哲学は一つの科学である」[11]。「ベルクソンは哲学についてデカルトが抱いていたと同じ考えを抱く。(…) ベルクソンの考えでは, 探求方法と確実性を考慮に入れるなら, デカルトの学問の木におけるように, 物理学から形而上学には連続性がある」(*Ibid.*)。

　ベルクソンが全般的に奨励する方法は次のようなものである。「各々の書物が一定の方法に従って研究成果をもたらすと同時に, その獲得された方法がすべての有能な読者に認めてもらうのが可能でなければ, その成果は, 公表されるべきではない」(*Ibid.*, IX)。

　ベルクソンは次のように言う。「私が意図する哲学的方法は, 経験〔内的でも外的でも〕に厳密に見合ったものであり, いかなるものであっても, その方法が基づいている経験的考察を超える結論を表明することはできない。私の研究が, これまで哲学に無関心であった人々に何らかの信頼を抱いてもらえることができたとしたら, この理由のためである。(…) 私は, 私の他の研究成果と同様に証明が可能で, 同様に『明らかに示すことができる』成果に到達しないかぎり,〔研究課題を〕公表することはないだろう。(…) 哲学は, 私の見解では, きちんと決められた方法に従って構成されるものであり, この方法のお陰で実証科学と同じほど大きな客観性を要求することができる, たとえ実証科学と本性を異にするにしても, である」(M, 964)。

---

11)　H. Gouhier, Introduction, Œ, XI.

このように，実在の学としての形而上学は「前進的で無限に完成に向かう，という意味での実証科学として」(PM, 216/1424) 打ち立てられるだろう。哲学的方法の厳密さは，ベルクソンが「事実の諸系列」(ES, 4/817) と呼ぶ経験への忠実さから来るのであって，「図式的でこわばった観念」(ES, 3/817) についての推論に由来するものではまったくない。これらの事実の諸系列を「一つ一つ別々に取り上げる場合は，その各々の系列は，私たちを単に蓋然的な結論に導くに過ぎないだろう。しかし，諸系列が同じ方向を指し示す時には，その事実の諸系列の全体は，確実性への道を歩んでいるのだと思えるほどの蓋然性の集積を私たちに見せてくれるだろう。そうして，私たちは善意ある協力者による共同の努力によって，限りなく確実性に近づくだろう。というのは，哲学はもはやただ一人の思想家の体系的な構成の仕事ではなくなるからである。哲学には追加と訂正と加筆は付きもので，また絶えずそれらを呼びかけるだろう」(ES, 4/817-818)。それ故，真の哲学的方法は，「実証科学によって集められた観察と経験の全体を（…）溶解し，（…）〔その結果，〕観察者たちが知らず知らずにその観察の底に蓄えていたかもしれない先入観念や未熟な観念のいっさいを互いに中和させる」(PM, 226/1432) ために，「その時代の科学の資料の一切を自分のものとして」(Ibid.) いなければならない。例えば，自己認識，つまり「自己が自己と直接的に接触することに関してさえも，非常にたくさんの心理学的分析の全体を，互いに結びつけ，比較してみたことのない人には，判明な直観の決定的努力は不可能であろう」(Ibid.)。

　確かに，直観は分析のレベルにとどまっている科学的認識に還元され得ないが，「この直観を得るためには，（…）たいていの場合，ゆっくりとまた丹念な〔知性による〕分析によってその準備を整え，私たちの研究対象に関する資料に親しまなければならない。この準備は，生命，本能，進化のような一般的で複雑な実在を問題にするとき特に必要である。つまり，諸事実の正確な科学的知識はその原理に浸透する直観の前堤条件である」(V, 543)。

　さらに，ベルクソンが直観を方法へと推し進めた動機は，科学的説明のような正確さを求めてのことである。というのは，「ベルクソン哲学において直観的方法を語るのと，哲学的直観を語るのとは，同じこ

とではないからである」[12]。後者はベルクソンにとって何よりも内的心理的持続から物質における持続に至るまでの「持続の全体における把握」(*Ibid.*) である。「方法としての直観なくしては，持続は単なる心理学的経験に留まっているだろう」[13]とドゥルーズは言う。その後ベルクソンは直観をあらゆる哲学に内在する深く単純な経験として認め，『哲学的直観』においてスピノザとバークリーの直観について語っている（Cf. PM, 124, 132/1351, 1357)。方法としての直観は，持続の直観よりずっと後に得られたものである。

　ベルクソンは哲学に科学的な方法をもたらすことを考えていた。すでに彼は1922年に「哲学に最も欠けていたのは，正確さである」(PM, 1/1253) と言っていた。「科学に支えを求める直観」(MR, 272/1193) を方法とする哲学は，科学的説明のように「絶対的な正確さと，完全なまたは増大する明証性を備えるであろう」(PM, 2/1253)。

　方法モデル——生命科学，生物学　しかしながら，ベルクソンが哲学に要求する方法と確実性は，デカルトのそれとは同じではない。というのは，「彼らは科学について同じ考えを抱いていない」[14]からである。デカルトにとって「科学モデル」(*Ibid.*, XII) は数学，幾何学であり，ベルクソンにとっては生物学，生命科学である。数学的方法は「知的直観を演繹に結びつけ」(*Ibid.*)，デカルトが言ったように，諸真理を「まったく単純で容易な諸々の推理のあの長い連鎖」[15]によって証明することにある。

　反対に，ベルクソンが得ようとしている明証性は，「諸事実」の明証性であり，「証明する」というよりむしろ「示す」(M, 964) 明証性である。ベルクソンは，「数学が19世紀直前まで唯一の確実に作られた唯一の学であった」(M, 490) という事実のうちに，「形而上学が，古代においても近代においても，またプラトンでもデカルトでも，数学をモデ

12）　M. Barthélémy-Madaule, *Bergson, op. cit.*, p.129.
13）　G.Deleuze, *Le Bergsonisme*, Paris, PUF, 1968, p.25.
14）　H. Gouhier, Introduction, Œ, XI.
15）　*Discours de la méthode*, Œuvres de Descartes publiés Par Ch.Adam et P. Tannery, VI, Vrin, 1973, p.19. *Œuvres et Lettres, Texte présenté par A.Bridoux*, Paris, Gallimard, 1953, p.138.

ルやまた支えにしていた」(M, 489-490) 理由をみる。「しかし形而上学と数学のこの緊密な同盟の結果，形而上学によって定立された実在は，経験の流動性と相容れないこわばった形式をとった (*Ibid.*)。したがって，「数学的な枠をこわして，生物学的，心理学的，社会学的諸科学を考慮に入れ，この最も広い土台の上に，経験への同じ尊敬の中で結ばれたすべての哲学者たちの連続的，前進的，組織化された努力によって，次第に高みにのぼりうる形而上学を築きあげなければならない」(M, 488) と，彼は提案する。

b) 直観の生命科学による説明

ベルクソンは直観能力の出現を「生命進化の歴史」(EC, V /489) の観点に立って，生物の経験的研究つまり彼にとっては特に生物学という新しい科学によって位置づけようとする。

ベルクソンによれば，宇宙的生命という「あたかもある大きな意識の流れが，物質の中に浸透し，(…) 物質を有機組織にまで導いたが，その運動は無限に緩慢になり無限に分裂した。(…) この進化の途上で，あるもの〔植物〕はますます深く眠りこみ，他のもの〔動物〕はますます完全に目を覚まし一方の麻痺状態は他方の活動に役立ってきた。けれども目覚めは，二つの異なる仕方，〔直観と知性〕でなされ得た。生命，すなわち物質の中に投げ込まれた意識は，一方では自己自身の運動の上に，他方では生命の貫く物質の上に，注意を集中した。こうして生命は，あるいは直観の方向にあるいは知性の方向に進んだ。一見したところ，直観は知性よりもすぐれているように見える。というのも，そこでは生命と意識が自己に対して内的にとどまっているからである。けれども生物の進化の光景が示してくれるように，直観はあまり遠くまで進むことができなかった」(EC, 182-183/649)。というのは，生命は物質の障害に出会うからである。この障害を乗り越えるために，意識は，生命やその運動に注意を傾けていたが，物質に注意を注ぐために，「生命のごく小さな部分しか把握できず」(*Ibid.*)，「直観を本能にまで縮小しなければならなかった」(*Ibid.*)。本能はなおも直接知ではあるが，自動性に陥ってしまう。言い換えれば，「私たちが属している人間性においては，直観はほとんどまったく知性の犠牲になっている。物質を征服

し，自己自身を回復するために，意識はその力の大半を使い果たさなければならなかったように見える」(EC, 267/721-722)。こうして知性と本能は「物質に働きかける二つのやり方」(EC, 142/615) として，つまり「同じ一つの問題を解く二つの異なる解決」(EC, 144/616) として現れる。

　この問題は物質を征服することにある。本能によって提案された解決は，「自分の為に一つの有機的道具を作り，それで仕事をすることによって，直接的にこの仕事を成し遂げる」(EC, 142-143/615) ことである。知性によって提案された解決は，「必要な道具をある有機体に自然に持たせる代わりに，この有機体が無機物を加工して自分で道具を作り出すように仕向けることによって，間接的にこの働きを行うこと」(Ibid.) である。

　それ故，ベルクソンは歴史時代および先史時代を通じての人間の本質あるいは常に変わらぬ特徴は，「知性人ではなく，工作人」(EC, 140/613) であると考える。本能の利点は，物自体の直接知であるということである。「本能は共感である」(EC, 177/645) からである。そのことは，本能の場合は，用いる「道具は身体の一部をなしている」(EC, 140/613) ことに起因している。逆に知性は，ある主体の前に置かれた対象の関係についての間接知であるが，「個別的には対象を何一つ認識していない」(EC, 148/620)。本能は「ここに，あるものがある」(EC, 150/621) と言う。知性は「ただ，もし条件がこれこれであるならば，条件づけられたものはこれこれであろう，と言うだけである」(EC, 183/649)。「本能的な性質の認識は，(…) 定言的命題で表される。これに反して，知性的性質の認識は，常に仮言的に表現される」(Ibid.)。

　知性の利点は，すでに述べたように，可動的言語によって助けられて，ただ単に物質だけではなく，あらゆることに関心を抱くようになることである。知性は，実際的行動と直接的な関係のない生命の観念についてのような対象の観念を持ちたいと願う。それ故，完成された知性は，「余分の仕事，つまり利害を離れた仕事」(EC, 160/630)，つまり反省を目指す。これとは反対に，本能における「認識はむしろ実演されるものであり，無意識的である」(EC, 146/618)[16]。というのはその「表象は行為によって出口を塞がれる」(EC, 145/617) からである。知性の

認識は「むしろ思考されるものであり，意識的である」(EC, 146/618) が，生命の正確な認識には決して到達せず，その完成した状態，つまり科学において，せいぜい物質の正確な認識に到達するだけである。その理由は，知性の初めの目標は，物質の実利的な操作と認識であったからである。その完成した状態を科学の中に見出す知性にとっても同様である。科学的知性は「生命について無生物の用語への翻訳に言い換えたものしか与えてくれないし，また与えてくれるつもりもない」(EC, 177/645)。それ故，直接的意識によって生命の秘密に達する方法があるとすると，それは知性と本能を同時に超える直観によってでしかない。

この直観とは，「利害を離れ，自己自身を意識するようになって，その対象について反省するとともに，これを無限に拡大することのできる本能のことである」(EC, 178/645)。しかし知性もまた直観を目覚めさせ揺さぶりをかけることによって，その実行に寄与したことを付け加えなければならない。「知性がなかったならば，直観は，実際に関わりのある特殊な対象に釘づけにされ，本能という形のままにとどまっていただろうし」(*Ibid.*)，その役目を自動的に果たしていたであろう。しかし直観は，現状の人間の能力においては，「漠然としており，とりわけ非連続的であり（EC, 268/722）「ほとんど消えかかったランプ」(*Ibid.*) のように知性を照らす。ここに「消え去りがちで，対象を時々しか照らさないこの直観を取り戻し，まず直観を力づけ，次いでそれを拡大し，直観を互いに結び合わせる」(*Ibid.*) 哲学の役割がぜひとも必要である。それはつまり，原初的な直観能力を回復することである。

---

16) 知性と本能における意識と無意識の区別に関しては，ベルクソンはそこに「本性よりはむしろ程度の差」(EC, 146/618) しか認めない。

第二章

マルセルの方法
──第二の反省──

A　マルセルによるベルクソンの直観批判[1]

　ここでは主にマルセルが、彼の初期の論文「直観の哲学の弁証法的条件」以来ベルクソンの方法について行った批判を取り上げ、その結果を見ることにする。しかしながら、マルセルの批判は、ベルクソンの直観のみを対象としたのではなく、観念論や絶対知の哲学に対してはなお一層厳しく、これらの哲学者に対して自己を位置づけることによって、マルセルの思想は明確になったのである。
　さて、マルセルによれば、これらの哲学者の見地に立つと、直観は、肯定的または否定的な弁証法〔対話〕によって進む知性と理性に対立し、対象化された実在を映しだす主観的な認識の形態でしかありえないだろう。1912年の論文は、直観を思考の外にある対象の受動的な反映だと解釈することはできないということを示している。
　後の1961年にハーバード大学で行った講演のフランス語版の中で、彼はこの批判について言及した。「1912年に『形而上学・道徳評論』に発表した『直観の哲学の弁証法的条件』と題する論文の中で、私は、直観は、ベルクソンの言うところに反して、その確証をそれ自体の中に見出すことができないこと、そして反省のみが恐らく一定の条件のもとに、直観に価値を与えうるだろうということを証明しようと努めた」

---

1)　「直観の哲学の弁証法的条件」RMM, vol. 20, n°5, 1912, pp.638-652.

（DH, 55-56）と述べた。あるいはまたブタンとの対話の中で，「直観は十分ではなく，それを思考固有の次元である何かに結びつける必要を私は感じていた」（GM, 61）と言っている。

マルセルが次に示すのは，認識の対象と同様に認識にも「絶対的な自律」（RMM 20, 651）を与えることはできないということである。絶対的な自律は矛盾なくしては主張され得ない。思考は少なくとも必然的に対象とのいくつかの類似性を持つ，と彼は言う。それ以来，存在と思考の分離は，存在を思考とは無縁で思考を存在の外にあるものとして見る対象化の行為に起因するということを彼は明瞭に述べた[2]。多くの場合そう思われているように，直観がその対象を映す非推論的認識の形態にとどまっているとするならば，マルセルはこの種の認識を受け入れない。というのは，彼は対象化によって直接経験をゆがめるような，思考と存在の分離を認めないからである。マルセルにとって「直観は創造であり，もっと正確にいえば，超越的な行為であり，その行為によって思考はあらゆる対象化によるゆがんだ性格を自覚するのである」（RMM, 20, 652）。ここでマルセルが後に展開することになる第二の反省のテーマ，すなわち対象化する意識を超越する行為がすでに見出される。

しかし，ユードがベルクソンの直観は優れて理性的であり，分析の帰結であると断言する時，彼は正しいと私たちは考える。「ベルクソンの直観は漠然とし溶解する原初的統一における一種の合一ではない。それは，一方では，あらゆる多様性をその統一において〔持続の相の下に〕把握する，つまり各々の多様性を，それを統合する一つあるいは複数の統一の内に把握する能力である。他方，それらの統一を直接的につまりありのままに把握する能力である。（…）要するに，少し砕けたイメージを用いるなら，ベルクソンの直観は干上がっていない状態での理性に

---

[2] マルセルは，この対象化の語を次のような意味で使っている。例えば，「感じるという直接経験を『私の前に，私の正面に置かれた』（ME I, 55）外的事物についての情報として見なすことは，それを対象化することである。この同一視が特に言語道断な領域，つまり人間，そして特に神に関する時は，対象と対象化と言う語は軽蔑的になる。他者を対象化する，あるいは対象として扱うことは，実際，その他者をある道具として扱うように見なすことであり，すなわち，その人を私たちがその人について知っていることと同一視すると同時に，その人に私たちがさまざまな技術を行使できる諸性質の総体か機能としてしか見ないことである」（GMVE, 35）。

ほかならない。けれども理性が柔軟になっているといっても，溶けて分解してしまっているわけではない」（B I, 162）。私たちはユードに同意する，ただ理性の語より思考の語をより好ましいと思うのであるが。

マルセルがベルクソンを批判するのは，認識される対象から独立した直観という「特権的認識」の存在を信じることである。思考と存在との分離に行き着く直接経験の対象化は，ベルクソンが打ち立てる「直観と弁証法との間の（…）根本的な分離」（RMM20, 639）につながっている，とマルセルは，考える。「こうした分離は弁証法の単なる除去でしかないということになる」（Ibid.）と，マルセルは言う。言い換えれば，ベルクソンにとって，直観は，厳密な意味での思考ではないが，存在に到達する唯一の能力である非推論的な特権的思考である，とマルセルは考える。

特権的思考というこの考えを批判するために，マルセルはベルクソンの疑似問題を再び取り上げて，直観の土台となる反省の役割の重要性について強調する。例えばベルクソンにとっては，「無秩序」，「無」または「空虚」のような疑似問題は，人間の知性の弱点のゆえに提出される。しかしベルクソンが「精神の半神的状態」（PM, 69/1306, n°1）と呼ぶ特権的思考は，「人為的な諸問題を考え出したくなるような誘惑を知らない」（Ibid.）。この状態は「いかなる問いをも提起しない存在の半動物的状態」（Ibid.）でもないことは言うまでもない。さてマルセルは，この区別を認めながら，次のように述べる。「この半神的無垢の状態と半動物的無知あるいは精神朦朧状態とを区別することが正当だとしても，まさに反省の任務によって私たちがそれに近づく第三の状態，つまりこれらの無秩序と無の誘惑を知って，それに屈しそうになっても，哲学者固有の努力によってそれから解放されることに成功した精神状態〔つまり反省的思考〕を考え付くべきであることは明らかではないか。『このような特権的思考においては，問題は常に発生しかけながら，常に阻止されている。問題固有の知的側面が直観の生み出す反対の知的側面によって阻止されるのである。錯覚は起こらないので，分析されることも消し去られることもないが，もし起こるなら，それは・分・析・さ・れ・，消・し・去・られ・る・ことであろう。知的次元におけるこの二つの敵対的可能性〔発生─消去〕は，知的に相殺され，実在の直観に余地を残すのみ，と

なるのである』(PM, 69/1306)」(GB, 37)。要するに，マルセルは，次のように考える。「この『特権的思考』は一つの神話であり，あるいはもっと正確に言うなら，私たちの人間条件からしか，そしてある点までその条件に反してしか，思い浮かべることができない境界例である。しかしこの引用したベルクソンのテキストから出てくる主要な考えは，おそらく彼の明らかな意図に反して，直観がその意味と価値を得るのは，それが働く前にそれを支える弁証法〔対話〕のなかに組み入れられるという条件つきででしかない。ベルクソン哲学全体はこの観点から再考されなければならないのではないかということを問うことは可能である。そしてこの観点から，『創造的進化』で示されているような肯定の優位性の説はそのまま受け取ることはできないだろうということを特に発見するであろう，と考える。つまり，まだ肯定も否定でもないあるものがあるのである。なぜならそれは関係以下のものであり，おそらく肯定否定両者を超えるものがまたあるのであろう」(GB, 37-38)。

　それ故，哲学的方法としての反省の役割について強調することによって，マルセルが示したいのは，この方法だけが思考と私たちが思考の外にあるだろうと見なしている実在との統一を発見することができる，ということである。つまり，思考は実在〔存在〕の一部となる，ということである。

　これに対してベルクソンは思考の内部性と外部性を認めているように思われる。特に初期の著作〔1889年〕においては，内と外の対立とさえいえるものが以下の表現に現れている。「私たちの内部の持続とは，数とは似ても似つかぬ質的多様性であり，(…) 私たちの外部では持続のうち (…) 存在する〔のは〕現在時，〔つまり〕同時性である」(DI, 170/148)。「私たちの自我はその表面では外部世界に触れている」(DI, 174/151)。しかしその後〔1903年〕は，「外的なものであるけれども私たちの精神に直接に与えられている実在がある」(PM, 211/1420) と，内外の対立ではなく，質とレベルは違うが各々の実在に同じ持続と言う名を与えるという意味で親近性を示しているが，内と外を区別する表現は依然として見られる。それをさらに具体的に示した表現が次の著書〔1907年〕にある。宇宙にも生きられる時間，常に新しい形態の創造のある持続を見出すが，「私たちが最も確信しており最もよく知っている

存在は，疑いもなく私たちの存在である。なぜなら，その他のすべての対象について私たちが抱く観念は，外的，皮相的であるとも考えられようが，それにひきかえて，私たちは自分自身を，内的に，奥深く知覚するからである」(EC, 1/495)。

マルセルにとっては「主体と対象の対立，把握することと受け取ること[3]の対立，認識と感情との対立を超える直接経験」(VPGM, 287, n1.3) がある。そしてまた直接的なことは，「望むことと知ることの対立」(HV, 86) をも超える。

しかしながら，マルセルの批判はいくらか不当であるということを指摘しよう。というのはベルクソンもまた直接的認識は，主観と対象，認識と感情，認識と意志というこれらの対立を超えると断言するからである (Cf. PM, 73-74/1310. EC, 179-238/646, 696)。そしてまたおそらく把握することと受け取ることの対立をも超えるであろう[4]。ただこの後，また第2部のテーマ別比較の項においても，この点についての両者の微妙な違いと類似に関して，さらに具体的に述べるであろう。

B 第二の反省

マルセルが第二の反省と呼ぶ彼の方法を明確にすることから始めよう。それは本質的にソクラテス的方法である。「それは経験から出発すること，あるいはもっと正確には第一の反省〔意見〕がその経験を表象するような経験から出発し，この表象について熟考し，実際の経験に

---

3) 受け取るという語はマルセルにおいては「能動的」，すなわち「～に向かって自己を開くこと」(RI, 43/48-49) の意味で把握されなければならない。この意味で「カントの哲学に発すると思われ，〔そしてまた観念論者や経験論者にも見出されるが〕，現在普通に機械的に行われている，『受け入れること』と『蒙ること』を同一視すること」(Ibid.) をマルセルは批判する。彼はまた「認識は，恐らくある意味で恵みである」(EA, 323/161) とまで言うようになる。

4) 把握することと受け取ることの対立はベルクソン的ではない。しかしベルクソンもまた認識の能動的性格について強調する (Cf. PM, 206/1416)。マルセルと同様にベルクソンも，感覚をコンディヤックのような経験論者たちが主張するように「柔らかい蝋の受ける刻印」(RI, 123/141) と見なす考えを受け入れないであろう。その上，マルセルは，信仰という卓越した原理を受け取ること，あるいは受け入れることに関して，「閉じたもの」に対立する「開いたもの」というベルクソン的な観念を参照する (Cf. EA, 318/157)。

その表象が蒙らせているゆがみと同様にその表象が含んでいる矛盾や先験的なものを明らかにすることである。つまりその方法の目的は，経験それ自体とそれが含むものについての一層真実の意識を私たちに呼び起こすことである」[5]。直接経験という用語を，マルセルは，感覚，または「他者や世界が現存している」，あるいは「超越的実在が現存している」という感情，または「自己と自己自身の一致の感情，つまり私は私の自由である，私は私の身体である」(VPGM, 287, n°1, 295, n°8) という意味で用いている。言い換えれば，直接経験という用語は，「具体的実在のあらゆる現れへの個人的直接的参与」(Ibid., 295, n°8) の経験を示す。「それ故，マルセルにとって哲学は経験の現象学的記述であり，第一の反省によって構築された人間あるいは事物の記述ではない。習慣を脱する困難な努力を私たちに要求する第二の反省の実践なくしては，真の現象学はあり得ない (GMVE, 97)。

　私たちが第一の反省によって構築された世界で生きないで，その第一の反省について反省し始めるのはなぜなのかを問うことができる，とマルセルは考える。なぜなら，私たちは常識が抱く世界の表象は本来の経験を裏切るか覆い隠すという予感，つまり「盲目にされている直観」を持つからである。それ故，「盲目にされている直観」によって導かれて，マルセルは第一の反省の批判に取り掛かることになる。

　ここでまず，第一の反省の性質を明らかにすることから始めよう。次いで第二の反省に戻って考える前に，盲目にされている直観とは何であるかを見よう。

C　第一の反省

　それは人間が幼少の頃から行っており，私たちがその間で生きている諸事物諸対象を，それらの面と辺が等しく，面の角度が直角である立方体などを構成するに至る思考である。子供は母についての触覚，嗅覚，視覚などのあらゆる知覚を編成しなおし，それらが自分以外のただ一人

---

5) J. Parain-Vial, «Être et essences dans la philosophie de G. Marcel», *Revue de théologie et de philosophie*, 1974, n°2, p.82.

の他者から来ていると見なす。

　それ故，第一の反省は，自然に生じ対象化する思考である。それは「観客」(HV, 44) がするように距離を持って外から眺める見方である。それは認識すべき何かを自分の前，自分の正面に置く。第一の反省は，ベルクソンの知性のように，主体と対象を対立させる。その上，自己を空間的対象と同じやり方で構築し，ベルクソンが知性に与えているような性格を持つ。第一の反省は，分析的で，批判的であり，概念を用いて諸事物を構成する。それらの概念は，認識，意志疎通，知の伝達の主要な手段である。

第一の反省の積極面——その有用性

　しかしながら第一の反省は常に「破壊的」でというわけではなく，「日常生活と科学に絶対に不可欠である」(VPGM, 437)。いくつかの行動を成し遂げるために，主体が自分と切り離され，自分の外にある諸事物を表象することは確かに有用で必要である。この点についてマルセルも，ベルクソンのように，社会で行動し生きるために，私たちの周りのものを一定の特徴をもった並置された諸事物によって構成されていると考えることは有用である，と考える[6]。

　科学と技術が作り上げられたのは，明らかに世界についての対象的な表象からである。マルセルはこの技術を軽蔑していると見なされた。しかし諸技術を非難するどころか，マルセルは，「単なる有用性を超えて〔さえいるそれらの〕積極的な価値」[7]を認めている。彼は技術者の「根本的に健全で，高尚とさえいえる喜び〔を，〕この喜びが事物，つまり従属的な実在に対して行使される力の意識に結びついている」(Ibid.) 条件でなら認めている。それ故，彼は，手段と目的とを混同しなければ，技術が人間の発展と存在，つまり充溢への歩みにさえも役に立つことを認めている。

　ベルクソンもまたマルセルと同様に，私たちを現在以上に向上させる

---

　[6] 社会生活において，あらゆる人は折に触れて身分調査用紙に記載し，「私はこれこれの人間で，これこれの場所に住み，これこれの息子である」(ME I, 100) と書いてある情報カードと自分を同一視する傾向にある。

　[7] *Le Déclin de la sagesse*, Paris, 1954, p. 18.

のに役立つ科学的発明と製作について語る。諸技術は芸術においてさえも有用で不可欠である。

マルセルにとっては，対象化は，次の二つの理由で必要である。一方では，対象化は，「(具体的実在全体の経験を持つことができない) 有限な人間知性」(GMVE, 129) のゆえに不可欠である。それ故，はっきりと他から区別され空間的な概念は，限られた時間しか持続しない知覚または注意に取って代わらざるを得ないということについては，ベルクソンもマルセルも一致している。他方では，マルセルにとっても，この対象化は，今日私たちが知っており，物質の支配を可能にするとベルクソンが言う科学と技術の目覚ましい発展にとって不可欠である。

ベルクソンとマルセルが見解を異にするのは，物質の性質についてである。ベルクソンは，物質を科学的知性によって理解可能な延長の持続として形而上学的に定義しようとする。マルセルは，常識の表象である世界の表象に基づいて諸科学によって編み出された理論には取り組まず，この表象が感覚（私たちが感覚でとらえ得るものについて持つ直接的認識）の対象化によって生み出されることを説明するにとどめている。彼は諸科学がこの直接経験の性質について明らかにすることができるとは考えない。科学は真に与えられているものとしての直接経験から出発する。科学は，感覚でとらえ得る所与の目に見えない関係と，科学者がそれらの関係について作る仮説の正しさを立証する感覚的所与だけを発見するのである。それ故，客観性とは，検証可能なものの領域であり，それは，人間同士は仮説の正しさを立証したり，否定したりする所与について一致するということを意味している。

物質についてのベルクソンの形而上学を考慮に入れなければ，ベルクソンとマルセルは，前者が知性，後者が第一の反省と呼ぶ人間の活動の役目については一致することを認めることができる。

ここでマルセルが第一の反省について行う批判について論じよう。第一の反省が作り上げる表象は，直接経験を隠す，あるいは覆うと言った方がいいかもしれない。「経験は〔私の前に置かれたものという意味で〕一つの対象ではない」(ME I, 55)。それゆえ対象化する思考は，対象化できない存在に至るために，特に人間についての真の知に到達するために，重大な障害となる。第一の反省は，あらゆる形態の直接的認識を，

それを認識する主観から切り離し，客観的に検証すべき「問題」（EA, 145/71, etc.）に還元する傾向にある。科学と同様に常識や実用的知識は，それらの領域，つまり日常生活または専門分野にとどまっている限りでは，自らの正当性を主張できる。しかし，それらは精神的なものの領域においては，直接経験を無視する哲学におけると同様に不適切である。それゆえ，直接経験を無視する哲学の諸学説は，検証が意味を持たない実在の領域の存在を否定するだけにとどまる恣意的な断定でしかない。それは例えば，唯物論の場合である。実際，第一の反省は，自分が感覚という直接的認識に頼っているということを理解していない。第一の反省は，また，感覚するということを考えることも説明する事も出来ないということも理解していない。ましてや，それが美の鑑賞，信仰，希望，愛という検証の観念が意味をなさない高度のレベルの直接的認識を考えることはできない。

　なぜマルセルはこうした形而上学批判をあえて行うのだろうか。それは，彼が実存的確信と盲目にされている直観という名で語る経験を発見したからである。反省と反省によって到達できる直接経験に戻る前に，実存的確信と盲目にされている直観とは何かを明確にしよう。実存的確信も盲目にされている直観も，知性と本能の対立を超える極めて明白な認識の一形態であるベルクソン的直観[8]とは同一視され得ないということを明らかにしよう。

D　実存的確信

　実存的確信は，私たちの身体的実存〔notre existence incarnée〕の経験である。実存と身体について熟考することによって，マルセルは「身体性と同時に相互主観性についての確信」（PST, 72）に気づく。この実存的確信は，「私はテーブルと同じような物ではない」といった，事物

　8）「直観」の語は，マルセルには，「受動的な受容の態度を意味している」（VPGM, 324）ように思われる。また「一つの経験として収集して，リストを作ったりすることのできる（…）真理を所有する」（GM, 131）能力を私たちが持っていることを意味しているように思われる。

と混同されることに対する憤慨した拒否を肯定的に表現したものである。この拒否は，ベルクソンにおける否定に匹敵しうる。それは，両哲学者における観念論哲学の拒否の根底にある，真理と検証可能なものを同一視することの拒否である。

身体性の確信は，「私は私の身体である」(ME I, 116) という表現によって言い表される。それは，私は私の身体でしかないという意味ではない。マルセルは唯物論者ではないことをこの後に強調することになるだろう。

この確信は，私と私の身体の分解できない統一，それゆえ親密で，分離できず，非対象的で，神秘的な最初の統一の確信である。マルセルは身体性を形而上学の中心的所与と見なす。というのは，「私を私の身体に結びつける絆」の世界は，感覚的存在の認識から私たちの内にある超越的「存在」の目に見えない現存に至る，あらゆる認識の基盤であるからである。

ベルクソンにおいては，マルセルのような身体性の観念は見出されない。ベルクソンは『物質と記憶』で「私の身体」について語っており，心身合一を認めてはいるが，純粋知覚における「部分的一致」(MM, 250/356) のみである。しかしながら，次章「持続と広がり〔延長〕」で，マルセルが第一の所与として考えるような身体性[9]とベルクソンの二元論との間の隔たりがいかに大きいかを見るであろう。ベルクソンが『物質と記憶』で明らかにする二元論は，心身を完全に区別し，それらの関係を説明できない通俗的二元論とは異なっているにもかかわらず，である。

「主観-身体〔主観としての身体〕」という表現は，マルセルには実存的確信，すなわち世界に存在するという確信を表現するために役立った。中心的所与としての身体性は，ただ単に私の身体への私の緊密さばかりではなく，私の身体を通して世界とすべての実存するものへの私のつながりをも意味する。「身体性という語は，偶然にではなく本質的に

---

[9]「世界は，(…) 私と私自身の身体との間にあるのと同じ種類の関係が私と世界との間にある限り，——つまり，私が身体的存在である限り，私に対して存在する」(JM, 261)。「私の身体はこの意味で実存者の原型であり，より一層深い意味では実存者の標識」(ME I, 103) である。

自分の身体に結びついている存在の状況を示す」(ME I, 117)。
　身体的存在として「世界に存在するという私の状況」を，マルセルは，ヤスパースの用語を用いて「基本的状況」(RI, 33/37) と呼ぶ。その意味は，「生きている限り，状況内に存在することは私の本質である」(RI, 136/156) ということである。「私たちが常に状況内に存在するということは，実際，感覚するということにおいて，すなわち身体を通して世界が，私たちに現存しているということを確認する一つの仕方である」(GMVE, 36)。それ故，「感覚することによって，私は実存することを確信している」(ME I, 103)。私は「確信がかかわる実在，全体的で包括的実在と密接に結合し，一体をなしている確信に直面している」(JM, 314)。
　マルセルは後に次のように言う。「基本的な実存的確信は，それなくしては真のヒューマニズムが不可能となるもので，人間を世界一般という意味のないものに結びつけるのではなく，ある一定の，また繭や巣のような具体的な環境に結びつけるある本源的で，臍的とさえいえる絆の表明である」(PST, 67)。この確信なくしては，人間は物として扱われ，どんな物的事物とも同一視されてしまうであろう。この第一の確信から出発し，マルセルは「神の似姿としての真の人間を形成する種々の基本的な実存的確信」(PST, 75) を見出すであろう。
　私が「世界内存在である」という確信のこの最初の認知は，ベルクソンによってまず認知された内的持続の直観という直接経験には対応していない。マルセルの確信は，私と世界の打ち破りがたいつながり，または私と世界の元来の統一と言えるものに関わるものであるのに対して，ベルクソンの直観は，「外界」から切り離された「内的自我」(DI, 93/83) に関わる。これは特に初期のベルクソン哲学にあてはまる。ベルクソンは「空間の観念につきまとわれており」(DI, 168/146)，意識と内的実在との一致は，空間的観念である外界との断絶に基づいてのみ実現される。それに対して，マルセルにおいては，断絶は，体験（実存的確信）と表象されるもの（対象化の結果）の間に存在する。マルセルにとっては，実存するという確信は，実存するという感情の次元である「感嘆の意識」や「驚き」と不可分である。その確信は例えば「幼い子供の場合，『僕はここにいるよ！』，『やった！』といった叫び声や跳躍

によって表現され，大人の場合は当然のことながら，より節度のある形で表現される。そしてこのような自己意識の直接経験が，はじめは習慣によって，さらにだんだんと役所化する日常生活の上部構造的なものすべてによって覆い隠されていく」(ME I, 106)。この隠された直接経験を，マルセルはあらゆる反省に先立つ実存的確信によって導かれる第二の反省によって見つけ出すだろう。

実存的確信は，またマルセルが相互主観性と呼ぶものにも関わる。というのは，他者の実存を確信するのは，私が自己の実存の確信について持つ意識と不可分であるからである。ここで第二の反省によって，私たちが子供に見られる実存的確信をいかにさらに一層明確に意識するかについて見ることにしよう。自己の感嘆の意識には，他者の実存が含まれているか，重ね合わされている。「私は自分が実存すると言うとき，私は単に私が実存するという以上のものを明らかに目指している。つまり「私が自分のために存在しているだけではなく，私は自己を表示する（…）という事実を漠然と目指しているのである。実存するという語の中に含まれる接頭語（ex-）は，外への働き，遠心的傾向を表す限り，ここではきわめて重要な意味をもっている。私が実存するということは，他人によって，あるいは他人の立場に立つ私自身によって，知ってもらうかそのまま認めてもらうものを私が持っているということである」(RI, 27/30)。

ここで盲目にされている直観について少し述べよう。盲目にされている直観と実存的確信[10]の間には完全に明確な区別はない。マルセルは，言葉に尽くせない経験を表すために，やむを得ずそれらの二つの表現を

---

10) リクールは，実存的確信と盲目にされている直観を，「二つのベクトル」として見なす。「一つは感覚すること，つまり私が身体を通して世界に実存する確実性へと向かう。つまり身体は私を世界の実存の濃密さに結びつけるこの確信を仲介するものである。もう一つのベクトルは，信じること，私は魂を通して絶対的なよりどころである『あなた』に希望することの確実性へと向かう。すなわち魂は私を神の「存在」という濃密さに結びつけるこの確信を仲介するものである。常に持ちあがる対立は，実存哲学という，その第一の明証性がおおよそ私の身体的世界存在であるものと，存在の哲学という，その第一の明証性が，おおよそ神と共に潜心し祈る私の存在であるものの間で見分けられうる」(M-J, 389)。これに対して，私たちは，これらの二つのベクトルは交わるのであるから，両者の間に対立はないと考える。「実存と存在の間に，あるいはもっと正確に言うなら，実存者と存在の間にはいかなる溝もなく，ただ存在への参与の程度の差，つまり両者の間には豊かさや充実の違いがあるのみである」(GMVE, 212)。それについては第2部でさらに詳しく見るであろう。

用いるのである。彼はまた予感という語をも用いる。確信と盲目にされている直観は，時には同義語である。マルセルは一般に確信を実存するという経験を指し示すために用いる。「その確信はそれが関わる実在と一体をなす」（JM, 314）と彼は言う。「彼が『盲目にされている直観』を使う傾向にあるのは，現存[11]が覆われているとしても依然として光を放っており，その名残の光がその現存を覆っている『おり』を取り除くために，第二の反省をするように私たちを促している，ということを示唆したいときである」（VPGM, 325）。

　マルセルが盲目にされている直観の語を用いたのは，存在に関して，であり，実存についてではない。「私の考えでは，存在論は，私たちが持っていないと思われる，『存在』についての〔直接的ヴィジョンである〕直観に基づくのではなく，私があるとき盲目にされている直観と呼んだものに基づいた存在への接近についての反省である」（GM, 63）。

　マルセルは，ベルクソン的な意味と同様に，トマス説的な意味においても，直観の語の使用を認めない。「私が認めないのは，存在の把握という観念である。私たちが存在をとらえることができるとは，私は考えない。私にとって実際重要なのは，特にまた常に，私たちが存在について語る時にそれが何を意味するかについての反省である」（*Ibid.*）。それ故，盲目にされている直観は，「フランス哲学会」での発表のタイトル「問いかける思考以前の存在」（PST, 77-115）が示すように問いによって進む反省の手引きでしかない。言い換えれば，盲目にされている直観は，第二の反省への呼びかけ，すなわち「存在への接近」についての反省への呼びかけである。この呼びかけは，「論証的な思考をも含めて，あらゆる思考の働きの底にあるものである」（GM, 131）。「けれども直観が盲目にされる，あるいは妨げられているとか言われるのは，哲学者におけるこの直観が，詩人や，まして予言者におけるように直接的に形成される力を持たないということを意味する。哲学者における直観は，誠実な人に現れるような共通の経験に基づいてのみ行われうる反省をひそかにはぐくむ以外，道はないのである」（HH, 173/141）。盲目に

11）　現存は，マルセルがその思想の中心に据えている，ただそこに対象としてある事物とは区別される目に見えない存在の体験として認められるものである。言い換えれば，現存は「存在の私たちに対する働きかけ」（GM, 136）と考えられる。

されている直観は私たちの内におけるある現存の経験である。しかしこの現存は覆われているか忘れ去られてしまっている。マルセルはその現存を「私たちが思い出そうとする，忘れられていた名前の現存にたとえ」（MPA, 35），それ故，盲目にされている直観を「プラトンの想起説」（Ibid.）にたとえる。「想起や創造[12]と同様に，盲目にされている直観は，時間と目に見える世界への永遠（それ故，目に見えないもの）の出現を示している」（GMVE, 93）とパラン゠ヴィアルは言う。

彼女はさらにマルセルがこの表現が用いるようになった経緯を明らかにする。それは「『存在の神秘』に気づくために彼の方法を明らかにしようとしていた時期であった。実際，科学者が経験に対して行うやり方とは反対に，『存在と非存在に関して中立的態度を取ることはまさしく不可能である』（PI, 136）ということを彼は理解したのである。つまり彼の存在の探求は『予感に基づく態度決定』を前提としている。この予感を，彼はある時は盲目にされている直観，またある時は確信と呼んだと思われる」（VPGM, 325, n°3）。

盲目にされている直観は存在の予感であるが，それは存在が，「具体的普遍」であって，観念対象または抽象でないということが理解される限りにおいてである。それ故，盲目にされている直観は，対象的な認識の次元に属する「見ること」，「持つこと」，「知ること」とは相反するものであるが，またベルクソンの存在の直観とも「私たちが持ち合わせていない」（GM, 131）という理由で異なる，とマルセルは考える。その上マルセルは，直観あるいは「ヘーゲルの汎論理主義的な思い上がりのような『存在』のあらかじめの独断」（PST, 13）に基づこうとするあらゆる哲学を退ける。マルセルにとって存在は，「近づくことしかできないのであり，常に非常に不完全にしか明かされない」（Ibid.）。私たちは「存在」の「現存」についての盲目にされている直観しか持つことはできない。なぜなら「存在」の「現存」は，私たちの存在の源であるからであり，それは照らすものであって，照らされるものではないからであ

---

[12]「マルセルにおいて，創造は想起に近い。創造は，私たちが自分だけの力で実現するだろう無からの発明ではなく，反対に，ある『恵み』へと開くことであり，ある『現存』を認めることであり，それを認めることは能動的な受容性を含む」（GMVE, 93, n°16）とパラン゠ヴィアルは説明する。

る。「照らすもの」とは諸本質の現存が私たちを照らし，私たちが諸概念を正しく作りあげるよう助けてくれるという意味であり，「照らされるものではない」という語は，現存と例えば真善美の普遍的な諸本質は目に見えず神的なものであるから，私たちの目の前に並べられた事物のように照らされないという意味である。

　それ故，マルセルにとって存在の直観は意味がない。「存在の直観というような言い方は，鳴らないピアノを弾けというようなものである」(GM, 131)。「『存在』のこの直観あるいは経験を，あたかもある所与あるいは事物の直観が問題になっているように私は捉えない」[13]。

　前述したように盲目にされている直観という用語は「現存はふさがれているとしても，依然として照らす光を失ってはおらず，その名残りの光によって現存を覆っている『おり』を取り除くために私たちは第二の反省を行うように促されることを示唆している。彼が『盲目にされている直観』という表現を放棄する傾向にあったが，それはこの表現が『存在の神秘』，私たちを実存者として成り立たせる『私たちが本来そうである存在になる』ことへの『呼びかけ』を表現するのに適切ではないと彼には思われたからである」(VPGM, 325, n°3)。それ故，彼は実存的確信，または確信という語のみを用いるようになるのである。

E　結論 ── マルセルの第二の反省とベルクソンの直観

　ここでマルセルの方法がベルクソンの方法とどの点で類似し，どの点で異なっているかを見ることにしよう。

　マルセルの方法は本質的に反省に基づいている。その方法は対話を用いる。つまり，たとえさまざまな説の支持者たちが皆そこに居合わせなくても，彼らの表象の批判あるいはマルセル的な反省を欠いた説の批判をすることである。しかしながらこの反省の目的は，新たな直接経験を再発見するために直観的と呼ぶことのできる認識〔実存的確信，盲目にされている直観〕を明らかにすることである。マルセルの方法は，対話

---

13)　P. Prini, *Gabriel Marcel*, Paris, Éd. Economica, 1984, p. 59

を用いて,「思考により,さらに思考を超えて,新たな確実さ,新しい直接経験を再発見すること」(RI, 219/252) にある。

　第二の反省は,分解した第一の反省を否定する行為が実現するにつれて,「回復的となり,抑え難い運動によって,第二の反省を超える実存的確信の断定へと向かうが,結局のところ,その断定は,第二の反省そのものと,その本性を明らかにする」(PI, 193)。つまり第二の反省のこの運動は,まず主観としての身体における心身合一の断定,感覚による私たちの具体的な空間としての世界への参与の断定,私たちと他者との開かれた相互主観性の断定へと向かう。さらにその運動は,「この反省によって予感される光との出会い」(GM, 141) の方へと進む。そして私たちの神的で不滅の本質を予感し,また来世において,つまり常識が死と呼ぶものの後,マルセルの用語では対象としての身体の消滅の後に達成されるだろう超越的「存在」と私たちとの一体化を予感するに至るであろう。それ故,直接経験に帰るという意味でのマルセルの目的は,ベルクソンの目的と同じであり,それはフッサールの目的,「事象そのものへ」,「前述語的」と同じである。第二の反省は,ベルクソンの直観的方法と同様に,いわば「分析に対する分析」[14]である。というのは,両哲学者とも表現がいくら逆説的に思われたとしても,直接経験は,直ちに私たちに与えられてはいないと考えるからである。両哲学者はまた同様に読者に注意の転換を要求する。つまり思考がもっぱら感覚的で有用なものへと向かうのをやめなければならない。両者とも,経験をその真の姿で再発見するために,一方では知性が,他方では第一の反省が,経験に押し付けている歪曲を正そうとする。両者とも,私たちに怠惰と自然に起こってくる考えを放棄することを要求する。

　両者とも,言語と言語が形而上学に課す「言葉を手本にした観念体系」を信用しない。この言語に経験論,唯物論,またブランシュヴィックのような観念論でさえも欺かれているのである。感覚は,形式と統一を習慣に期待したり〔経験論〕,知性に期待したり〔観念論〕するような偶然的で取るに足らない所与ではない。

　恐らくベルクソンの影響下で,マルセルは,ソルボンヌ大学の学生時

---

14) V. Delbos, *op. cit.*, RMM, 1987, p. 373. Cf. H IV, 555.

代，そこを支配していた実証主義と新観念論を拒否したのである[15]。ベルクソンと同様に，彼は，観念論が「実在の中には，私の意識あるいは意識一般に現れるもの以上のものは何もない」（ES, 194/962）と見なすことを批判する。観念論も経験論的実証主義も両者とも次の二つの原理に基づいている。すなわち「a）内在原理あるいは存在を意識的経験に全面的に還元する原理。b）対象化〔客観性〕の原理あるいは，経験を検証の論理構造に全面的に還元する原理」[16]である。マルセルは，観念論が「私の体系」，「私の哲学」，という「一種の殻」（RI, 84/95-96）に閉じ込めようとする主張に，異議を唱える。言い換えれば，観念論は「多少とも厳密につなぎ合わされた公式の全体に『世界を閉じ込めよう』」（*Ibid.*）と主張する。マルセルが「ここで今一定の形を取っている色々の性格や特異性を伴う私個人の経験を知性によってのみ認識しうる体系に実際に統合する」（RI, 23/25）という可能性を認めないと言うとき，ベルクソン的考えを表現している。

両者においては，人は具体的で自由な実在であり，空虚で閉じた形式によって統一されたある性格の有限な和には還元できない。マルセルが後に考慮に入れる，「閉じたもの」と「開いたもの」というベルクソン的対立を再び見出す。その際マルセルは，観念論の欠陥は，私たち人間と世界がつながっているという現実と創造の聖なる性格を無視するある傲慢から恐らく生ずる，ということを付け加える。それ故，マルセルにおける観念論批判は，宗教的なものの発見に結びついており，この点において，観念論は創造的持続，生命原理の形而上学的理解を妨げると考えるベルクソンの思想にかなり近い。

さらに観念論に対してマルセルが次のように言うとき，ベルクソンと一致する。「私は非常に早くからある種の観念論が，感覚的知覚において，経験に風情だけではなく実在の味わいを添える具体的で予測できないあらゆる細部を無意味と判断し，それを非存在の境目へと追いやって

---

15) 彼の初期のすべてのテキスト，つまり『哲学断章（*Fragments philosophiques*）』や『形而上学的日記（*Journal métaphysique*）』の第一部では，彼はまだ直接経験の語に観念論者たちと同じ直接性の意味を与えている。

16) P. Prini, *Gabriel Marcel et la méthodologie de l'invérifiable*, Paris, Désclée de Brower, 1953, p. 19.

いるように思われるほど構成部分を過大に評価するやり方に対して抗議した」(EXCH, 308)。

『形而上学的日記』の初めからマルセルは，実在を「神が見る」(JM, 4) ように知っていると主張する絶対知を拒否した。このように彼は「ヘーゲルの汎論理的思い上がり」を非難する。「形而上学的に最も重要だと思われるのは，絶対というものを一種の中央観測所のように考え，そこから宇宙を，私たち各人がしているように部分的，側面的に把握する代わりに，全体として見つめることができるなどと考えれば，私は必ず矛盾に陥る，と認めることである」(RI, 8/10-11)。

ブランシュヴィックの実証主義的観念論は，精神生活が諸科学と同じタイプの検証に従うことを要求する。彼は『意識の発展』の中で「信ずるか，あるいは検証するか，その二者択一は避けることはできない」(RI, 10/12) と宣言するが，それは，信仰は現実的根拠のないものでしかありえない，ということを暗に言おうとしているのである。

確かに，検証は客観性を保証するものであり，観察者たちが交替可能で非人称的であるということを前提としている。マルセルは，信仰，愛といった彼が探求したい領域では，人間同士が交替可能ということはまったく意味がないと指摘する。

この検証第一主義は，あらゆる肯定はそれ自体普遍的であるはずの一連の条件に従っていると主張するブランシュヴィックのように，「一種の徹底した，しかも完全に意識的な不寛容によって，反省の無限な主体と考えられているあのモナドに加担して，私は信じるといった言い方で表される断定の仕方に対しては，経験的あるいは社会的市民権以外のあらゆる市民権をまったく拒否しようと主張するのである」(RI, 10/12) と，マルセルは言う。それはつまり，愛，美的喜び，信仰，聖なる感情などのあらゆる目に見えない人間経験に，科学の観察可能性と計測の基準を明示することを求めることである。それ故，マルセルの拒否はベルクソンの拒否と同じである。両者とも具体的な存在の実在を考慮に入れることを望む。人間を純粋に論理的な理性に帰し，「実際に人間を取り巻くのみではなく，全面的に入り込んでいる具体的な環境」[17]から人間

---

17) «Carence de la spiritualité», *Nouvelle Revue Française mars*, 1929, p. 377.

を切り離すことによって，人間を非人間化することを彼らは望まない。

　両者とも，経験に忠実であろうとするが，経験をロックやスペンサーの古典的経験論のように解さないという条件においてである。マルセルは伝統的な意味で経験論哲学ではなく，「経験的」（EAGM, 86）[18]哲学を作りたいと考える。というのは，マルセルにとって「経験とは，ある主観が自分自身の状態を経験するという事実に還元することであると考えることは不可能である」（ME I, 60）からである。ベルクソンと同様にマルセルにとっても，経験とは直接的なことである。1938年の未刊の講演の中で，マルセルはそのことを次のように説明する。「私にとって，私が考えたあらゆることは絶えず再検討されなければならない。それはまさしくパテを塗り直して隙間を埋めるのではなく，まして中断することでもなく，絶えず私に課されるのは，私が他の道で見つけたものを再び取り上げ，経験論的な経験との接触ではなく，ベルクソン的な深い経験と絶えず接触し，その見つけたものに再び活力を与え，私の思考を絶えず試すことである」（EE I, 212）。そのためには，経験論が知覚されるものについて行う通常の知覚とそれを操作するやり方とを同時に乗り越えなければならない。

　マルセルは「経験論者たちの主要な誤りは，事実という観念がいかにあいまいであるかを認めようとしないことにあった」（ME I, 74）と言う。経験論者たちは「事実は中立で惰性的な一要素でしかない」（ME I, 76）と見なす。「伝統的な経験論者たちが見なかったことは，経験は一つのまとまりに似たものを構成していないということである」（ME I, 64）[19]。

18）　経験はマルセルにとって「科学実験とも（…）習慣や獲得された知識とも同意語でもない。（…）マルセルの用語における経験は，実際，直接経験と同意語である。その上，マルセルは一般に経験を直接的と形容する。（…）経験は，マルセルにとって，感覚，愛，他者と世界の現存の感情，喜びあるいは苦しみ等の具体的な実在のあらゆる表れへの個人的，直接的な参与である。それ故，経験は認識と感情の対立を超え，抽象的認識に対立する。マルセルは彼の哲学を古典的経験論と一線を画すものとして，経験的という品質形容詞をつける。経験論〔経験論的哲学者〕と違い，『経験的』とは，経験が適用される諸対象に関するものではなく，経験がその中で引き延ばされ完成される態度決定の深さ，あるいは真実性に関するものである。しかし——そしてこの第二の点が第一の点より一層重要であるが——従来の経験論とのこの違いは，もっぱら心理的というわけでもなく，恐らく本質的に心理的でもなく，すなわち近年まで意識状態と呼ばれていたものに厳密には関係しない」（VPGM, 295 n°8）。

19）　「経験は極めて変わりやすい飽和度をもつものである。（…）例えばこう言ってもよ

経験論と観念論に対するこの批判から，ベルクソンと同様マルセルにとっても，経験は確かに直接的であると結論づけることができる。つまり経験は，「最終的あるいは根源的な認識あるいは所与であり，それ以上に分析を推し進めることは不可能であり，したがって，論理的には異論を唱えることはできないものである」[20]。私たちは直接経験に概念と言語の媒介なく，意識によって直接的に到達する。

　ベルクソンとマルセルはまた二人とも直接経験あるいは前述語的感覚を認めている。しかしながら，彼らの方法の相違，したがってその方法の結果である存在の観念の相違が見られるのはその点においてである。

　私たちは冒頭でマルセルがベルクソンの直観について行った批判について強調したが，その批判をマルセルは，ベルクソン自身が無の観念を疑似問題と見なし，批判していると考えた時に突然思いついたのである。マルセルは，このベルクソンの存在の直観が人間条件の現状では真に存在するとは考えない。マルセルの場合は，彼が直接経験を照らされるものとしてではなく照らすものとして予感するのは，第一の反省の定義を批判することによってのみである。

　両哲学者の方法のこの第一の違いが，第二の違いへとつながる。マルセルは第一の反省にベルクソン自身が知性に行うと同じ批判をしているが，知性と第一の反省という二つの用語が同じ現実的能力を示しているということを認めることは難しく思われる。マルセルはベルクソンのように知性，本能，直観という三つの認識能力の区別を認めてはおらず，あるのは，第一の反省，第二の反省を行うことができる実在を自覚している精神である。

　第一の反省と第二の反省との間には方向性と明晰さの違いしかない。したがってマルセルにとって方法は，知性を直観によって置き換えることではなく，知性の方法とその限界に気づくことである。マルセルの場合は，この気づきは，同時に認識することと認識されるもの〔感覚界，人間，神〕が分かち難いと言うことを発見することである。それ故，マ

いが，経験はきわめて不均等に純粋である」(ME I, 64)。「ある経験は偏見で飽和させられることがありうる。けれどもこの場合は，経験を塞ぐこの偏見によって経験が完全に経験たりえないことを意味する」(ME I, 65)。

　20) A. Lalande, *Vocabulaire technique et critique de la philosophie*, Paris, PUF, 1972.

ルセルは，ベルクソンのように直接経験を「持続する自己の直観」と同一視する傾向も，「持続する世界」と同一視する傾向も持たなかった。またマルセルにとって自己認識は，ベルクソンにおけるように他の認識より特権的なケース（Cf. EC, 1/495）ではない。というのは，ベルクソンが言う内的実在は，それを「対象としての自己」に置き換える第一の反省によって常に覆われているからである。

　マルセルにとって直接経験はこの世では知的意識による存在の理解〔あるいは存在への参与〕の限界のゆえに常に不完全に覆われている。またマルセルが意識に直接的に与えられたものという表現を用いないのは，意識が主観-対象の対立を超えるに応じて，あらゆる直接的認識の神秘は人間にとって全面的には到達しえないということを強調しないのを恐れてであろう（Cf. VPGM, 287）。

　しかしながら，マルセルは思考活動に二つの形態を認める。一つは実在と接触をする活動，つまり経験そして注意と呼べるものであり，もう一つは比較し関係づけ言語を用いる活動，つまり反省である。しかし，これらの二つの形態は，二つとも本質的に人間に努力を要求する行為である。これらの行為において感情面，意志面，認識面が区別されるのは抽象化作用によってだけである。さらにベルクソンにおいては，各能力〔知性，本能，直観〕は一つの次元の実在の理解〔物質，動物的生，精神的生〕に割り当てられているが，マルセルにおいては，意識が認識に到達するのは，常に注意と反省という二重の活動によってである。認識は，第一に注意の広さと純粋さに関して異なり，第二には私たちが到達する存在の次元についての反省の広さに関して異なる。私たちがある人の目に見えるもの〔例えば顔〕しか注意しないなら，その人について，私たちがその人を愛している場合とは同じ実在には到達しないだろう。

　ベルクソンは，彼の方法の目的はアリストテレスのそれと同じく，「感覚的直観の下に知的直観を探すこと」（PM, 258/1454）を認めており，その点でユードの解釈が裏付けられる（Cf. 本書 54-55 ページ）。ベルクソンは直観に先立ち，マルセルの第二の反省に相当する空間的時間，順応主義の批判を純化する反省を強調することなく，行っている。しかしながら，彼は特にこの純化の成就について，つまり知性と本能の対立を超え，完全な認識として現れる直観について強調する。

反対にマルセルにとって直接経験は，この世では常に不完全にしか明かされず，目に見えるものから見えないものに至るいろいろな次元の直接経験があるが，それらの違いは，存在への参与の深さと関連している。一方，ベルクソンにとっては，隠されている直接経験を再発見することは難しいとしても，それと絶対的に一致することは不可能ではない。絶対的なこととは持続であり，外界の原理であると同様に私たちの存在の原理である。確かに，ベルクソンにとっても絶対的なことは常に完全に明かされるとは限らない[21]。というのは，直観は非連続的で限られているからである。直観が伝達されるために，または反省によって確認されるために，反省の言葉によって表現されようとするやいなや，直観は反省の次元に再び落ちる。したがって，ベルクソンにとっては直観と反省の間に思考の何度もの行き来がある。

　マルセルの方法の第二の反省の目的は，日常的で自然に生じる認識，あるいは科学的な認識の構成という第一の反省の役割に気づくことであり，この表象の性質と価値について考察し，感覚から経験の高度の次元に至るまで，つまり希望という予言的認識，盲目にされている直観，信仰，愛を通って神秘的認識に至るまでの直接経験に基づいてしかこの表象は可能ではないことに気づくことである。このようにして私たちの「存在への根づき」(GM, 135)，思考の神秘と切り離されない存在の神秘を私たちは理解する。マルセルの方法は，新たな直接経験を再発見するために，本質的には実在を問題として，つまりその所与が私の外にあり，私の前に並べて見せられた対象として置く認識方法を本質的に超えることにある。

---

　　21)　「絶対的認識は実在全体の認識ではなく，(…) 限定された認識であるが，相対的なものではない」(M, 774)。

第2部
テーマ別研究

第一章

持続と広がり〔延長〕(時間と空間)*)

────────

　ベルクソンは，特に初期の『試論』で，内的持続と空間すなわち外部性とを対立させる。マルセルは，ベルクソンのこの持続と空間についての分析を認めてはいるが，それとは一線を画する。私たちの見解では，感じるという行為[1]は，確かに一定の持続の内に展開されるが，直接的に空間をも把握するのである。このことを認めると，外部性と内部性，主観と対象，「私の外と私の内」の対立は乗り越えられていることになるだろう。

　これに対して，次のような反論が可能であろう。ベルクソンもその後の著書で同様に持続し，「主観と対象が一致する純粋知覚」(MM, 248/354)に到達する広がり〔延長〕の直接性の存在を示している。また拡張した知覚による生きられる空間については，自然と直接的に交流する芸術的直観をも示していると。このようにベルクソンとマルセルは，生きられた空間についての類似した見方を持っているように見える。その上，両者は直接知覚される空間の経験を反省的思考が空間として定義するものと対立させるという点において一致する，という反論である。しかしこれらの表面的でしかない一致を乗り越えなければならない。

　　*) étendue の語は，一般に広がり〔延長〕と訳した。あるいは芸術に関しては，空間〔広がり〕と訳した。また étendue vécue の語を「生きられる空間」と訳した。
　　1) マルセルにおいては，すべてが行為である。マルセルは，読者たちに自覚させようとした存在を事物化する，あるいは対象化することのないように配慮していた。それ故，彼の存在論を説明するために有用なすべての観念を行為の用語を用いて表現することを望んだ (Cf. S.Plourde, VPGM, 41. n[o]1)。

それに関して第一に示したいのは，ベルクソンの直接的な広がり〔延長〕が，マルセルの思想から導き出されるように思われる「状況内人間」によって「生きられる空間」，つまり直接的空間〔広がり〕と似通ったものであるかどうかを確かめたい。

　第二に，ベルクソンにおいてもマルセルにおいても，持続は，空間化された時間の正反対のものであり，マルセルはその空間化された時間を「調整された時間」，「カレンダーの時間」と呼ぶのである。しかしながら私たちはベルクソンの空間化された時間とマルセルの「調整された時間」の観念との間に根本的な違いを明らかにするよう試みる。

　第三に，マルセルは，ベルクソンのように持続を常に不可分なものであることを認めない。言い換えれば，マルセルは持続の断絶，苦しみや死の経験，すなわち彼が「破壊される時間」と呼ぶものを強調するが，その観念はベルクソン哲学には欠如しているように思われる。私たちは同様にこの定義の違いが含むものを明らかにすることを試みる。

　第四に，二人の哲学者の空間化された持続の批判の帰結，すなわち持続の真の経験を検討してみる。これらの二つの比較によって持続と永遠の関係が分かるであろう。

I　ベルクソンとマルセルにおける直接的広がり〔延長・空間〕

　ベルクソンは広がり〔延長〕の直接性と空間の観念とを区別する。すなわち生きられた空間の経験と空間の抽象的概念とを区別する。その上ベルクソンには二種の直接的広がり〔延長・空間〕がある。純粋知覚によって明かされる物質の延長〔広がり〕と芸術によって生きられる空間である。さらに二種の空間，空間化された時間がある。等質空間と記憶の空間である。ベルクソンと違ってマルセルにおいては，一種類の直接的で生きられる空間〔広がり〕と一種類の概念化された空間，つまり数学的空間しか見つからない。

　これらに関する両哲学者の考えをまず分析することによって，直接的広がり〔延長・空間〕とは何であるかをさらに詳しく見てみよう。次いで両者の空間の概念と空間化された時間の概念を考察し，さらにこれらの概念を比較する。

A　ベルクソンにおける直接的広がり〔延長〕

a)　物質の広がり〔延長〕の直接的知覚〔純粋知覚〕

　ベルクソンは『物質と記憶』で持続の中でなされ，主観と対象，内部性と外部性の対立がなくなる直接経験としての物質の広がり〔延長〕の直接的知覚を私たちに教えてくれる[2]。彼はこの知覚を「純粋知覚」と

---

　2)　「広がりのある知覚において，主観と対象はまず結びつくであろう」(MM, 73-74/217)。これに反して，広がり〔延長〕のない等質的「空間は私たちの内にも外にもないということである。(…) 私たちのすべての感覚は，ある程度広がり〔延長〕を持つ」(MM, 243/350)。

　ところで『試論』においては，質的な広がり〔延長〕の知覚は，動物のものでしかなかった。そして『創造的進化』においては未開人のものでもあるとベルクソンは付け加える (Cf.

呼ぶ。

　純粋知覚の第一の特徴は，この知覚は，物質の実際の広がり〔延長〕，つまりすべての対象が互いに緊密に結びついており，事物とその周囲の環境との分離は絶対的には判然としたものではなく」(MM, 235/344)，「あらゆる部分が互いに運動を通じて作用反作用を行っている」(MM, 71/215) 物質的宇宙の実在を直接的にとらえる純粋な瞬間的現在の知覚である。

　しかし，純粋知覚は，外の世界の景色を例えば山，川，家というように輪郭の決まった諸事物を描く私たちが通常の知覚と考えるものではない。この独立した物体の表象は，ベルクソンによれば，私たちの事物への働きかけを有効にし，実生活において有用な行動を行うための「人為的な分割」(MM, 211/332)[3] であり，記憶が「固定と分割という二重の作業」(MM, 237/345) によってはっきりと他から区別され，独立した対象に分割し感覚的性質に固定する。つまり私たちの通常の知覚は，物質の実際の具体的広がり〔延長〕を，実際の「知覚そのものを超えて」(MM, 233/343)，その下に張りめぐらした等質空間を頼りに (Cf. MM, 276/374) 再構成した，知覚で，直接経験ではないとする。なぜなら私たちの通常の知覚においては，記憶，つまり「過去のイメージが，(…) 私たちの現在の知覚に常に混じって」(MM, 68/213) おり，言い換えれば，記憶心像は瞬間的純粋知覚に「さまざまな類似したイメージを代わるがわる，投げ入れて」(MM, 112/247-248)」，その知覚を増大させ，それに置き換わってさえしまう。知覚は，かつてのイメージを私たちが思い出すための何らかの指示や単なる記号の寄せ集めにすぎないまでに

DI, 72/65.EC, 213/675)。そして広がり〔延長〕の性質は，「具体的で多様な方向」(BE, pp.52, 64)，つまり「さまざまな場所の区別，例えば右側と左側の区別」(BE, 64) にあった。

　しかしさまざまな方向に従って「質化される」(BE, p.64) この広がり〔延長〕は，エドシックによれば，真の意味での質的なものではない。というのは，これらの具体的方向は，身体の行動に応じて「等質空間の網の目を通して」(BE, 52) 決定されるからである。それ故『物質と記憶』でベルクソンは，方向をもはや感じられる性質の差異としては見なさない。その感覚的性質は実際の広がり〔延長〕の諸特性となるものであるが，従って，ベルクソンは方向をむしろ等質的空間と見なす。

　3)「分割は想像力の所産であって，想像力の任務はまさに，私たちが日常経験する動きつつあるイメージを，夜中に嵐の光景を照らす一瞬の稲妻のように，しっかりと見定めることなのである」(MM, 211/325)。「物質を絶対的に輪郭の定まった独立した諸物体に分けることは，すべて人為的分割である」(MM, 220/332)。

縮小される。それ故，外の事物の知覚された広がり〔延長〕は，実際は純粋知覚と過去のすべての記憶つまり純粋記憶の総合的努力によって作り直された空間にすぎない。この点については，後に記憶の広がりについて述べた箇所で取り扱う。

　ベルクソンは実際の物質の広がり〔延長〕はさまざまなリズムを持った光線の運動あるいは振動の連続的な流れであり，それを例えば私たちがさまざまな色の感覚的諸性質に凝縮して知覚すると考える[4]。この実際の物質の広がり〔延長〕を生きるのが純粋知覚である。それ故，「事物の実在性はもはや構成あるいは再構成されるのではなく，触れられ，浸透され，生きられるであろう」(MM, 71/216)。

　純粋知覚の第二の特徴は，主観と対象の対立がなくなり一挙に物の中に身を置くこの知覚は，無意識的あるいはほとんど無意識的知覚であるということである。なぜなら，それは瞬間的だからであり，すべての意識的知覚には記憶が混じっているからである。ベルクソンはこの純粋知覚を，私たちの具体的知覚の「非人格的基底」(MM, 69/214)と定義する。純粋知覚は，私たちの具体的知覚からあらゆる主観的な記憶が取り除かれるからである。

　純粋知覚の第三の特徴は，ある物質点との瞬間的無意識的一致を通じて，物質的宇宙全体と一致していることか，あるいは少なくとも純粋知覚は「私たちの知覚より限りなく広大で完全であると言えるだろう。というのは，この一点は，物質界のあらゆる点の作用を受け取りかつ伝えるのに対して，私たちの意識は若干の側面からその若干の部分に達するのみだからである。意識とは，外的知覚の場合のことだが，まさしくこの選択を本質とするものなのだ」(MM, 35/188)。それ故，具体的知覚は，知覚される対象の広さに関しては，宇宙全体の知覚である純粋知覚

---

　[4]　さらに，ここで純粋知覚と記憶が染み込んだ具体的知覚との違いを指摘するためにもう一つ別の例を挙げよう。光の知覚において，純粋知覚は物質固有のリズムである極度に反復的で速い連続的変化を瞬間的に知覚するが，私たちの通常の具体的知覚は，その物質固有のリズムの変化を，固定するか不動なものにし，私たち固有の意識のリズムに置き換え，色として知覚する。例えば「私たちが1秒間に経験する赤色光線の感覚は，(…) 私たちの歴史の250世紀以上を占めるような諸現象の継起に対応している」(MM, 231/341)ように，私たちの通常の具体的知覚は「事物の内的歴史の莫大な諸時間をそのつど乗り越え」(MM, 234/343)，その感覚的性質の縮約を行う。

の限定である。通常の具体的知覚は，例えば，少なくとも各瞬間において，この世界の広がりの中で未来の行動に関わりのある或る選択した部分しか考慮に入れないのである[5]。それ故，私たちの身体を取り囲んでいるものであり，その表象された内容は，私の身体が占める場所に応じて変化する[6]。

　ここからはベルクソンが直接的知覚であるとする純粋知覚が真に直接経験であるかどうかその妥当性を検討してみよう。さらに，純粋知覚は，マルセルの著書において見られる直接経験の観念と相容れることができるかどうかについて見よう。ただしマルセルは純粋知覚を直接経験として考察の対象に取り上げなかったのであるが。

　純粋知覚が直接経験であることについての第一の疑問点は，ベルクソンの次のような証明の仕方である。純粋知覚を得るためには，つまり「〔通常の具体的〕知覚から〔純粋知覚による〕物質〔との合一〕へ移るためには，時間〔記憶〕のこの分割されていない厚みを観念的に分割して（…）記憶力をまったく取り除けば十分であろう」（MM, 73/217）。あるいはさらに「実際は『純粋』な，したがって瞬間的な知覚は，理想，極限にすぎない」（MM, 274/373）。「理想」あるいは「観念的に」という語，「十分であろう」という用いられた条件法および，純粋知覚は物の「非人格的基底」（MM, 69/214）と一致するということを考慮に入れると，これらの二つの指摘は，純粋知覚は意識に直接的に与えられているものではなく，むしろ「厚みを欠いた理論的な眼差し」[7]に思わ

---

5) 「私の〔純粋〕知覚は，純粋な状態で，私の記憶から切り離されている場合には，私の身体から他の物体へと進むのではない。それはまず諸物体の総体の中にあり，ついで徐々に自己を限定して，私の身体を中心に選びとるのだ」（MM, 62/209）。「だから，自分を包むいっそう広大な，無限でさえもある経験に対して，いつも一つの内容にすぎないということは，広がり〔延長〕をもつ限りでの私たちの現実的知覚の本質なのである。そしてこの経験は目に入る地平を超えているから，私たちの意識には不在なのだが，それにもかかわらず現に与えられているように思われる」（MM, 160/286）。さらに色の例を挙げるなら，私たちは同時に「いくつかの決まった色」（PM, 61/1300）しか知覚しないのであるが，つまり私たちの知覚は，振動数の無限の場で，私たちの行動を導くために必要なこれらの決まった振動数を拾うのである。

6) 「外的対象の大きさや形や色さえも，私がそれに近づくか遠ざかるかによって変化する。匂いの強烈さや音の強さも，距離に応じて増減する」（MM, 15/172）。

7) R. Bayer, «L'ésthétique de Bergson» Les Études bergsoniennes, Hommage à Henri Bergson, Paris, PUF, 1942, p.180.

れる。

　第二の直接知覚が直接経験であることの疑問点は，潜在的無意識的直接経験という観念は，意味があり得るのかどうかということである。あるいは，ベルクソンが述べる「私たちの身体や私たちを取り巻く物質のあるものが私たちの知覚の中に入ってくるのは疑いもないし，こうして（…）私たちの物質的周囲が私たちの内的持続にある種の参与をしていることが，感じられ，生きられるのは，経験的事実である」が，「この参与の性質は不明である」（M, 99）という潜在的か，現実的ではあるが無意識的，あるいはほとんど無意識的にしか知ることのできない知覚を私たちの「内的持続への私たちの周囲の物質界の，感じられ，生きられる参与」（Ibid.）と見なすことができるかどうかが問題である。

　その上，私たちはベルクソンが直観の限界に起因するだろう無意識的あるいは潜在的知覚の可能性についてある不確かさを表現している二つの証言を見つける。一つは，「私たちは真に自分の外部へ，純粋知覚の中に置かれるのであり，その際，直接的な直観において，対象の実在に触れている。対象の実在が直観的に知覚されようと，合理的に構築されようと，実際の結果はまったく同じであろうから，ここでも経験的検証は不可能であった」（MM, 79/222）。もう一つは「知覚されたイメージが現実的知覚野より広い場でどのように集められるのかを私はよく分かり，示そうと試みる。しかしこの潜在的知覚がどこまで広がるのかを決定するいかなる手段も私にはない。（…）私の精神はライプニッツ

　筆者のこの解釈に対する，石井敏夫の反論（『ベルクソンの記憶力理論』理想社，2001，114ページ）に対して次のように答えたい。石井は筆者が純粋知覚を誤解して観念的つまり数学的に分割された非持続的，「数学的な瞬間」と見なしていると指摘しているが，筆者はそのような解釈はしていない。なぜなら筆者は，本書の79-80ページで述べたように，純粋知覚がとらえるはずの物質の実際の具体的広がり〔延長〕は物質固有のリズムである極度に反復的で速い変化という感覚的諸性質の連続であり，かすかではあるが持続を持っている，とベルクソンが述べることを考慮に入れているからである。しかし純粋知覚の「厚みを欠いた理論的な眼差し」とは，人間の意識的知覚は，実際には持続の厚みを物質の持続と一致するほどまでに取り去ることはできないので，純粋知覚は，無意識的で検証できない理論的に可能な知覚にならざるを得ないことを意味する。言い換えれば，「厚みを欠いた論理的まなざし」とは，私たちの通常の具体的知覚である厚みのある現在から記憶を理論上取り去った知覚という意味である。それは，具体的知覚において，記憶による事物の固定化作用と同時に事物を無限に分割する作用を行う，記憶と連動する非人称的，数学的，抽象的空間の表象ではない。

がそう望んだように，物質の全体を潜在的に知覚するのだろうか。あるいは，その中で私たちの感覚が選択を行う宇宙的知覚は，私たちが現実に知覚するものと分けられない一つの系(システム)を形成している事物や要素しか含んでいないのではないだろうか。(物質的宇宙は恐らくただ一つの系(システム)しか形成しないから)。特にこの潜在的(すなわち身体から独立している)知覚は，諸対象を区別する私たちの現実的知覚に比べられるであろうか。(…)いずれの問いに対しても私は証明のない仮説によってしか答えることができないであろう。ところで，私は諸事実の輪郭にできるだけ近く沿おうとし，あらゆる形而上学的構築を差し控え，つまり直観に戻ろうとした。直観がもはや何も言わないところでは，私は立ち止まらなければならなかった」(M, 412-413)。

　第三の純粋知覚についての疑問点は，第二の疑問点と関連している。実際には直接的意識的に生きられない純粋知覚を測定可能な成果を与えてくれる知性的で間接的認識である物理の分析的理論によって証明しようとしていることと，その理由である。ベルクソンは「広がっているもの」(MM, 276/374)，「分割されていない広がり〔延長〕」(MM, 202/318)という哲学的観念が実際意識によっては知覚されない場合，「振動」(MM, 228/338)，「反復され継起する震動」(Ibid.)，「振動数」(PM, 61/1300)，光点，光の「伝達」(DS, 234/M, 211)という概念のような物理学的概念によって対応させ，証明しようとする。例えば，私たちの通常の具体的知覚が物質を知覚するとき，記憶という過去を現在の中に押し込もうとする緊張した意識の持続を伴っており，例えば光の一瞬の絵のような知覚において物質の継起する何兆という繰り返す弛緩した振動を圧縮する。しかしその通常の具体的知覚の根底にその記憶〔の緊張した持続〕を取り除いた純粋知覚という，物質の弛緩した瞬間的で無意識ではあるが，持続を持った振動の具体的な広がり〔延長〕と合一する知覚が理論上ある，と彼は考えるのである。彼は「直接経験は，概念による理論とは独立して，それ自身で証明され，それ自身によって意味を持つ」(M, 771)と主張しながらも，直接経験であるとベルクソンが見なす純粋知覚の観念と，「その叙述の客観性が実在の直観的把握ではない」(BE, 182)物理学の知識を一致させ，直接経験を間接的なものによって再構成しようとする。

さらに物質界である宇宙に関しても、「すべての要素的な部分の間で〔機械的な因果法則に従って〕作用・反作用する」（MM, 34/187）物理的イメージとして定義するが、その物質界を「あらゆるものの潜在的な知覚」（MM, 36/189）[8]とベルクソンは同一視する。つまり、「知覚は私たちが知覚する以前にすでにそれ自体で存在しており、それが実在自体である」（B II, 59）というが、それは奇妙な論証ではないだろうか。

これまでベルクソンの敬意を表するに値する独創的で緻密な分析にもかかわらず、純粋知覚は直接経験とは違ういくつかの理由を述べた。マルセルは、純粋知覚については自ら説明はしないけれども、それに関しては私たちの見解と一致するであろう。というのは、直接経験は、感覚の次元では、意識に直接与えられているもののみであるという私たちの定義は、彼の定義と同じであるからである。

しかし、私たちの反論以外に、純粋知覚の直接性の問題についてのベルクソンの見解に対するマルセルの考えのさらに一層特徴的な二つの議論をこれから検討しよう。これらの議論は、ベルクソンに対して直接的に向けられたものではなかったが、マルセルの見解から導き出されるものである。

第一に、対象の観念に関するものである。ベルクソンにとって対象は、純粋で直接的知覚と一致する。ベルクソンが与える純粋知覚の定義によれば、純粋知覚は「対象」と見なされた「外部性」（MM, 69/214）に到達する。純粋知覚は、それによって私たちが直接的に「自分の外部に置かれる」ものとして現れる。その対象は物質、それ故、外界であった。「知覚から物質へ、主観から客観へ移るためには、（…）一言でいえば記憶力をまったく取り除けばよい」（MM, 73/217）。マルセルは、対象という語が「私の前に、私に向き合って」（ME I, 55）、つまり「私の外に置かれている何ものか」（Ibid.）を意味するなら、直接経験は対象の経験ではないと考える。マルセルにとって、直接的感覚は、私と世界との間の統一、あるいは根本的な交わり〔コミュニオン〕を明らかにする。それがなされるのは、主観と対象とを区別する行為以前、つまり世界をある対象として立てるか構成し、その対象を私の外のものとして表象する行為以前に

8）「物質自体を意識と同一視する」この考えは、「ライプニッツ的響きがする」（BE, 106）とエドシックは言う。

おいてである。したがって，たとえベルクソンが「広がりのある知覚において主観と対象は初めから結合していることになるだろう」(MM, 73-74/217) という事実を強調するとしても，この純粋知覚はマルセルの直接感覚とは同じではない。というのは，ベルクソンの純粋知覚は，主観と対象の合一以前にそれらの二項の区別を前提としているからである。その上，マルセルは，この区別は主観を対象化すると同時に，主観をある観察者の前で繰り広げられる一つの機能としてしか取り扱わないことから生じると考える。

　第二点は，対象の観念あるいは知覚の対象化について前述したことと密接につながっているが，ベルクソンが純粋知覚を説明するために純粋知覚と科学との間に打ち立てる厳密な一致に関するものである。ベルクソンは，物質の直接的知覚に関して，「科学と意識は瞬間において一致することになるだろう」(MM, 39/191) と断言する。その意味は，瞬間的で無意識的純粋知覚は物質によって伝達された光をあるがままでとらえる，つまり物理学的振動によって翻訳される物質の運動と一致してとらえるということであり，私たちが普通に自分の周りのものを絵のようにとらえるような感覚に縮めるのではない。マルセルは知覚あるいは感覚を科学的説明と同一視しようとするベルクソンのこの考えに対して異議を唱えるであろう。確かにマルセルは，感覚を物理的振動の伝達と感覚的メッセージへの転写とする感覚の科学的説明の可能性と有用性を否定はしない。しかしマルセルにとって「後で生じた」その説明は，感覚の直接性を説明せず，せいぜい例えば視覚で弦が振動するのを見るとき，耳が音を聞くといったことを確認するだけである。もっとも，ベルクソンにおいてもまた外的知覚に関する科学的説明のいくつかの批判が見られる。外部の物質的世界の知覚において，外の事物の「刺激は〔印象を集め伝達する神経の〕諸要素に沿って進み，中枢に達した後に，意識的イメージへと変換され，次に光源 p へと外在化されるのである。しかしこのように説明することは，ただ科学的方法の要求に従っているだけのことで，全然，現実的過程を述べているのではないだろう」(MM, 41/192)。

　しかしながら，このような科学的説明の批判は，広がり〔延長〕のない感覚についての考えに反論することしか目指していない。それについ

第1章　持続と広がり〔延長〕（時間と空間）　　　　　　　　　87

て『物質と記憶』の中に以下のような好例がある。「実際には，意識の中で形成されて，その後で点p〔私の網膜に質的印象を残し，そこに科学が物質の持続の振動を位置づける光源〕へと投射されるような，広がりのないイメージなどは存在しない。本当は，点pも，それが発する光線も，網膜も，関係する神経要素も，緊密に結び合った全体をなすのであり，光源pはこの全体の一部をなしていて，光源pのイメージが形成され知覚されるのは，他の場所ではなく，まさに点pにおいてなのだ」(MM, 41/192)。これによってベルクソンが感覚の本質を明らかにするために，もう一つ別の科学的次元の証明をなお示そうとするのが見て取れる。

　マルセルはベルクソンのように形而上学者の物質は，まさに物理学者が研究する対象である，とは考えないであろう。それどころか，彼はむしろ感覚はあらゆる科学的説明に還元できないことを強調する。また感覚を生理学的刺激〔振動〕の情報伝達は感覚に翻訳されることでしかないという物理学的な考え方は，マルセルの見解では適切ではなく，それ故，次のようにきっぱりと断言する。「私たちを欺くのは，私たちの精神をそこから解放できないおおざっぱな空間的イメージである。私たちの有機体に振動が伝達されるということと，この振動が主観に与えられるという事実との間には一種の混同が生じるのである」(JM, 318-319)。この混同の批判はベルクソンの考えに当てはまるだろうか。

　マルセルにとって，感覚作用において主観に与えられるメッセージあるいは刺激として科学が定義する生理学的衝撃は，実は直接的感覚ではない。なぜならその衝撃は決して感じられないのであるから。「有機体，あるいはその部分によって経験されるとする衝撃は決して〔感覚に〕与えられるものではない。もっと正確にいえば，衝撃は〔別の仕方でそれを〕外から見てとる観察者にとっては所与であっても，その衝撃を受ける有機体にとっては感覚に与えられているものではない。漠然とであっても私がその逆〔生理学的衝撃を私の感覚に与えられているもの〕だと考えてしまうのは，傍観者意識としての私が，いわば観念的にこの有機体に身を移し，有機体が受け取ったものの中に私が作りあげる観念を注ぎこむからである。私はまったく物理的な言葉で定義しようと努めている現象を心理的に彩ろうとしているのである」(RI, 38/42-43)。これに

ついてはこの後に取り組み，マルセルにとって感覚とは何であるかを明らかにしたい。実際，彼にとって生理学的衝撃は，生理学者が観察するものと，その観察の対象である人が意識的に感じるものとの間に因果関係を打ち立てようとする科学的な解釈にすぎない。ところが，生理学者が物質の意識への作用と呼ぶものもありえなければ，振動と音や色の知覚の間に同一性もありえない。

しかしながら生理学的学的衝撃に対して，ベルクソンはこのようには考えず，逆にそれを現実と考えるだろう。それ故，たとえベルクソンが，直観的に捉える直接的知覚は「実験的検証を許すものではない」（MM, 79-80/221-222）と言うとしても，彼が検証の観念を捨て去るという意味ではない。それどころか，精神生理学の言語を用いながら彼はできる限り科学的検証にかけようと試みる。マルセルにとって，感覚するという生きた経験は検証不可能なものの領域に属する。

以上ベルクソンが主張する純粋知覚の直接性は，意識に直接に与えられているのではないことを示したと思う。マルセルにとって，感覚することの直接性は，それを構成することができる事物の表象によって覆われているので直接には与えられていない。しかし第二の反省によってそのことに気づく。これに対してベルクソン的直接的認識は，当時の物理学が考えるような物質と思考の瞬間的な一致であるが，意識の埒外にある。このベルクソン的直接経験は，マルセルが「認識の神秘」と呼ぶものを説明するための一形而上学的仮説であるが，ただマルセルの場合その直接経験を説明しようとせずに，人間の思考の特徴として認めている。そして次のように言う。「意識にとって存在するとは，おそらく必然的に自分以外のもろもろのものとの関係に入ることであろう」（JM, 235）。他方，ベルクソンは二元論者[9]にとどまっている。なぜなら彼は

---

9) ベルクソン自身二元論の立場をとると明言している。ただこの二元論は，通俗的二元論とは異なると言う（Cf. MM, 1/161）。後者は，空間の視点に立ち，一方に空間の中で変化する広がり〔延長〕である物質，他方に空間の外にある非延長的感覚〔精神〕をすえるので，心身双方の作用が説明できないからである。この通俗的二元論の中に，ベルクソンは，その名を挙げてはいないが，スピノザの心身並行論やライプニッツの予定調和説を入れていると思われる。彼の二元論は，時間的な視点に立ち，精神と物質が合致すると考える純粋知覚から出発する。つまり純粋知覚は，記憶である精神が過去を現在に保存し未来の自由な行動のために行う記憶の緊張を伴う通常の知覚による物質の知覚の根底にあって，記憶のない殆ど瞬間的現在である緊張の弛緩した物質の一部となるもので，これによって精神と物質〔身

主観と対象の一致，心身合一，一方から他方の移行を強調するが，それは内的意識と外的物質の間に本性の違いがあるという意味においてであるからである。

さらにベルクソンにおける物質の観念は，特に『物質と記憶』においては一義的ではなく，物質界，事物，身体という三つの意味を含んでいる。そして彼は，ある時は物質〔脳〕と精神〔記憶〕を対立させ，またある時は物質界の一部と精神を直接的瞬間性〔純粋知覚〕において一体化させる。

私たちの身体と物的事物との同一視はマルセルにとって容認できず，絶えずそれと闘い続けた。そのために心身関係をベルクソンがするように精神と物質の関係に基づいて導きだすのではなく，私の身体と物質的事物を区別しながらも，逆に，私と私の身体の直接的統一から出発する。したがって，マルセルは心身二元論者ではない。ベルクソンはといえば，主観と対象の一致を肯定しつつ，精神と身体〔物質〕を区別して二元論者としてとどまり，それ故，内的なものと外的なものの区別を保持することを好む。

b) 芸術的空間

純粋知覚によってとらえられる物質界の直接的広がり〔延長〕の他に，ベルクソンはもう一つのタイプの直接的に生きられる広がり，つまり芸術的空間を示す。「絵画であれ，彫刻であれ，詩あるいは音楽であれ，芸術の目的は，まさに実際に有用な記号や，慣習と社会によって受け入れられている一般性，要するに実在を覆い隠しているあらゆるものを取り除き，私たちが実在そのものと直面するようにする以外のものではない。この点についての誤解から，芸術における写実主義と理想主義の間に論争が生まれたのである。芸術とは，確かに実在のより一層直接的な見方にほかならない。しかしこの知覚の純粋性は，有用な慣習との決別，感覚または意識の生まれつきの，しかも特に範囲を限られたある利害感の欠如，要するに生の一種の非物質性，つまり理想主義と常に呼ばれたものを含んでいる。したがって，(…) 理想主義が魂にあるのに

体〕の相互作用が理解できるとする。(Cf. MM, 248-249/354-355)。

対して，写実主義(リアリズム)は作品の中にある。理想主義(イデアリズム)を通じてのみ人は実在との接触を取り戻すのだと言えよう」(R, 120/462)。芸術家によって生きられるような空間〔広がり〕は，私たちの普通の知覚ではできない世界との直接的接触が可能であるという事実を証明している。私たちの普通の知覚は，私たちと自然との間に「厚いヴェール」(R, 115/459)を置くが，「芸術家と詩人にとってはそのヴェールは軽く，ほとんど透明である」(Ibid.)。というのは，芸術家は「直観の努力によって空間が自分と表現の題材との間に置く障害を取り除き，一種の共感によって対象の中に入り込む」(EC, 178/645)からである。それ故，芸術家たち，特に画家たち[10]もヴェールを引きあげ，特に自然と私たちとの直接的接触を明かすが，また同様に音楽家，詩人，小説家たちは意識と人間の真実との間の接触を明らかにする。ここでその芸術空間について見よう。

画家は「色や形にこだわるが，色を色のため，形を形のために愛し，また色と形を自分のためにではなく色と形のために知覚するので，事物の形とその色を通して，事物の内的生が現れてくるのを見る。画家はこの事物の内的生を，はじめは戸惑っている私たちの知覚の中へ，少しずつ入り込ませるだろう。少なくともひととき，画家は，私たちの目と現実の間に介在していた形と色についての先入観から私たちを抜け出させてくれる。そして，このようにして，画家はここでは自然を私たちに明かすという芸術最高の野心を実現することになるだろう」(R, 119/461)。

反対に私たちの通常の知覚は，「行動の補助として，実在の全体から，私たちの利害に関するものを孤立させる。知覚は事物そのものを示して

---

10) 「模倣に最も広い場所をあけている芸術の分野，つまり絵画ほど，芸術家の働きが明確に示される所はない。偉大な芸術家とは，万人のものの見方になっているか，今後そうなるであろうものの見方の源泉となる人たちのことである。コローやターナーのような画家は，自然の中に私たちが気づかなかった多くの様相を見取ったのである。(…) ターナーやコローの絵を前にして私たちが感じることを深く掘り下げてみよう。そうすれば分かるが，私たちが彼らの絵を受け入れ感嘆するのは，これらの絵の示すものを私たちがすでに知覚したことがあるからである。しかし私たちはそう気づかずに知覚していたのである。それは私たちにとっては，無数の同じく輝かしい，同じく消え失せる光景の中に紛れ込んでいる一つの輝かしいが，消え失せる光景だったのである。しかしその光景を例の画家は孤立させたのである。彼はこの光景をカンバスの上にしっかりと固定させたので，以後私たちは彼自身が見たものを現実の中で見取らないではいられなくなるだろう。(…) だから芸術は知覚能力の拡張が可能であることを十分に示してくれる」(PM, 150/1371)。

第 1 章　持続と広がり〔延長〕（時間と空間）　　91

くれるよりも，むしろ私たちが事物から引き出すことができる利益を示してくれる。知覚はあらかじめ事物を分類し，あらかじめそれらにレッテルを貼り付ける。私たちはほとんどその事物を見てはいない。その事物がどのカテゴリーに属するかを知れば私たちにはそれだけで十分なのである」(PM, 152/1373)。

　「そして私が見て取るのは，事物の色や形より，この分類である。おそらく人間はこの点ですでに動物よりはるかに優れている。狼の目が，子ヤギと子羊の区別をしていることはまずありえないだろう。狼にとっては，そのいずれも捕らえやすく，食べておいしい二つの同じ獲物だろう。しかし私たち人間は，ヤギと羊を区別するが，あるヤギを他のヤギと，ある羊を他の羊と区別しているだろうか。事物と生き物の個性は，それを見て取ることが物質的に有用でないときはいつも私たちから逃れてしまう。〔ある人を他の人から区別するときのように〕私たちがその個性に気づくときでさえ，私たちの目がとらえるのは個性そのもの，つまり形や色のまったく独創的なある種の調和ではなく，ただ実用的な確認を容易にする一，二の特徴だけなのである。要するに，私たちは事物自体を見てはいない。たいていの場合，それらの事物に張り付けたレッテルを読むにとどまっている」(R, 116/459-460)。それ故，私たちの日常の知覚においては，「私たちの自我は外界にその表面で触れている」(DI, 93/83)。「しかし，時たま，幸運にも，感覚または意識がそれほど生活に密着していない人々が現れてくる。自然は彼らの知覚能力を行動能力に結びつけることを忘れていたのである。こんな人々がある物を眺める場合，彼らは物を自分のためではなく物のために見る。彼らはもはや単に行動のためには知覚しない。彼らは知覚するために，知覚するのである。——何かのためではなく，楽しんで知覚するのである。これらの人々は，その意識の点であれ五感の一つの点であれ，何らかの側面で，生まれながらにして遊離している。この遊離がどの感覚のまたは意識の遊離であるかに応じて，彼らは画家または彫刻家になったり，音楽家または詩人になったりするのである。それ故，さまざまな芸術において私たちが見出すのは，実在のより直接的な見方である。芸術家がより多数の事物を知覚するのは，自分の知覚を利用しようと思うことが少ないからである」(PM, 152-153/1373)。このように芸術は私たちに自然の

空間〔広がり〕を真に認識する方法を明かす。それはつまり共感，無私の認識によって自然と交流する方法を明らかにすることである。

　しかしながら，ベルクソンが芸術的経験の価値に関して，その対象においても深さにおいても制限を設けていることを指摘し，その理由を明らかにしよう。

　第一に，ベルクソンが美的経験を限られたものと見なすのは，彼にとって芸術はもっぱらイメージのみ，つまり生命のみを対象とするが，「哲学は精神を深めると同時に必然的に物質にも関わる」（M, 1148）からである。哲学的見方に対し芸術的見方の深さの限界は，「哲学的直観は芸術的直観と同じ方向に踏み込んだ後，さらにずっと遠くまで進む」（Ibid.）。芸術が自然の中に直接的接触によって視覚的で静的なイメージの染み込んだ日常的知覚によっては感じられないさまざまな質の独自性を発見するとしても，「目で識別できるものにとどまっており，芸術は不完全な道具に思える」[11]。そして空間の芸術的認識が感覚的認識であるとすれば，哲学的認識の特性は，「肉体の目を精神の目で延長することであり，（…）直観の領域，つまり実在的，個体的，具体的事物の領域を離れずに，感性的直観の下に知的直観を探すことである」（PM, 258/1454）とベルクソンは考える。

　このように哲学的認識を定義することによって，ベルクソンはアリストテレスに近いことを示している。哲学的直観だけが精神の目によって[12]イメージ豊かな空間の背後に，その空間を超えるもの，つまり動く延長〔広がり〕，生きている宇宙の創造的持続，物質的宇宙の弛緩した持続を見ることができるのである。例えば，哲学は私たちが主観的に知覚する色の背後に，私たちの外に「客観的に存在している（…）無限に

---

　11) R. Bayer, *op. cit.*, p.193.
　12) 精神の目（心眼）に関しては，ベルクソンは，芸術家においても，ある程度認めている。彼は『絵画論』で「絵画は心的なものである」（PM, 265/1460）と述べたレオナルド・ダ・ヴィンチを引用し，次のように付け加える。モナ・リザの肖像を前にすると，「目に見えるすべての顔の線がカンバスの背後にある一つの潜在的な中心に向かって後退し，そこでは謎を含んだ容貌の中で一句一句読み取って行くのでは何時まで経っても終わることのない秘密が，ただの一言にまとめられて，一挙に発見されると思えないだろうか。そこにこの画家は身を据えていたのである。この点に集中された単純な心眼を展開することによって，彼は，自然の生産的努力を自分流に再現しながら，自分の前にいるモデルを一筆一筆と再発見したのである」（*Ibid.*）。

速い振動の動き」(PM, 162/1381) を見抜くのである。
　その上，哲学的な見方(ヴィジョン)は，コップ一杯の砂糖水を準備する単純な行為の中にさえも物質界の時間を発見する。砂糖が溶けるのを待たなければならない時間が，「私の待ち遠しさ，つまり思いのままに伸縮され得ない，私自身の持続のある部分〔つまり生きられる時間〕と一致するから」(EC, 10/502) であるということを観察することによって，発見するのである。
　第二に，ベルクソンの見解では，芸術的空間は，実在を現在においてしかとらえない。芸術が視覚的イメージにこだわるということは，つまりたとえその現在が瞬間的ではなくても現在にこだわるということであり，哲学的経験のように目に見えずまた過去や未来と不可分につながって持続する現在にこだわることではないからである。しかし「純粋な〔哲学的〕思索だけが普遍的生成に関する〔過去・現在・未来と不可分につながって持続する〕このような見方(ヴィジョン)から恩恵を受けるのではないだろう。私たちはこの見方(ヴィジョン)を毎日の生活の中に浸透させ，そしてこの見方(ヴィジョン)によって哲学から，芸術の与える満足に似た満足を，しかし一層頻繁な，一層連続的な，普通の人々にも一層接近できる満足を得ることができるだろう。なるほど芸術は事物の中に私たちが自然に知覚するよりは，一層多くのニュアンスを私たちに発見させてくれる。芸術は私たちの知覚を広げるが，しかし深さの点ではなく，むしろ知覚の表面においてそうするのである。芸術は私たちの現在を豊かにするが，ほとんど現在を超えさせてはくれない。哲学によって，現在が引き連れている過去から現在を決して孤立させない習慣を私たちは身につけることができる。哲学のお陰で，すべてのものが深み――深み以上の，四次元のようなもの――を獲得するので，これによってそれ以前の知覚が現在の知覚と結びつき，直後の未来自身が現在の中に部分的に現れることができる。そのとき実在は，静的な仕方で現れるのではなく，動的に，その傾向の連続と多様という姿で，明確に現れる。私たちの知覚の中にあった不動の凍りついたものが，再び熱を帯びて運動を始める。私たちの周りのすべてが活気づき，私たちの中ですべてが生き返る。(…) 実際，すべてのものを持続の相の下に考え知覚する習慣を多く身につければ，それだけ私たちは実在的持続の奥深くに入り込む」(PM, 175-176/1391-

1392)。

　しかし芸術は，哲学ほど持続の内に生きることを教えてはくれない。芸術は，ある特別に恵まれた人たちのものであると同時に，現在の見方(ヴィジョン)においてしか私たちを生きさせてはくれないからである。
　第三に，芸術的経験の価値に関して，ベルクソンは今示したのと同様な考えを，彼が創造行為の歴史として考える自然史と生命の歴史を通して述べる。それによってまた同様に哲学者の観点と同一視される人間研究家(モラリスト)の観点は芸術家の観点より高いという考えが明らかにされる。この人間研究家(モラリスト)の行為は，道徳的な創造行為がダイナミックに現実化したものである。自然における芸術的創造をベルクソンは次のように表現する。「外から見ると，自然は予見できない新しさが無限に花開いているようである。自然に生命を吹き込む力は，動植物の限りなく多様な種類を，愛によって，何かのためにではなく，楽しんで創造しているように思われる。自然は，その各々の種に，偉大な芸術作品という絶対的価値を与えている。自然は最初にできたものにも後からできたものと同じだけ，人間と同じだけの愛着を持っているかのようである。しかし生物の形態はいったん作られると，果てしなく繰り返される。同じように，生物の行動も一度行われると，その行動をまねて自動的に繰り返そうとする傾向がある。だから，自動性と繰り返しは人間以外のどの領域をも支配しているが，これは，生物の形態は停滞であること，このように同じ場所で足踏みするのは，生命の運動そのものではないということを，私たちに知らせてくれている。だから芸術家の観点は大切ではあるが，決定的なものではない。生物の形態の豊さと独創性は，確かに生命の開花を表している。しかしこの開花の美しさは生命力を示してはいるが，またそれと共に生命が躍動を停止していることをも表し，もっと先へ進む力が一時的になくなって無力となってしまっていることをも表している。それはちょうどスケートをしている子供が滑走の最後に描く優雅な輪のようなものである。
　人間探求家(モラリスト)の観点はもっと高いものである。ただ人間だけにおいて，特に私たちのうちで最も優れた人々においては，生命の運動は障害なく前進が続けられ，生命の運動がその前進の途中で創造した人体という芸術作品を通して，精神生活の限りなく創造的な流れを噴出している」

(ES, 25/833-844)。「そこであらゆる領域において，生命の勝利が創造であるとすれば，芸術家や学者の創造とは違って，いつでも誰にでも追求できる創造こそ，人間の生命の存在理由があると考えるべきではないだろうか。その創造は自分で自分を創造することであり，少しのものから多くのものを引き出し，無から何ものかを引き出し，世界にある豊かなものに絶えず何かを付け加える努力によって，人格を高めることである」(ES, 24/833)。

以上に述べたように，ベルクソンにおいて直観哲学は，実在の直接的認識において芸術より先に進み，生きられる持続の中に深く入り込み，「芸術は直観哲学の予備段階にすぎない」[13]ことを見た。しかしなぜベルクソンは芸術的見方(ヴィジョン)と哲学的見方(ヴィジョン)を比較するのだろうか。なぜなら「芸術的見方(ヴィジョン)は，ベルクソンにおいてはもはや美に限定されたものではなかったからである」(Ibid.)[14]。彼は美の経験を優雅の経験に結びつけるばかりではなく，また努力の経験にも結びつけるのである。

しかし今のところはベルクソンにおける美的空間〔広がり〕の意味を明らかにすることに専念しよう。ユイスマンが言うように「(ベルクソンに美学があるとしたら，)ベルクソン的美学において重要なのは，まず何よりも方法である」[15]と考えることができる。その上，彼によれば，「ベルクソンにとって美学研究はなく，あるのは知覚についての広義な美学でしかない」(Ibid.)。そして「美的方法があるとしても，その方法

---

13) R. Bayer, *op. cit.*, p.191.
14)『ラヴェッソンの生涯と業績』の中で，ベルクソンはラヴェッソンにおける優雅(グラース)と恵み(グラース)という二つの観念を紹介しているように思われる。ラヴェッソンにとっては，「宇宙を芸術家の目で眺める人にとって，美を通して読みとられるのは優雅であり，優雅の下に透けて見える善意である」(PM, 280/1472)。それ故，この箇所でベルクソンは，優雅は優雅な運動を意味しているだけではなく——そのことは「物質の中を通過する非物質性」(R, 21-22/400)という意味で典型的にベルクソン的な考えであるが——「神の善意」(PM, 280/1472)をも意味することに同意さえしているように思われる。しかしユードが指摘するように，優雅の観念はその中に努力の観念を含んでいる。「優雅についてのベルクソン的観念は，努力の観念を含んでいる，努力は優雅な事物の中であらゆる障害にたやすく打ち勝つ勝利ほど感じ取られなくても。(…)感じ取られない努力であり，また目に見えない障害にたやすく打ち勝つ美は，〔障害と努力によって〕二重に覆い隠された本質である。しかし障害が目に見えるものであり，努力が克服されると，そのとき美の本質は明瞭に現れる」(B II, 107)。ベルクソンが努力を自然の美的空間〔広がり〕の中にまで見るのは，努力は宇宙の根源にあったからである。

15) D. Huisman, «Y a-t-il une esthétique bergsonienne ?», *Bulletin de la société française de philosophie, Bergson et nous*, vol. I, *op. cit.* , pp.153-155.

は，芸術に適用されるよりむしろ彼の哲学の中に含まれているのである」(Ibid.)。この方法は美的に世界を理解することであり，つまり次章で取り扱う実在を共感によって理解することである。今のところは，美的経験の中に優れて哲学的方法のモデルとなる共感的認識を私たちが認めることをベルクソンが望んでいた，と指摘するのにとどめておこう。というのは，「芸術は生き生きした共感であり，その自発的で直観的な手法は魂を共感し受容する状態へと導くことを目指している」[16]ことを認めることは難しくないからである。

このことは『笑い』の次の箇所で確認される。「何が芸術の目的だろうか。実在が感覚と意識とを直接に打つものなら，また私たちが事物や私たち自身と直接的に交流できるなら，芸術は無用なものだと，私は思う。むしろ，誰でも芸術家になれるとも言えるだろう。というのは，そうなれば，私たちの魂は絶えず自然と調子を合わせて振動することになるだろうから。私たちの目は，記憶に助けられ，まねることのできない絵画を空間の中に切り抜き，時間の中に固定するだろう。私たちのまなざしは，人体という生きた大理石に刻まれた古代の彫像にも劣らぬほど美しい彫像の断片を，通りすがりにとらえることだろう」(R, 115/458-459)。

したがって，人間と自然との間に内と外の区別のない直接的で共感的な接触が実現される，美的に生きられる空間〔広がり〕の知覚の直接性をベルクソンが認めるとしても，彼はこの見方は十分ではないと考える。その理由は，まず美的共感による見方は，現在を広げはするがそれを乗り越えることをしないし，持続する目に見えない広がり〔延長〕の直接経験を発見しないからである。ただ哲学的見方だけがそれを見抜くのである。言い換えれば，芸術的見方は，外的事物を哲学的見方ほど持続の観点で見ないのである。それ故，ベルクソンにとって重要なことは，内と外の区別のない統一というより，意識の中と同様に外的世界の中においても持続を発見することである。したがって，芸術的見方において内と外の区別がないと言うより，彼の芸術的見方は，外的事物を直接的に見るのであり，有用性の観点だけからは見ないということであ

---

16) F. Meyer, *Pour connaître Bergson*, Paris, Bordas, 1985, p. 77.

第 1 章　持続と広がり〔延長〕(時間と空間)　　　　　　　　　97

る。

　要するに，ベルクソンは，「対象の周りを回り，外からこの対象についてできるだけ多くの観点を取るが，自分の方向に引き寄せるだけで，自分から対象の中に入って行くことをしない」(EC, 177-178/645) 知性のやり方ではなく，私たちがこの共感的方法を行えば，生きている宇宙空間〔広がり〕の中に，宇宙全体における持続と同様に，生命の持続を発見することができると考えたのである。

　このようにベルクソンにおける直接的広がり〔延長〕は，物質界の広がり〔延長〕と美的共感によって生きられる空間〔広がり〕を意味することを見た。しかしまた物質界の直接的広がり〔延長〕は，意識に直接与えられているものというベルクソン本来の意味でも，またマルセル的な意味でも直接性ではなかった。実際，ベルクソンにとって，ある「対象」は，たとえこの把握が無意識的にであっても直接的にとらえられ，物理学によって例えば振動として知られるのに対して，マルセルにとっては，科学的または日常的認識によって知られる対象は，決して直接経験ではない。彼にとって，直接経験は，対象化できないものである。その上，ベルクソンが直接的広がり〔延長〕の観念を物理学で確証を得ると考えるとき，彼は実際の体験から遠ざかり，それを実は反省的思考で構成すると，マルセルは考える。

　二つ目の芸術的空間〔広がり〕，特に絵画空間に関しては，ベルクソンは，その空間〔広がり〕を通して，直接的見方の方法のモデル，つまり共感によって外の事物と直接に接する見方を示そうとしているように思われる。そしてこの点についてマルセルの考えはベルクソンの考えに近いとしても，両者の間には微妙な違いがあるように思われる。マルセルは内外の対立のない実在を示すのに対して，ベルクソンが内部と外部について語り続けるのは，語彙というものが必然的に二元論的になってしまうせいだけではなく，依然として二元論的区別を保持しているからであると思われる。そのことは，「外的実在がある」(PM, 212/1420) とベルクソンが言うときに見受けられる。彼が外部と内部は持続と運動性という同じ本質を持っていることを発見するにもかかわらず，である。

B　マルセルにおける生きられる空間

　本章の初めですでに指摘したように，マルセルはベルクソンと違った仕方で生きられる空間〔広がり〕を理解する。生きられる空間においては，内と外，主観と対象，の間の対立はもはやなく，感じるという行為は，これらの対立を乗り越え，空間〔広がり〕を直接的に把握する。世界は感じるということによって，つまり身体を通して私たちに現存することを私たちは経験するのである。

　この問題について，「マルセルは延長の概念を実在と見なすことを拒否する」（GMVE, 34）とパラン゠ヴィアルは断言するが，さらに付け加えて，「そのことは持続の生きられる経験があるのと同様に空間性の生きられる経験があるということを認めるのを拒否することを意味するのではない」（Ibid., n6）と述べる。マルセル自身，次のように言う。「〔空間を感性の先天的形式とする〕カントが考え付かなかった生きられる空間性の観念を導入する必要性があると考える。私にとっては生きられる空間がある」（GM, 80）。そのことは，マルセルがベルクソンと一致して，デカルト的な意味での延長の観念，つまり二つのタイプの実体の一つで，その本性が思考に対立するものであるという考えを受け入れないことを意味する。デカルトにとっては，延長は物質的事物の本質であり，私たちの身体はその物質的事物の一部分である。また延長の様態は諸部分の外部性と無限の分割可能性である。マルセルにとっては，そのようなものは，空間の観念であって，空間〔広がり〕の経験ではない。彼はこの延長の実体化に，ある対象化の結果を見る。対象化するということは，マルセルにとって，実在を一定の性質をもった対象の和と見なすことであり，人間を物質的といわれる事物の性質と少し違う性質を明らかに持っている対象ではあるが，利用でき操作できる物的対象として見なすことである。私たちはあらゆる生きられる経験を対象化しかねないし，直接的意識とは異なるものとして考えられる空間は，感覚における空間〔広がり〕の生きられる経験の対象化である。

　「それ故，デカルトにとっては，少なくとも彼の思索の初期において

は純粋な延長である身体の位置づけについての問題が，マルセルにも起こってくることになる。二元論は，周知のように，心身合一の観念が提出する困難に突き当たる。「私の身体」の位置づけの問題は，マルセルにとっては，世界における人間の状況と不可分である。それ故，自己自身の身体と感覚についての考察によって，マルセルは同時に私の身体的存在と私の世界内存在の経験，つまり私の状況内存在の経験についての実存的確信を自覚するようになる。それ故，私の実存の確信と他の人々の実存の確信について自覚するようになる。この「私は私の身体である」という私の身体的存在の確信は，私の身体と私の実存をなんらかの物質的事物と同一視することの拒否の肯定的表現である。「私の身体について考えた時，私はごく自然に，私の身体は私がいくつかの行動を成し遂げるために使う，私が外的現実と呼んでいるものに通じる道具であるという事実を強調する方へ傾いた。しかし分析が進むにつれて，そのような解釈は都合がよいし，またやむをえないものであるとしても，哲学的には認められないものであることがはっきりしてきた」（DH, 67）。この断言を保証するのは非常に揺るぎない一つの実存的確信である。すなわち「私の身体と私との間に一つの外的な関係を作り出すためにしようとするすべての試みに対して（…）ある確かな経験が，私は私の身体であるという確固たる断言を表明して対抗するように私を強いる。私が後に実存的としたこの確信は，結局，感じるということについての確信，そして感じることを一種の伝達と考えてはならないという確信に，最も内的な仕方で結びついていると言えるだろう」（DH, 68）。言い換えれば，「私は私の身体であるという断定の根底にあり，その断定を基礎づけるものは唯一，感じるという特権である」（JM, 252）。すなわち「私のものとしての私の身体に特有なものを，感じることそのものに重点を置くことなく強調するのは不可能である。（…）私が言いたいのは，この身体が私の身体であって，他の物体の中の一つではないという事実に固く結びついているということである」（ME I, 120）。ただ感じることによってのみ，私の身体は「道具的媒介」ではなく，「共感的媒介」（Ibid., 117）として把握されるのである。

　これまで示してきたように，マルセルが彼の分析を推し進め，感覚することについて実存的確信をより一層明確に私たちが自覚するように促

すのは，第二の反省によってである。それ故，彼は第一の反省が感じることについて作り上げる表象を批判しようと企てる。マルセルは，一般に私たちが感覚を外の対象から私たちに発信される情報を受け取り，その対象の一部を明らかにする作用と見なす傾向にあることを認めてはいるが，彼はこの解釈だけでは感じるという行為そのものを十分に説明尽くせてはいないと考える。彼にとって，感じるという行為は，対象から「発するであろう記号」[17]，例えば振動のような物理現象として初めに与えられたものをメッセージとして受容する意識が，そのデータを感覚に翻訳するという作用ではないからである。伝達とか，刺激の伝達された振動という考えは，科学に起源をもつもので，感じる行為より後で生じたものである。常識の素朴で現実的な表象と，科学が感覚について与える機械論的解釈を一致させようとする人は，感覚を対象と私たちとの間の二つの電信局間の通信のようなものと考える。しかし，感覚は一種の感情であって，情報通信ではない。感覚の特性は，まさに関係づけられない点にあるのである。というのも感覚は主客の対立を超えた自分以外のものとの一体化つまり直接経験であるからである。逆に，感じるために私は何かあるものによって作用を受けなければならないと考えるのは，実は私が感じることを止めて，感じられるものとの一体化の感覚から自分を引き離して考えているからである。

　パラン゠ヴィアルの次の説明は，マルセルの考えをさらに具体的に表現している。「しかしながら常識やアルチュセールが言うような『科学者から自然に生じた哲学』は，感覚を外的事物が人間の脳に作用する結果と見なす。科学的知識の進歩は〔事物からの匂い，光などの〕『発散物』を波動または光子の放出に置き換えるが，相変わらず原理は同じままである。つまり，対象のメッセージが人間によって受け取られると言う原理である。このような考えは，世界は二種の対象物，一方は生命のないもの，他方は意識のあるもの（人間），で構成されていることを前

17）マルセルは次のような例を挙げる。「最も示唆に富んだ例は，匂いや香りである。すなわち，香りを発散させ，その香りが私まで達する花壇と，私の人体との間に，あるものが移動し，あるものが私に伝達されたのであり，このあるものを，物理学者は単に一つの振動と見なすであろう。どの物理学者も，この仮説の意味について深く問い詰めることなしに，この振動は，ある特別な印象を受け取るのに適した受信装置にいったん伝達されると，そこで嗅覚の言語に書き換えられるのである」（JM, 318）。

提としている。ところがこの短絡的な説明では，どのようにして物理的振動が意識に作用しうるのか，あるいは，どのようにして物理的振動であるものが質的な意識的表象に翻訳され，変換されるのかを実際は理解できない」(GMVE, 30-31)。マルセルが示そうとするのは次のようなことである。「翻訳は二つの言語を知っている翻訳家を前提とする。ところが如何なるときにも，ある生理学的な振動が私たちの脳によって（あるいはどんな能力によってか分からないが）意識の言語に翻訳されるという意識を私たちは持たない。さらに私たちは感覚という一つの原文についての意識しか持たない。というのは私たちが他の人において（例えば鼓膜の振動あるいは表皮注射といった）生理学的振動として見なすものは，私たちに視覚として与えられるが，純粋な生理学的振動としては，（音を聞き，注射を受けた当人である）他の人にも私たちにも決して与えられないからである」(*Ibid.*)。もう一つ別の例がある。私は緑色あるいは光を見るというが，私がそういう時，私の脳波検査をしようとしている医師は私の脳波の変化を目によって観察し，この変化を私の脳内での電流の変化として解釈するだろう。しかし実際は，この変化は，緑色あるいは光についての私の感覚ではない。この脳波の変化は，他の人の視覚について科学者がする解釈にすぎない。感覚自体は「あらゆる科学的認識の基礎」(ME I, 107) であり，感覚を出発点として私たちは対象化を行い，科学を構成するのである。

　しかし，感覚は客観的な科学的説明以前の行為であるとする形而上学的な方向と併存して，感覚を発信され伝達されるメッセージの受信と見なす別の方向は，科学的研究のために不可欠であり，常識も科学と同じ見方を取ってしまう。

　この感覚の説明についての二元論的な考えは，私の身体についての二元論的な考えに対応する。すなわちマルセルが「主観-身体」と呼ぶ観点から見れば，感覚は直接経験として現れる。反対に「対象-身体」という観点からは，感覚は伝達として現れる。しかし大変明白に思われるこの区別も，注意の努力を緩めるやいなや，直接経験と対象的なものが絶えず混じり合い，直接経験としての感覚を覆い隠し見失ってしまう危険性があるとマルセルは警告する。

　それ故，マルセルは，感覚を脳の原子運動によって説明することを

主張する付帯現象説的唯物論や精神生理学的並行論を批判したベルクソンの努力[18]を高く評価する。そして彼は，ベルクソンへの賛同を次のように表現する。「私は特に精神物理学的並行論についてベルクソンが行った批判は，これまで論破されたことがあるとは思わない」（ME I, 60）。しかし，この精神物理学的並行論の批判からマルセルはベルクソンと同じ結論を引き出さない。つまりマルセルは，『物質と記憶』のベルクソンのように，意識を，行動の中心である身体の有効な活動のために世界を狭めることによって導き出そうとはしない。この考えは，意識の出現を俯瞰的にみる観点である。またベルクソンの内的意識は，自己の内にある流れる時間の意識であり，その意識は確実な本質である。これに対してマルセルにとっては，フッサールにとってと同様に，「意識は何よりもまず，自分自身以外の何ものかについての意識である。これに反して，私たちが自己意識と呼ぶものは，一つの派生的な行為であり，しかもその本質が不確実である」（ME I, 61）。この結論は感じることと人間の相互主観性の性格に対応している。後者に関しては次章で展開する。

またマルセルは，ベルクソンが精神物理学的並行論と付帯現象説に対する反論で用いた論証の詳細に対しても，彼がそこから引き出した結論に対しても同意を示さなかったことは注目すべきである。その論証に関して主要な部分は簡潔に次のように表現されうるであろう。物質界の一部である脳は，純粋精神である純粋記憶を保存しない。純粋記憶は私たちの行動，したがってその身体行動のために私たちの身体の運動習慣しか蓄積しない脳ともいかなる関係もない。そこから精神の身体に対する独立という二元論的な一つの結論が引き出される。しかしマルセルはベルクソンの純粋記憶を認めない（これについては 161-163 ページ参照）。さらにベルクソンが到達したもう一つの結論は，純粋で直接的な知覚において心身合一が実現する，というのは精神の最も低次のものである純粋知覚が物質と合一して物質の一部となるから，ということであった。

純粋知覚に関しては，マルセルは自己の考えを説明しないが，それを

---

18) ベルクソンはこれらの説における心身関係あるいは精神と物質の関係についての問題の誤った解釈を批判する。この点に関する彼の批判については本書（119-121 ページ）を参照のこと。

第1章　持続と広がり〔延長〕（時間と空間）　　　103

直接経験とは認めないだろう。というのも，前述したように，純粋知覚は，ベルクソンによれば，物質的対象と合一する行為であるが，マルセルにとっては，対象は直接的感覚によって生きられたものがその後で再構成された表象にすぎないのである。その上マルセルは，ベルクソンの二元論も，二元論的響きのある「心身合一」のような表現も受け入れないであろう。そのことは，「〔通俗的〕二元論が常に引き起こした理論の困難を取り除かないまでも，大いに軽減する望みがある」（MM, 1/161）とするベルクソンの努力にもかかわらず，である。また同様に「スピノザのような形での並行論として示されうる二元論」（ME I, 109）[19]に関するベルクソンの批判をマルセルが賞賛するにもかかわらず，である。それ故，並行論批判によって両哲学者は同じ結論へと導かれるのではないように思われる。言い換えれば，ベルクソンにおける心身合一とマルセルにおける私と私の身体の一体性は同じことを表現してはいない。

　マルセルにとって「『私の身体』と言うことは，心身並行論を否定することである。なぜならそれは，自己――この言葉の正確な意味はともかくとして――と私の身体との間に並行論者の図式には見られないある親近性を置くことであるから」（ME I, 109）。私のものである限りの私と私の身体の親密な経験は，「不透明な所与」（ME I, 108）である。その意味は，例えばナイフという道具を持っているような意味で，「私は身体を持っている」とも言うことができないし，また「私は身体である」[20]とも，言えないからである。なぜなら私の意識を私の身体とも同一視できないし，私が自分の身体について持っているただ一つの意識と

　19）「スピノザは，人体は不断に一新され，それを取り巻くものの方から絶えず変化を受け取る，と明言している。精神はこれらの『身体の変様』を介して反応する。（『エティカ』II・26）。第一種の認識はものの偶然的出会いに従ったこの特殊な観点からすれば，そこなわれ，混乱している（『エティカ』II・29注解）」（G. Rodis-Lewis, *Descartes et le rationalisme*, Paris, PUF, *Que sais-je*, 1977, p.103）。これについてのベルクソンの批判は，注18と同様の箇所を参照のこと。
　20）確かに，いくつかのテキストにおいてマルセルは「私は私の身体である」と言ったが，他のテキストの中で彼は自己の考えを明確にした（Cf. M. Belay, VPGM, 144-145, GMVE, 38-39）。私と私の身体の切り離せない親密さを表すために彼はこの表現を用いたが，私と私の身体を同一視することは，私は私の身体でしかないという唯物論的な考えに陥ることである。また身体を絶対的に所有することは，私の身体を抹殺して私は無になってしまう危険を含む（Cf. EA, 122/58-59）。マルセルにとって「身体性は，存在と所有との間の境界領域である」（EA, 119/57）。

さえも同一視できないのであるから。マルセルにとって，身体は，感覚でとらえられる世界への私の根付きと，私がその感覚界を変える可能性の印である。このことは並行論においてはまったく考えられないのである。例えば，「私の経験の中には，同時に非常に正確に，また非常に多様な仕方で，私の身体に対して振る舞う能力，つまりある時は気まぐれに手を貸す仕方，しかしまた別の時には反対にそれを抑制しようとする仕方といった能力が含まれている。つまり身体は私の暴君ともなりうるが，それを奴隷とすることができるように思われる」[21]。「これらの多様に確認された事実を並行論の枠の中に入り込ませることは，ソフィスト風の奇跡的な離れ業にでもよらない限り不可能である」(ME I, 10)。というのは，並行論は私たちの意識を外から身体状態の表象の中に眺めるからである。

さらにそれ以上に，マルセルは，並行論のみではなく，あらゆる二元論は，私たち自身の経験を考慮に入れず，私と私の身体の一体化によって感じられる親密性を尊重しないと考える。そしてこの観点から，「デカルトが示したような心身二元論は，第一の反省に属する」(ME I, 108) と表明する[22]。第一の反省は「この身体が感じることによって私の身体であるという事実に根本的に無関心であり，そうなると，この身体は他のどんな物体ともまったく同じ性質を持ち，同じ悪化に陥る傾向にあり，同じ破壊に向かう運命にあるということを思い起こさなければならない」(ME I, 107)。ベルクソンの二元論は，魂の身体からの独立と，身体の分解と考えられる死後に魂が存続することを認める限り，この批判を免れない。ユードが述べているように，「ベルクソンの功績を過小評価するわけではないが，彼が行ったことは，考えるものと延長を持つものというデカルト的区別を徹底的に推し進め，精神的なもの（持続）

---

21) マルセルは，私たちが自分の身体について持つ経験の中に，私の身体が私のものでなくなる二つの高低の極限の間，つまりヨガ行者におけるように私の身体に対する完全なコントロールができる場合と，深刻な混乱あるいは身体のコントロールを喪失した場合の間に，「完全性」(ME I, 113) あるいは「親密性」(ME I, 109) のさまざまな段階があることを観察する。私たちが普通の生活と呼ぶものにおいては，このコントロールは「常に部分的で，常にある程度まで脅かされている」(ME I, 112)。これが私たちの実存の状況または条件である。

22) ただし，デカルトが，心身結合を第三の実体として語るようになったことをマルセルは認めている (Cf. ME I, 108)。

を物質的（空間的）に考えないデカルトの教えに従ったことでしかないと指摘できる」(BI, 159)。

　主観としての身体は，対象としての身体とは「別の本質に属し，時間がそれに組み込まれている目に見えないものである」(CD, 386) と，マルセルは言う。すなわち，「突き止めることが極度に困難で，客観的な科学の可能性を恐らく超える条件の中で，私たちが生きるにつれて，対象としての身体に内在する仕方で，こう言ってよければ，それとは別の本質に属し，その対象としての身体の消滅の後も生き続け，他の領域へ移ることができるある身体が作られないかどうかを知ることが問題となっているのである」(CD, 386-387)。主観としての身体は，対象としての身体のように，有限に定められた精神有機的な構造を持ってはいないし，ましてや物質的事物，つまり「ある時まで機能したが，〔その後は〕もう機能しないある装置」(ME II, 28) とは同一視されえない。マルセルにとって，主観としての身体と対象としての身体の区別は空間化できないのであり，この区別は私たちが考えることができるものであるが，それを思い描くことができるとは思わない」(CD, 389)。それ故，マルセルの考えでは，主観としての身体は，私たちの世界内存在の直接性を明らかにするし，またそれを道具と見なす時，私たちはそれを対象化するのである。

　ベルクソンにとっては，「私の身体」はやはり一つの対象，一つの道具にとどまっている。「私の身体は，それを取り囲む諸事物に対して現実的で新たな作用を及ぼす」(MM, 14/172)。「恐らく生物体もまた広がり〔延長〕の一部からなり，しかもこの部分は広がり〔延長〕の他の部分に結びつき，『全体』と連帯しており，物質のどの部分をも支配している同じ物理的，化学的諸法則に従っている」(EC, 12/504) のである。

　マルセルもまたベルクソンの身体論について考察し，この考えに対して第二の反省を行い，次のように述べている。ベルクソンの哲学には，私の身体は私が世界の中で活動することを可能にする私の道具であるという考えが見出される。道具とは，それを用いる者がもつ能力を拡大し発展させるための人工的手段であり，身体はそこではそれらの諸能力を統一的に総合するものと見なされている。このような見方は，「この身体を外部から考察する多様な目的をもったある一つの器官として扱う」

(ME I, 115) ことである。しかしこの身体は，私の身体ではない。

　恐らくベルクソンと同様にマルセルも，すでに述べたように，日常生活を生きるための行動の観点からは，私の身体を一つの対象として，つまり外の対象からメッセージを受け取り，それらの対象に働きかけるための一つの道具として扱うことは必要不可欠で不可避であるということを認めている。しかし私たちの身体をこのように扱うことは，この身体を外部から考察する多様な目的をもったある一つの器官として扱うことであり，哲学的には支持できない。なぜなら，それは私のものである限りの私の身体を感じるという経験，つまり「共感的媒介という表現が示す感じることの非道具性」(ME I, 118) あるいは「媒介不可能の直接経験」(ME I, 125) をまさに尊重しないことだからである。「この身体について，それは私であるとも，私でないとも，私に対してのもの（対象）とも私は言えない。そこでは一挙に，主観と対象の対立が超えられているのである」(EA, 12/15)。こうした理由で，結局マルセルは，ベルクソンの私の身体についての考えが第一の反省に属すると見なすのであろう。

　それ故，ベルクソンの心身合一の考えは，マルセルから見れば，二元論を免れてはいない。「たとえこの統一の努力においても，反省は依然として第一の反省のままである。というのも，そこではまだ反省は初めに作り上げた諸対立に囚われたままで，それらの諸対立の究極的な有効性を検討するに至ってはいないからである」(ME I, 108) あるいは「身体的存在であるということは，それはこの身体として現れることであるが，身体と同一視することもできないし，まったく別のものとして区別することもできない。同一視も区別することも相関的作用であるが，どちらも対象の領域においてしか行われないからである」(RI, 31/34-35)。したがって，マルセルは，「心身合一」あるいは「魂の不滅」のような用語を不適切であると考える。もっとも彼自身『存在と所有』(1927-1928年) で「魂の不滅」(EA, 11/15)[23]，また『存在論的神秘への具体

23）　マルセルが魂の不滅について語る時，対象-身体ではなく，主観-身体が問題になっている。「私たちが永遠の生〔survie〕（私は魂の不滅という意味での〔immortalité〕という用語は用いない。）をある程度考えることができるとしたら，まさに『私は私の身体である』という限りにおいてである。このことは非常に表現しがたい。というのは，言語は実際，所有

第 1 章　持続と広がり〔延長〕(時間と空間)　　　107

的接近』(1933 年)や『旅する人間』(1944 年)では「心身合一の神秘」
(GM, 128; HV, 90)の表現をまだ用いているのであるが。それ故,正確
さへの配慮と「二元論的な響き」を恐れて,「これらの用語は後のテキ
ストからは消える傾向にある」(GMVE, 37)。すでに指摘したように,
マルセルは,「心身合一」より主観としての身体〔主観-身体〕につい
て語ることを好む。というのは,ベルクソンより以上に,感じることの
相互主観的行為,「感じるものと感じられるものの共通行為」(GMVE,
204)について強調するからである。

　それ故,マルセルにとって感覚することは,私のものである私の身体
を明らかにするだけではなく,「まさに『私たちの世界内存在』を明ら
かにもする最初の統一である。そしてその統一に基づいて,日常の表
象の世界と科学的表象の世界とが構成されたのである。科学的表象の
世界は,日常世界に厳密な計測と検証を導入するのみである」(GMVE,
31)。このようにして,私たちの世界内存在という基本的状況を私た
ちは認めるように導かれる。というのは,「私たちが常に状況内存在[24]
であるということは,確かに,世界が感覚において,つまり身体を通
して現存するということを確認するもう一つの仕方であるからである」
(GMVE, 36)。私たちの状況内存在において,「状態ではなく,行為が
問題となるのはそのためである」(Ibid.)。

　マルセルはまたこの考えを次のように展開する。「人間の固有性は状
況内存在であると言う場合,それは人間が空間において,ある場所を占
めるものであるということだけを言うのではない」(RI, 113-114/130)。

の形態を模倣しているからである。この点で私は少しベルクソンに似通っている。私が所有
あるいは道具から離れるやいなや,ある意味で言語が不足してくる。あるいはあまり確かで
はない用語に頼らざるを得なくなる。しかし永遠の生が考えられるのはそこにおいてである
と私は考える。その点で私はライプニッツの系譜上にいると思われる。『モナドロジー』のい
くつかのテキストは,ライプニッツにとって生き続けるのは魂ではなく,身体であり,それ
故,デカルト的二元論はまったく乗り越えられているということを完璧に示している。それ
故,身体が生き続けるということができるという見込みがある。(…)しかしそれは対象-身
体の復活を意味するものではまったくない」(EAGM, 169)。

　24)　状況内存在という用語は,「『形而上学的日記』や『存在論的神秘の提起とそれへ
の具体的な接近』の中では見当たらないが,この観念は身体性と所属という用語で存在する」
(GMVE, 36)ということをパラン=ヴィアルは指摘する。「状況内存在の用語はヤスパース
に由来するとしても」(GMVE, 35),その用語によって示される考えは,マルセル本来のも
のである。

私の生きられる状況は,「私が何かに関わっているときのその何かであるので,外部から私にあてがわれるばかりではなく,内的にも私を特徴づけるものである。むしろ私たちは,外部と内部との通常の対立が,この領域ではその意味を失うようになるのではないかどうかを,探求しなければならないであろう」(ME I, 15)。それ故,感覚は外の対象と私とのある関係,あるいは受動的な伝達ではない。それとは逆に,「私に対する世界の独立,私の運命や私固有の目的に対する世界の根本的無関心を肯定するにつれて,ますます,ただ一つ現実的であると主張されたこの世界は,幻影と感じられる見世物,私の好奇心に訴える膨大なドキュメンタリー映画に変質していく。しかしその世界もついには,私をまったく無視しているという単純な理由によって消滅してしまう。世界が私を埋没させるに応じて,世界も消滅してしまうのである。天文学的情報の重圧の下に,人間を押しつぶそうとするときには,いつでもこうした事情は忘れられていることなのだが」(RI, 32/36)。

それ故,感覚するという行為は,「私たちが通常主観と呼んでいるところのものが周囲の環境に直接的に参与することである。その環境と主体を分離する真の境界などはまったく存在しない」(JM, 322)[25]のであり,人間はまたこの環境によって形成されるのである。

マルセルは感覚するという行為のこの特有な性質の理解を助けるいくつかの例を挙げる。すなわち農夫と土地,あるいは船乗りと海との絆,芸術家,特に画家と自然との絆である。この絆は存在の相互主観的性格を明かす。それについては次章で述べる。

結論として,一体化としての直接的感覚は,私たちの「旅する人としての条件」[26](ME I, 149)に固く結びついている生きられる空間を明らかにする,と述べておこう。「生きられる空間」という表現は,状況内存在とほとんど同意語である[27]。この生きられる空間の観念に関して,

---

25)「メルロ＝ポンティはマルセルの分析を再び取り上げたにすぎない。その分析を精神生理学と心理学の成果と非常に興味深いやり方で比較したのだが」(GMVE, 36, n8)とパラン＝ヴィアルは断言する。

26)「状況のなかにあることと歩んでいることとは,切り離せない人間のあり方であって,この二つが相補って私たちの条件を作っている」(ME I, 149)。言い換えれば,「この世界を旅する状況は,その状況を規定する環境的な所与とは切り離せない」(*Ibid.*)。

27)「人間と人間がそこに生きる空間の相互所属という考えは,基本的に思われる」

マルセルは，ベルクソンとは一線を画する。ベルクソンには生きられる空間の観念があまり見られないのに対して，マルセルは生きられる空間性を強調するが，それは表象された空間ではない（Cf. PVA, 410）。マルセルに私たちの状況内存在としての生きられる空間の観念についての考察のきっかけを与えたのは，ミンコフスキーであり，特に彼の『宇宙論に向けて』の著書であろう。マルセルはそれを進んで認めている。マルセルによれば，ミンコフスキーは「内的生命という表現の中にある曖昧さ，幾分誤らせやすい点」（RI, 113/129-130）を明らかにした。したがって，マルセルは，外的生命に対する内的生命[28]というベルクソン的表現を，人間の本質を構成する「状況内存在」という表現に置き換えることになるのである。それ故，「状況内存在を深く掘り下げれば，外面性と内面性の総合とは言わないまでも，少なくともその結合がそこに認められるに違いない」（Ibid.）とマルセルは考える。つまりミンコフスキーが生きられる空間の観念を導入し，それを練り上げることによって，ベルクソンの初期の思想に見られる内と外の枠を取り払うという点に関して重要な進歩をもたらしたと思っている[29]。ベルクソン自身に

(PST, 65)。「生きられる空間性は精神そのものと同じ広がりをもちうるだろう」（ME I, 10）。それ故，主観-身体の生きられる空間は，精神と不可分である「時間的次元を持つ」（GMVE, 40, n°16, RMM, n°3,1974, p. 386）。

　28）「私たちはいつもこの内面性というこの言葉に偽りでしかありえない想像的表象を与えがちであるから。内面性は実は（…）想像が生み出すものをはるかに超えており，いわば超意識的なものと言えよう」（ME I, 143）。そのことは，マルセルが内面性の表現を退けるというわけではなく，例えば感じることや考えることのような「力はそれ自体道具ではなく，実際は内面的であると言われうる」（Ibid.）と述べている。マルセルはまた同様に「内面的」という表現を次のように用いている。例えば参与を表現するために，表象できないある内面的な傾向」（ME I, 131）とか，「潜心というある内面的な立て直し」（GM, 143），「第二の反省は思考の（…）内面的改造にほかならない」などである。彼は内面性の用語を次のような使用に限定する。「内面性について語ることができるのは，状況として与えられたものが一つの積極的な価値を生み出す，すなわち一つの創造的発展に役立つ時に限られる」（ME I, 150）。しかしマルセルは，言語に対する彼の警戒心においてはベルクソンに近い立場を維持しており，次のように述べる。「ベルクソンも深く見抜いたように，言葉は本性上空間的関係，純粋並置の関係の表現に向いているが，こうした空間関係は，内面性が常に排除しようとするものである」（ME I, 144）。

　29）しかしながら，マルセルは，ミンコフスキーを以下の表現に関して不適当であると批判する。「生命の詩的な面の客観性について語るのはほとんど意味がないと思う。というのは，人間と宇宙との密接なつながりの観念は，まさしく主観と対象の対立を超えてのみ基礎づけられるのであるから」（RI, 112/128）。

もこの方向への表示があることは認めるが，十分にそれを探求してはいないように思われるとマルセルは考える（Cf. PI, 31）。確かに，『試論』の時期には，ベルクソンは内的世界と外的世界の対立，つまり持続と純粋な広がり〔延長〕の対立を肯定した。彼は持続という一つの直接経験しか認めなかった。

恐らく内的生命という用語によってはベルクソンの考えは正確に伝わらなかった，とマルセルは考える。彼は，ベルクソンにおいて内的なものと外的なものとのつながりの観念があることを指摘し，それに同意する。「内的なものと外的なものとの神秘的な関係は，全然交流のない二つの世界間のまったく抽象的な関係として考えられるべきでは決してなく，むしろ反対に，その内外の神秘的交流は，それと比べると，これらの交流のない世界そのものが単なる抽象でしかないような一つの中心，あるいは本質的事実である。（…）特にベルクソンにおいても，このような考えがある」（JM, 130）。そしてマルセルは，現代科学の前堤の一つと見なされている心身並行論を打ち破ったこの観念の価値を認めている。この観念が関わるのは，マルセルによれば，私の身体の媒介によって生きられる空間という「共感的な関係」である。しかしこの共感的関係は，ベルクソンにおいては「私の身体の道具機能に密接に結びついている」（JM, 243）が故に，ベルクソンは，生きられる空間の観念の内容を十分に探求していないようにマルセルには思われた[30]。

マルセルにとっては，空間は，感じるという相互主観的行為を明らかにする。彼が「現実のかみ傷」（RI, 89/101）を組み込んでいる具体的な哲学を作ろうと望んでいることを忘れないようにしよう。そしてあらゆる人間の状況は，純粋に空間的で客観的な規定を反映するばかりではなく，反対に「生きているものとして，生きているものとの関連において」（RI, 115/131）明確になり，「質的な状況になる」（*Ibid.*），ということを彼は示す。すなわち「一定の存在の仕方や感じ方」（RI, 117/134）という質が考慮に入れられるのである。「生きているものは状況に置か

---

30) ただここではベルクソンの生きられる空間に関してシュバリエの一層肯定的な指摘を記しておこう。「『物質と記憶』は最初の知覚の現象学であるが，自己の身体，志向性，世界内存在の観念を，そのようには名付けられてはいないが，萌芽以上に含んでいる」（H IV, 590）。

第1章　持続と広がり〔延長〕（時間と空間）

れているので，さまざまな影響にさらされており，そのことは，実はある程度それらの状況を組み込ま̇せ̇る̇こ̇と̇が̇で̇き̇る̇ということを意味する」(Ibid.)。言い換えれば，生きているものは他の生きているものと切り離せないのであるが，そのことは如何なる受動性を意味しない。というのは，マルセルにとって，「感じることは受け入れること」であるが，積極的に受け入れることであり，「自分を開く」という一つの行為を表すのであり，コンディヤックのような古典的経験論者が考えるように「外の影響を蒙る」(RI, 123/141) ことではない。

　それ故，「感覚は世界に存在する一つの仕方であるが，疑い得ないものであると同時に不十分なものである。疑い得ないものであるというのは，世界を私に明らかにするからであり，いかなる形態の認識も感覚なしに済ますことはできないからである。つまり認識は感覚を出発点とするか，あるいは諸科学が行うように，感覚を監視と検証するものとして利用する。感覚が不十分であるというのは，感じるという行為は空間と時間において制限されているからである」(GMVE, 32)。「感じるという行為は，それを感じる行為の源と比べて考察すると有限であり，またその源は，私たちにさまざまな知覚を明かし，それらに意味を与える目に見えない『実在の中心』（世界の魂）である」(GMVE, 204)。

　以上のパラン゠ヴィアルの解釈は，感覚とは別の形態の認識，つまりマルセルが「相互主観性」と呼ぶものの可能性に触れているように思われる。これは次章のテーマである。けれどもこの観念自体について取り組む前に，相互主観性と私たちが述べたばかりの感覚との関係を簡潔に明らかにすることは有用に思われる。そのためにパラン゠ヴィアルの以下の二つの指摘を引用しよう。1）感覚は〔世界や他者との〕一体化であるが，一時的で有限な一体化として認めると，感覚と同じ性質であるが，感覚的認識の限界を逃れるだろう形態の認識の可能性を垣間見ることができる。2）感覚的認識は，それを超えるものへの参与によってしか存在しない。参与は，実存特有なあり方で，二つのはっきり区別される項の関係ではない」(GMVE, 32-33)。私たちの実存が存在に参与することについては，次章で述べる。ただこの考えの最初のアプローチを，マルセルが述べる感覚についての考えとベルクソンのそれについての考えを比較することによって試みる。「マルセルにとってはプラトンに

とってと同様に，見えるものは見えないもの，つまり観念(イデア)に参与している。観念(イデア)が感覚的なものとは別の次元に思われるのは，観念(イデア)は感覚的なもののように有限でも一時的でもないからであり，観念(イデア)は感覚的なものの統一と意味であるからである」(GMVE, 39)。この点について，マルセルはベルクソン哲学よりプラトン哲学に近いであろう。ベルクソンは超感覚的なものを認めてはいるが，プラトンに対立する[31]。

　この章を終わるにあたって短い要約を行い，論点を明らかにしよう。私たちはベルクソンとマルセルにおける直接的広がり〔延長・空間〕についての比較を試みた。マルセルには，生きられる空間，持続する経験があり，この経験は内面性と外面性，主観と対象の対立を超えることを示した。ベルクソンについては，二つの生きられる広がり〔延長・空間〕の観念を指摘した。つまり，純粋知覚における物質の広がり〔延長〕と主観と対象，内面性と外面性が一致する拡張した知覚における美的空間である。しかしながら，これらのベルクソンの広がり〔延長・空間〕は，マルセルが考えるような生きられる空間と一致しないだろうということを見た。純粋知覚は，マルセルにとって，直接的認識としては認められないだろう。この広がり〔延長〕は無意識的な一致，それ故，私と外の事物との可能であると想定された一致であるから。

　美的空間に関しては，ベルクソンの空間は，芸術家と自然との一体化というマルセル的な意味での生きられる空間と一見一致しているように思われるが，実際はそうではない。というのは，ベルクソンが本質的に目指すのは，共感によるこの一致ではなく，むしろ知覚の拡大が可能であることを示すことであるが，その知覚の拡大を示すのは，外界に現れるような持続を内的持続のモデルに従って考察するためである。ベルクソンの芸術空間は，参与あるいは一体化としての感覚のあり方による「人間とその周囲の自然との間の相互主観性」(CD, 390) について強調するマルセルにおける生きられる空間とは一致しない。したがって，序論でみたように，マルセルはいくつかのベルクソン的考え，特に

---

　31) しかしながら，ベルクソンが「目に見え，手で触れられるものしか存在するものとして認めない」(MR, 337/1245) 人間を批判する時，彼なりに超感覚的なものを認めているのではないだろうか。ベルクソンが超感覚的な観念を拒否するのは，プラトンのイデアを拒否することに起因すると思われる。これについては次章の終わりで展開する。

第 1 章　持続と広がり〔延長〕(時間と空間)　　　　113

「感覚がいわば理解可能なものと思われるためには,まず精神が観念[32]の世界ではない世界の中に,一挙に身を置くことに成功しなればならない」(JM, 322) というような考えを取り入れるが,この文の中でマルセルが取り入れるのは,ベルクソンの具体的経験を見出そうとする思考様式のみである。つまりベルクソンが実在と考えるものそれ自体,あるいは認識方法そのものを取り入れるのではない。というのは,ベルクソンが「知覚本来の根本的な行為,つまりそれによって私たちは一挙に諸事物の中に身を置き入れる純粋知覚を構成する行為」を語る時,マルセルはそれに異議を唱えるからである。生きられる空間に関してもまた両者は異なっている。ベルクソンは内―外の区別を保っているのに対して,マルセルは,感覚は内的主観と外的事物の分離以前の統一,つまり相互主観的存在を明らかにすることを示す。人間世界におけるこの相互主観性を次章で再び見る。ここで空間化された時間の研究に移る。

---

　32)　ここでマルセルは観念の語をプラトン的な意味で用いているのではなく,一般観念という普通の意味で用いている。

Ⅱ　ベルクソンとマルセルにおける空間化された時間

A　ベルクソンにおける空間化された時間と空間

　ベルクソンにおいては，持続と空間化された時間——概念化された時間——の対立はよく知られている。しかしながら空間についてのさらに明晰な分析——エドシックに負うところが大きいが——によって，ベルクソンにおける空間化された時間の二面を見分けることができる。第一の場合，等質的空間の観念は，持続の疑似表象，解決できない形而上学的問題を生む疑似表象に至る。第二の場合，「記憶の広がり〔延長〕」のような表現は持続の観念的で象徴的な表象である。
　したがって，第一にベルクソンの空間化された時間は，明らかに外面性の内面性への闌入に帰着することを見てとれる。第二に，これらの二面はどちらも観念的なものであり，したがって，それらがたとえ私たちの体験の表現に思われたとしても，私たちの表象の産物であることを見てとれる。空間化された時間のこれらの二つの概念をさらに深化するように見直してみよう。

a)　等質的空間
　エドシックは，『アンリ・ベルクソンと空間の観念』の中で，生きられた持続に対立する空間の七つの性格を定義する。彼の的確な分析の大半を追ってみよう。
　「(a)　観念性」(BE, 44)
　「ベルクソンは，空間は感覚であるとか感覚の一部であることを決して認めなかった。空間は観念的なものであり，形式であり，内容ではない」(*Ibid.*)。「結局，観念性は二つの形式で現れる。ある時は数学的概念の抽象的な性格において，またある時は，光景を生み出す具体的なイ

メージ間の関係の直観的な性格において現れる」(BE, 45. MM, 13, 33, 72-73/171, 186, 217)。等質的空間は第一の形式をとる。第二の形式に関しては，記憶の広がりについての項で述べる。今のところは，「第一のものである抽象的図式は，第二のものである生命的な図式から引き出される，あるいはもっと正確に言うなら，第一のものは第二のものを延長したものにすぎない」(BE, 121)とだけ言うのにとどめておく。

「(b) 等質性，連続性」(BE, 45)

「等質空間は質と差異のまったくない空間」(M, 53)である。連続性に関しては，「連続性はその質的中立性を表す，つまり，空間にさまざまな色合いの変化をつける空間における特異性の欠如を表している。それは不十分な連続性である」(BE, 46)[33]。

「(c) 無限の可分性（と無限の構成)」(BE, 46)

「二点を分割する間隔は無限に分割可能である」(DI, 84/75)。

「(d) 空間は数と測定の条件である」(BE, 47)

「ベルクソンの独創性は，〔心理的諸状態の大小を言えると主張する〕強度の弁護者に対して，あらゆる大きさは測定可能であり，あらゆる大きさは空間において測定されると断言したことであり，大きさを計る数はそれもまた空間における単位の並列であると断言したことである」(BE, 47)。

「(e) 空間は抽象的な思考の条件である」(Ibid.)

「抽象がはっきりと分かたれた区分と概念，あるいは概念を表す記号の相互関係の一種の外在性を前提としている点に注目するなら，抽象能力がすでに等質の環境の直観を含んでいることがわかるだろう」(DI, 72-73/65-66)

「(f) 空間は質，運動，持続に無縁で，それらを記号化することによって，それらを歪曲する」(BE, 48)

「感覚はまったく空間を占めない」(DI, 24/25)。さらに一般的に「非延長〔広がりをもたぬもの〕と延長〔広がり〕，質と量との間には接触点が存在しない」(DI, 52/48)。「しかし一つの領域から他の領域への『不当な翻訳』」(DI, Ⅶ /3)は，通常の錯覚である。特に，『私たちは持

---

[33] 空間のこの連続性は実在の連続性ではなく，「ベルクソンが同質性と呼ぶことを好む新しい連続性，抽象的な空間の同質性」である（BE, 121)。

続を延長〔広がり〕で表現する』(DI, 75/68)」(BE, 49)。「運動と運動体が通過した空間のこのような混同から，まさにエレア学派の詭弁も生まれたのである」(DI, 84/75)。

「(g) 空間は私たちの意識を疎外する」(BE, 50)

「私たちは自分自身に対して外的に生きており，私たちは自分の自我については，その色あせた亡霊，等質の空間に純粋持続が投ずる影しかみていない」(DI, 174/151)。

以上手短にベルクソンが考えている等質的空間の性格について述べた。等質的空間の観念によって，物質や私たちの内的状態が，生成の流れの中にあるのを，私たちの精神がどのように固定化して捉えてしまう傾向にあるのかを理解できる。結局私たちの内的状態や物質の場合のいずれも，空間化された時間が問題になっている。すなわち，等質的時間は等質的空間と同じように「第四次元の空間」(DI, 81/73) として考えられる。等質的時間は，「継起一般の抽象的図式」(MM, 236/345) に応じて，すなわち「空間が幅にあたるのに対して，長さにおいて」(MM, 237/345) 表されるだけである。

『試論』において，ベルクソンは，空間は，それによって「事物の客観性が明らかになる」(DI, 177/154) 認識の必要条件であることを認めている。つまり，「私たちの外には空間しか見つからないであろう」(DI, 86/77)。しかし『物質と記憶』以来，彼は空間を哲学的認識の領域から追い出し，実用的な認識の領域に閉じ込める。

ベルクソンは言う。「等質的空間と等質的時間は，事物の特質でもなければ，私たちが事物を認識する能力の本質的な条件でもない。(…) それらは物質に働きかける私たちの・行・動の図式なのだ」(MM, 237/345)。確かに『試論』では，外的表象は，科学の必要性に応じていると同様に，まず社会生活の要求に応じている。等質的空間は行動と予見に必要である。しかしそれはまた物質についての不可避的な哲学的見方としても認められている。『試論』では，ベルクソンはカントと同様に「空間と空間を満たす物質〔実質〕とを区別し，等質の空間が感性の一形式であることも承認した」(DI, 177/154)。「カントの観点では，物質はそれ自体認識できないし，私たちの空間の外にある。物質が私たちの空間に入ってくるのは，物自体であることをやめて，私たちの感性

第1章　持続と広がり〔延長〕（時間と空間）

のアプリオリな形式である空間と時間と，そして私たちの悟性のカテゴリーによって与えられた表象において私たちに現れることによってのみである。『試論』は，カントの学説に忠実にとどまっている」(BE, 54-55)[34]。空間は物質から区別された形式にすぎないので，「それ故，事物の〔感性的〕性質は空間に無縁である」(M, 51)。このように『試論』においては，ベルクソンは，「非延長〔広がりをもたぬもの〕と延長〔広がり〕，質と量との間には接触点が存在しない」(DI, 52/48)，と断言するのである。したがって，『試論』では，意識と世界は互いから切り離されている。

同時に，ベルクソンは，『試論』で，哲学と科学は，感覚と時間を空間の形式で考えることを示した[35]。「継起」[36]としての時間と「共存」としての空間は，等質的である限り，一つのものでしかない (DI, 73/66)。その点では，哲学的あるいは科学的な意味における空間化された時間というこの観念は，常識が使う観念とあまり違わない。私たちの自然の傾向を構成する常識について，ベルクソンは次のように言う。「私たちの外的生活，いわば社会的生活は，私たちにとって，内的で個人的な生より実際上の重要性を持つ」(DI, 97/86)。このように，常識は時計の時間を本当の時間と見なし，日常生活を何か外のもののように表象できるこ

---

34) しかし，カントの立場との一致はベルクソンの第一作に限られるばかりではなく，不動と想定された外界の瞬間的な表象のみに限られてもいることを付け加える。逆に時間に関しては，内的持続の感覚であれ，外的事物の運動の外感覚であれ，ベルクソンはカントに対立する。

35) 「表象感覚は，それ自体としてみれば，純粋の質である。けれども延長 [広がり] を通して見られると，この質はある意味での量となる。すなわち強さと呼ばれる。こうして，心的状態のそれぞれの区別のある多様性を形成するために，それらを空間内に投影することが，それらの心的状態そのものに影響を及ぼし，反省的意識の中でそれらに新しい形を与えずにはすまないのであるが，そのような形は直接的な知覚によっては与えられなかったものなのだ。(…) もしも時間が反省的意識によって表象される通り，意識の諸状態が数えられることができるような風にお互いに区別されながらそこで継起する一つの環境であり，また一方，数についての私たちの考え方が，すべての直接に数えられるものを空間の中に散在させることになるのであれば，区別や勘定が行われる環境の意味に解された時間とは，空間にほかならないと見なされるべきである」(DI, 67-68/61-62)。

36) ここでは私たちの具体的な意識の「純粋な継起」，つまり「相互浸透」の中で生みだされるような継起が問題となっているのではない。そうではなく，抽象的思考による諸瞬間の並置の結果でしかない継起，「各部分が浸透することなしに隣接しているような，私たちにとって，連続線とか鎖の形をとる」(DI, 75/68) 継起である。それ故，厳密な意味では，それは継起ではなく，むしろ同時的な前後である。

の時間に合わせる。しかし，この時計の時間は，私たちが空間における同時の点を考えるように，時間を諸瞬間の並置にしてしまう。それ故，この時間は，空間の形にすぎない。

哲学の領域では，この批判は，ドイツ観念論やカント，特に，時間と空間，意識と外的知覚を区別しつつ，内的世界に外的世界の物理現象に適用される因果律と同じ因果律を導入する学説に当てはまる（Cf. DI, 167, 174-175/145, 151-152)。「ここからカントは，ちょうど空間内で同じ物理現象が再現されるように，意識の深みにおいても同じ状態が再現されうるものであると思いこむようになっていった」（DI, 174/151)。それ故，生き生きとした異質な持続のうちに「私たちの全人格から発する行為で」（DI, 129/113）生きることにある自由は，「何とも理解できない事象となっていった」（DI, 175/152)。「カントの誤りは，時間を等質の環境と見なしたことである。真の持続はお互いに内的な瞬間から構成されていて，真の持続がまったく等質的な形を取る時は，それが空間としてあらわされる場合であることに，彼は気づかなかったように思われる。そのために彼が空間と時間との間に設定した区別そのものが，結局時間を空間と混同する結果になる」（DI, 174/151)。

イギリス経験論は，ドイツ観念論よりさらに先に進み，「外延的なものを内包的なもの〔強さを持つもの〕で，空間を持続で，外在性を内的諸状態で再構成しようと試みる」（DI, 167/145)。この心理学的な潮流にとっては，知覚は非延長的な諸感覚の共存から生じる。「空間がそれら〔非外延的な感覚〕の共存から生まれるためには，それらをすべて同時に包括し，並置する精神の作用がなければならない」（DI, 70/64)。この行為が「等質で空虚な環境の直観」（*Ibid.*）にほかならない。

科学に関しては，一方では自然科学は，外的現象を対象とし，時間や運動や速度の量化に専念すると主張する。しかし方程式において t で記号化された時間は，「持続を示すのではなく，二つの持続の間の関係，（…）あるいは結局，つきつめて分析すれば，〔一つの線の上で互いに重なり合うと想定された〕ある数の同時性を示すのである」（DI, 145/127)。それ故，この時間は空間に還元される。

他方，諸感覚を研究する科学，精神物理学がある。精神物理学者は感覚，とくに味・匂い・温度・光などの感覚を測定できると主張する。し

かし感覚をその大きさで計るそのやり方は，強度[37]を伴った感覚，つまり質あるいは多数の要素的な心的事象の入り混じった知覚を，延長的な大きさの表象，つまり感覚の原因の中にしかなく，感覚自体の中にはない量的な差異と混同することによって，誤った方向へと向かうのである（Cf. DI, 54/50）。精神物理学の誤りは，それ故，「非延長〔広がりをもたぬもの〕の延長〔広がり〕への不当な翻訳」にある（DI, Ⅶ/3）。こうした実情は二次的なものではない。科学による感覚あるいは持続の無理解は，科学の可能性や方法を打ち立てる条件にその起源をもつ。すなわち，科学が「現象が意識の上に生みだす印象を一掃して，感覚を現実そのものとしてではなく現実の記号として扱わなければならない」（DI, 167/145）ことに由来するのである。

　以上の分析によって，等質的空間は，一部の哲学者たちや科学そして常識によって，外的事物を特徴づけるのみではなく，また時間，感覚，意識などを特徴づけるためにも用いられるということを結論づけることができる。特にベルクソンにとっては，等質的空間によって表象される空間化された時間は，内的持続と外的持続，意識と物質の真の直接的把握への妨げになる。時間についてのこうした考え方は，伝統的に形而上学的と呼ばれる問題を結果として引き起こす。それ故，それらの問題は，内的持続が空間によって不当に表象されるということから生じる。

　私たちは，第一部で，最初の二つの問題，疑似問題と知性の表象を分析した（41-45ページ参照）。したがってここでは，後者，つまり精神物理学的並行論と付帯現象説がもたらす問題のみ分析する。

　すなわちスピノザやライプニッツが論じるような心身の厳密な並行論は，このように「小さく狭まったデカルト主義への道を準備した。このデカルト主義によれば，心的な生活は脳の生活の一様相にすぎず，いわゆる『魂』は，ほのかな燐光のように意識に付加したいくつかの脳の現象の集まりにすぎないとされる」（ES, 40/845）。ベルクソンによれば，「『付帯現象』の仮説あるいは『心身並行論』の仮説は，どちらも実際上は——つまり個々の事実の解釈においては——同じに達することになる。実際，思考を単なる脳の機能と見なし意識の状態を脳の状態の付随

---

[37] ベルクソンは心理的状態が，強度を持っているということを否定はしない」（B, 116）。ただこの強度が数字的に測定できる大きさと等しいことを認めないだけである。

現象と見なす場合も，思考の状態と脳の状態を，同じ原文の，異なった言語への二つの翻訳と見なす場合も，どちらの場合も原理上次のことを想定している。すなわち，私たちは，もし活動している脳の内部に入り込んで，大脳皮質を構成している原子の変転をじきじき目にすることができ，他方また精神生理学の鍵を手にしているならば，これと対応する意識の内に起こることはあらゆる細部にわたって分かるはずだ」（MM, 4/163-164）ということである。

　確かにベルクソンは，「意識状態と脳との間に連帯関係がある」ことを認めている。しかしこの連帯関係は，「衣服と，それがかけてある釘との間にある連帯関係」（*Ibid.*）に似ている。言い換えれば，思考に関しては，脳は思考が向かう行動の粗描を表すに過ぎない。「私たちが考えるとき，自分に向かって語りかけていないことは稀である。私たちの思考を表すそれらの発声の運動を実際に行うのではないとしても，そういう運動の下書きをしたり，準備したりしている」（ES, 44/848）。しかし，「これらの現実の行動あるいは潜在的な行動は，思考が縮小され単純化されて空間へ投射されたものであり，そこに思考の運動の分節が示されているが，それらは脳内の実質に描かれているものである」（ES, 47/850）。

　思考が「精神が物の中に入り込むそのメカニズム」（ES, 48/851）でしかない脳の状態をこのように超えると結論づけるために，ベルクソンは記憶の問題，もっと正確には，言葉の記憶の問題に取りかかる。というのは，記憶は，「思考の働きの内で，脳の中に場所を指定できたただ一つの機能」（ES, 50/853）であるからである。「誰もが同意する点がある。それは言葉の記憶が冒される病気〔失語症〕は多かれ少なかれはっきりと位置を示すことができる脳の傷害によって起こるということである」（ES, 51/853）。付帯現象説ともっと一般的に精神生理学的並行論は，これらの記憶の事実を次のように解釈する。さまざまな印象の思い出は，「大脳皮質に自動的に記録され」（ES, 52/854），フィルムに像が映ったり，レコードの上に音が録音されたりするように，そこに保存されるという解釈である。ベルクソンは，脳の傷害が及ぶのは，「感覚と運動のさまざまな領野，あるいはもっと頻繁には皮質の内部そのものからそれらを働かせることを可能にする付属器官」（MM, 268/368）の

第1章　持続と広がり〔延長〕（時間と空間）　　　121

み，つまり「習慣が身体の内に形成した運動装置」（MM, 267/367）のみ，すなわちベルクソンがイメージや観念の「動的図式」（MM, 121, 126/255, 259etc.）と呼ぶもののみであることを示すであろう。この動的図式は，普通の状態では，例えば単に与えられたままのただの音の聴覚的知覚の連続的な一続きを，「話す人の運動そのものの大筋や主な方向を見出す」（MM, 121/255）ために，「聞こえた言葉の目立った特徴の内的な反復」（MM, 126/259）へと分解するか，言葉の音節を区切って発音する。これを生まれつつある筋肉感覚の形で行うのである。それ故，脳の傷害は，記憶が現実化あるいは具体化し，知覚を解釈するために，「〔単に与えられたままの連続的知覚の〕分解の実現を妨げて，対応する知覚に身を置こうとする〔忘れられていたが，潜在的な状態で保存されていた〕記憶の発展を，確かに食い止めてしまうであろう」（MM, 127/259）。しかしベルクソンは，この場合でさえ，記憶自体は，純粋な精神的な現れとしてもとのままで残っていると断言する。要するに，脳の傷害は，「記憶を呼び起こすことを不可能にしたり，困難にしたりする。それらの傷害は，想起のメカニズムを冒し，ただそれだけを冒す」（ES, 74/870）のである。その傷害は想起の過程の物質的側面にすぎない。しかし潜在的あるいは無意識の状態にある「純粋記憶は，すでに精神であり」（MM, 274/373），脳という物質的空間に位置づけられることなく，存続する。それによって精神の身体に対する独立が証明される。それは，純粋記憶における精神と身体の合一にもかかわらず，である。このようにして厳密な並行論と付帯現象説は論破される。

　さらにベルクソンは，特に，精神と身体の区別は，通俗的な二元論が主張するように，空間的ではなく，時間的であるということを明らかにしようとした。通俗的な二元論は「一方で物質およびその変様を空間の中に置き，他方で広がりのない感覚を意識の内に置く」（MM, 248/354）のである。その区別が時間的であるということは，物質，つまり純粋知覚という瞬間的で純粋な現在における物質の一部となるだろうものと，精神という具体的な持続する知覚，つまり，「記憶すなわち未来を目指しての過去と現在の総合との間には無数の段階があるということである。具体的な知覚は，精神であり，「単に不確定なばかりではなく理性的で反省的な行動の能力がある」（MM, 249/355）ということである。

しかし，純粋記憶という純粋な過去，あるいは潜在的な過去は，すでに精神であり，物質からはまったく独立したものとしてあらわれる。

これまで空間化された時間を疑似問題の原因としか見てこなかった。「時間は無限定で等質的な環境の形で考えられたとき，どのようにして，反省的意識につきまとう空間の亡霊にすぎなくなるか」(DI, 74/67) を見た。後に私たちは，ベルクソンにおいては，空間は必ずしも否定的なものとは限らず，「創造と表現の条件」(BE, 69) としてまた同様に必要なものであるということを示す。

ベルクソンにおける記憶の研究に移る前に，マルセルには空間化された時間に対するベルクソンの批判と同様の批判が見られない，ということを指摘しておこう。マルセルは，「等質的」という語を決して用いない。それは，恐らくその語が，哲学的反省の領域とは何の関係もない数学的で科学的な響きを持っているからである。マルセルは，空間化された時間や空間を，断片的に，特に実存的探求に関連してしか扱わない。

b) 記憶の広がり

エドシックの指摘と分析によって，私たちは，等質的空間とは異なった観念的な空間が存在することに思い至った。その空間とは，記憶力の所産による内的，外的世界において作られるある空間である。それは，「記憶の広がり」[38]である。私たちはそこに二つの様相を区別する。一つは，ベルクソンが「記憶の拡張」(MM, 115/250) と呼ぶものによって意識の内部で作られる空間である。もう一つは，「現実に外にある事物を映す記憶〔＝心像，イメージとしての記憶〕の広がり」(BE, 62) である。この空間を抽象的な空間とは区別し，生の空間と名づけることができるであろう。

私たちは以前に等質的空間の有害な面，「内部で私たちを硬化させ，より正確に言えば，私たちの内的な生を硬直化し枯渇させる習慣の印」(BE, 145) としての面を強調した。ここでは，空間のもう一つの別の面

---

38) 私たちはこの語をエドシックが用いる意味よりもっと広い意味において使う。エドシックにとって，「記憶の広がり」は，「記憶の拡張」における「意識の孤立した平面」(BE, 58) 上で表象された広がりを指し示す。私たちにとっては，この語は記憶の浸透したあらゆる広がりを含む。

第１章　持続と広がり〔延長〕（時間と空間）　　　123

を考察してみよう。すなわち無限の段階を持った精神の表現としての空間であり，それらの段階の精神が，物質や実用的な活動から独立し，すなわち「外部での自由の証を示す」（*Ibid.*）空間である。

　確かに，エドシックがさらに指摘するように，記憶で作られるこれらの空間は，「真の空間ではなく，（…）ただ私たちの知性が現実的で空間に無縁なある過程を表象するやり方にすぎない。記憶は広がり〔延長〕ではなく，ただそのように描かれるのみであろう」（BE, 60）。さらに次の二つの指摘をすることによって，この空間についての独創的な考えを研究することが正当化されるように思われる。第一に，「生，特に精神生活は，空間の中で自己表現することによってしか実現されない」（BE, 57）ことである。こうして生の空間という考えを見出すのである。第二に，「空間は，それが示す実在の潜在的な実現〔つまり，表現と創造の条件と手段〕をそこに見つけるなら，正当化されたシンボルであり形而上学的に根拠のあるもの」（BE, 69）[39]となるであろう。

　１）空間内での記憶の拡張──「思い出の心的空間」（BE, 61）　　まず記憶の拡張によって意識のなかで表されるようなこの思い出の広がりはどのようなものであるかを見てみよう。「知的拡張の増大する努力」（MM, 114/250）を促すものは，普通は，知覚されたものを明らかにするための知覚の情報の要求である。すなわち知覚は，記憶と共に閉じた「回路」（MM, 114-115/249-250）を作り，そこでは，この拡張によって探し求められた記憶心像（イメージ）がその心像を必要としたもの，すなわち知覚された事物へと戻る。記憶を広げることは，この回路を広げること，あるいは次第に広くなって行く同心円を描くことである。その同心円の中心が，知覚された事物のほぼ瞬間的な心像（イメージ）である。記憶の回路を広げるのは，「暗示されたものをますます多く対象に反射させる〔ためである〕。──それらの暗示されたものは，対象そのものの細部であることもあり，対象を照らすのに役立ちうる付随的な個々の事態であることもある」（MM, 115/250）。

　活動的にされた記憶の領域は，現在の知覚によって展開された注意

---

39) このことは，等質的空間についても同様である。エドシックは，空間の「潜在的，偶発的，暗々裏，潜伏状態にある」（BE, 69）性格について明らかにする。

の努力に応じ，広くなったり，狭まったりする。すなわち「私たちの精神が取る緊張の程度に応じ，それが位置する高低に応じて，この知覚が私たちの内に発展させる記憶心像(イメージ)の数は増減する」(MM, 115-116/251)。こうして記憶の拡張は，「一連の異なった意識の諸平面」(MM, p.269/369)[40]上で，そして，意識の各平面上で，「多数の記憶の相互関係は〔また同様に〕それらの記憶が展開する一種の空間を作り出す」(BE, 58)。それらの記憶は，「その性質において，非外延的で，非物質的」(*Ibid.*) であるにもかかわらず，である。

そして記憶のこの拡張運動が意識の深い面に達すれば達するほど，より個人的な記憶で形成される地帯にたどりつく。それらの個人的記憶は，知覚された事物との間に遠い類似性しかない，あるいはあまり似ていないし，それ故，知覚された事物を解釈するにはほとんど役に立たない。しかしそれらの記憶は独創的で，微妙に変化するイメージにおいて豊かで，夢想に一層近く，こうして「一種のイメージ空間」(BE, 61)が作られる。このように，「膨張しながら，記憶は，外的事物の上に分散するどころか，逆に内的世界を拡大させる」(BE, 59)。しかしながら，個人的な記憶は，「本質上移ろいやすいものであり，いずれにしても偶然にしか現実に現れない。私たちの身体的態度がたまたま的確に決定されたので，それらを引き寄せるという場合もあるし，この態度がまさに決定されずにいるために，それらが気まぐれに発現する自由な余地が与えられる場合もある」(MM, 116/251)。表象されるすべての記憶が外的空間とまったく関係ない夢の広がりが現れるのは，記憶の拡張の果てにおいてである。

ベルクソンはこの記憶の広がりを真の生きられた広がりとしては，形而上学的には認めない。この夢の空間は，目覚めているときの空間より広い (Cf. ES, 128/911)。というのは，私たちは夢の中では，私たちの記憶を私たちの外の知覚された事物へと投げかけるためにそれらの記憶を寄せ集めるための努力をもはやしないからである。それ故，この夢の

---

[40] 「それは私たちの意識全体の膨張によるのであって，意識はこのとき一層広大な平面に繰り広がりつつ，その豊かな内容をより詳細に展開することができる。例えば，だんだん強力な望遠鏡をのぞくにつれて，一塊の星雲がしだいに多数の星に分かれてくるようなものだ」(MM, 184/305)。そして「異なった意識の無数の平面」がある (MM, 272/371)。

状態においては，「弛緩した」広がりは，ただ精神の中において，記憶の選択に制限されることなく作られる。

結局，この拡張という語によって，ベルクソンは努力が行われている間に展開される二種の広がりを指し示しているように思われる。一つは図式的な空間で，「意識の或る平面から他の平面へと移りながら」（BE, 58），同心円の図式的空間，「分割されていない空間」（BE, 61）が表象される。したがって，それは単に説明的空間である。もう一つは，拡張の最中に「意識の孤立した平面」（Ibid.）上で見られる。それは私たちによって生きられて，多かれ少なかれ，あいまいなイメージに富んだ空間である。

2）外的事物を映す記憶心像の広がり　　上述したように，記憶には，弛緩した内的な次元である夢想のほかに，外的な次元がある。すなわち後者は，知覚行為に伴いながら，外部へと自らを投射する。

私たちの外部の事物の具体的な知覚は，単に外の事物によって受動的に刻印された現在の印象によって構成されるのではない。実際，私たちの主観的な記憶は，この事物の表象と大きくかかわっている。私たちの記憶は，拡張することによって選んださまざまな類似したイメージを次々と示すことによって，知覚を増大させる。したがって，事物の表象を探らなければならないのは，むしろ記憶の側である。

このように外的事物の知覚は，実際は知覚と記憶の，その区分が不可能な総合的な努力によって作り直される空間にすぎない。そして知覚された事物に重ねられる記憶は，すべての記憶，つまりベルクソンの表現によれば，「亡霊のような記憶」（ES, 96/887）の一部分にすぎない。これらのすべて潜在的に保存されている個人的記憶は，知覚に情報を与えるために用いられるが，そのとき個人的性格を失う。これらは減少したが知覚に伴う記憶と同じ記憶である。それらは独創性が減るが，瞬間的知覚に結びつくことによって，一層一般的なものとなる。このように減じられた記憶は，具体的知覚において外的対象を映す。他方，この変化には，もう一つの利点がある。それはこの行動の発展に直接役に立たないものを省くことによって私たちの行動の有効性を増すのである。それによって，この変化は，外の世界における行為において自由の開花を保

証するのである。
　　記憶の重なったこの知覚された広がりは，物質世界のイメージ全体の中で，中心的なイメージである私たちの身体の未来の行動のために有用なイメージを取りだす。この場合，この具体的知覚は物質の広がり〔延長〕をどのように表象するのだろうか。具体的知覚は，色々なイメージによって，「美しい一続きの絵」(MM, 72-73/217) のように描く。そこでは表象される物質的事物は，絶対的に輪郭が定まり独立している。「一続き」の語に注目してみよう。知覚は，私たちの身体の移動に応じて，身体が駆け巡る広がり，そして知覚された事物に対して身体が近いか遠ざかっているかを決める広がりの内容を変える。「外的対象の大きさや形や色さえも，私がそれに近づくか遠ざかるかによって変化する。匂いの強烈さや音の強さも，距離に応じて増減する」(MM, 15/172)。知覚された広がりと私の身体との間の距離は，知覚された事物に対する私の身体の行動の切迫の程度を計る。それ故この知覚された広がりは，「それらに対する私の身体の可能な行動」を描くのである。

　　直接的広がり〔延長〕と純粋知覚に関する検討の箇所ですでに述べたように，ベルクソンは具体的知覚によって捕えられるこの広がりを物質の実際の具体的広がり〔延長〕とは見なさない。恐らく具体的知覚の広がりは，物質の諸性質の少なくとも一部を表象しているように思われる。というのは，この知覚は，色や抵抗を物質の内に見出すが，ベルクソンはそれらを物質の「実際の広がり」(EC, 158/628)[41]として認めているからである。しかしながら，私たちにとって現実的に思われるこの色彩を帯びた抵抗のある空間は，実のところは記憶力によって，作り直されたものである。

　　それ故，この記憶力によって作り直された空間は，現実と関係があるにしても，直接的な広がりではない。それは，生活の欲求によって「生活の図式」(BE, 121) に応じた物質界の「第一の分割」(BE, 120)[42]の

---

[41]「現に知覚されるのは，色彩を帯びた抵抗のある広がりであり，現実的な諸物体の，もしくはそれらの現実的で要素的な諸部分の，輪郭が描きだす線に沿って分割されている広がりである」(EC, 158/628)。

[42]「生活の欲求が諸事物の連続性の中に最初の区分を作る，例えば『欲求とその充足に役立つべきものとの二元性』(MM, 112/247-248)，例えば，空腹と食糧との二元性を打ち立てるのである」(BE, 120)。

　　　　第1章　持続と広がり〔延長〕(時間と空間)　　　　127

結果である。それはまだ等質的，抽象的で空虚な空間ではない。すなわち，「この識別は，デカルト的座標による，無限に分割可能であり，また任意の方向に応じて分割可能である空間である等質的環境の中における物体の位置づけではまだない」(BE, 121)。しかしながら，記憶力による分割は，まったく恣意的なものではない。それは物質の諸性質をある程度指し示している。それは，第一段階の観念的空間として見なされうる。しかしながら，「こうして現実を区切るためには私たちはまず現実が任意に分割できることを納得していなければならない。したがって，私たちは感覚的諸性質の連続すなわち具体的広がり〔延長〕の下に，限りなく変形可能で縮小可能な目を持った網を張りわたす。単に考えられるだけのこの基体，任意で無際限な分割可能性のこのまったく観念的な図式が，等質的空間なのである。──さて，現在のいわば瞬間的な私たちの知覚が，独立的諸対象への物質のこの区分を行うと同時に，私たちの記憶力は，事物の連続的な流れを感覚的諸性質へと固定させる」(MM, 235-236/344)。結局のところ，このイメージ空間は，それが知覚されるために，それによってその空間が展開することができる等質的空間を，その下に張りわたすのである。

　私たちは，ベルクソンにおける記憶の広がりの分析を検討した。彼は記憶力，あるいは精神によって，その内的空間における展開を通して内に秘められた豊かさをまず描こうとした[43]。それは行動，身体的生活に対する私たちの相対的な独立を示すためである。事実，私たちの外部の空間の通常の知覚は，行動と実際生活によって要求され，創造的であり得る。その知覚は「創造の証人，舞台，こう言ってよければ，補助者」(BE, 70) として現れうる。というのは，空間は，一つの「布地」(EC, 157/627) であり，それはどのようなやり方でも裁断できるのであり，私たちの行動に限りない場を開いてくれる。その空間は，確かに「事物に対する私たちの可能的な行動の図式」(EC, 158/628) である。そのこ

---

　43) エドシックは次のように指摘する。『試論』においては，記憶の拡張は，「私たちの心的状態の空間への投影」(DI, 67/61) として，あるいは「外部にむかって咲き広がるように見える意識」(DI, 15/17) として現れるが，「ある時は死の印であり，ある時は生の作品である」(BE, 58-59)，すなわちある時は「自我の影」(DI, 124/109)，ある時は「自由行為」(Ibid.) として現れる。

とは，私たちの知覚が，物質の現実的認識から出発して，記憶力によって再び作られるか再構成される間接的認識として現れるにもかかわらず，である。

　ベルクソンの記憶の広がりについての分析は，マルセルにおいては対応するものがない。マルセルは，記憶と知覚のメカニズムについての客観的な説明を示そうとはしない。しかしながら，彼はベルクソンの説明から二つのことを取り上げた。一つは，「記憶は，連合心理学がそれを知覚に還元してしまうが，知覚の弱まった再現ではないということである。『物質と記憶』の著者は，このような連想説の解釈に対して私たちに警戒をするように呼びかけ続けた。この解釈は，彼の見解では，精神生活の根本的な無理解を含んでいるのである」(EMGM, 38)[44]。「個性がなく精彩を欠いた過去が特有なものとなり，独自のニュアンスが彩られるのは，記憶の奥底においてである」(EMGM, 39)。もう一つは，次の点である。恐らくベルクソンの哲学は，マルセルが記憶の内に「存在の肯定の本質的な一面」(EA, 144/70)を見るように促したと思われる。これについては後に展開するであろう。

　以上を要約すると，ベルクソンの空間的時間に関して二つのことを指摘した。第一に，あらゆる空間的時間は，架空の表象でしかないということである。第二に，空間的時間の二面性を指摘した。一つは否定的であり，もう一つは肯定的である。否定面は，憂慮すべき形而上学的問題を引き起こす持続の疑似表象である。肯定面は，精神生活の表現と創造の必要条件である。次に，マルセルにとっての空間的時間が，ベルクソンと同じく持続と空間的時間の対立から出発しながら，ベルクソンの考えとどの程度異なる方向へ向かうのかを見ていこう。

B　マルセルにおける空間化された時間

　マルセルはまた彼なりのやり方で，持続を空間化された時間に対立させる。ベルクソンが空間化された時間と呼ぶものをマルセルはむしろ

---

44)　«Bergsonisme et musique» *La Revue française*, 1925, n°5, pp.225-227.

「カレンダーの時間」あるいは使われる時間あるいは「スケジュール調整された時間」（ET, 18）と呼ぶ。彼は，前述したように，生きられる空間について述べたことを念頭に置きながら，時間について検討する。というのは，彼は，「私たちが自分の人生を状況内にあるものとして考えようとするとき，例えば，道のイメージのような空間的あるいは準空間的表象形式から完全に逃れ出ることができるかどうか」（HV, 8）を自問しているからである。しかしそれだからといってマルセルは時間を「脱空間化し」（PI, 31），「ここ」と「よそ」の間にありきたりの序列を見出そうと試みている訳ではない。そしてまた彼は「あらゆる空間化には，きわめて警戒している」ことを認めている（EAGM, 179）。

　マルセルが持続を「場所的時間」，「通過される空間」（JM, 129）に還元したり，内的生活を「映画の手法のような表象」（RI, 209/240）[45]，つまり不動のカットをつなぎ合わせてあたかも連続的に動いているかのように見せたりする手法に還元してしまうというやり方に反対するという点では，ベルクソンの空間化された時間の批判に似通っている。その上，マルセルは，ベルクソンの持続についての考えと彼自身の持続についての考えとの間には，常識や常識を引き合いに出す哲学の考えではないという点，つまり「持続は，決して表象されるべきものではない」（MEI, 204）という点で，「少なくとも両者の間に密接な共通点がある」ことを認めている（Ibid.）。

　しかしながら，持続と空間化された時間との対立は，マルセルとベルクソンにとってはまったく同一のものではない。両者の持続の比較については後に詳しく論を展開することにする。ここではマルセルが空間化された時間をどのように批判するのか，またこの点についてマルセルとベルクソンの類似点と相違点は何であるのかを示すことにしよう。それによって，持続についての彼らの見解の相違，いずれも彼らの空間化された時間の批判と相関的に作り上げられた観念ではあるが，それらの相違が明確になるであろう。

　マルセルは，人が時間を生きるさまざまな生き方の現象学的な分析から出発する。それは，「破壊的時間」と「調整された時間」の表象がそ

　45）　マルセルは言語によって私たちが空間的な隠喩（メタファー）を用いざるをえないということをよく知っている。しかしその隠喩に欺かれてはならないと警告を発する。（Cf. HV, 8）。

の生き方の中に含まれていることを示すためである。言い換えれば，彼は，「私たち各人が日常生活において生きており，あるいは『私の日々』という意味で『私の時間』と私たちが呼んでいる，またこれらの日々で構成された私の生活とも私たちが呼んでいる普段の表象，または有用でさえある表象を明確にする」(ET, 11) ことを試みる。そして，「調整された時間」(ET, 14)，あるいは「水門を通過できる時間」(ET, 11) と彼が呼ぶ日常生活についての私たちの習慣的で空間的な表象は，「野生の時間」(ET, 13, 18) あるいは「深淵の時間」(ET, 13, 17) とまた彼が呼ぶ「破壊的時間」がその根底にある，ということを彼は示すであろう。こうした時間は，マルセルが繰り返しの時間と呼ぶものへと堕落しうる。「破壊的時間」と繰り返しの時間に結びついている嫌悪によって引き起こされる苦しみは，私たちの内に住む「存在の要求」(GM, 125) を私たちに自覚させる。「存在の要求」とは，「次から次へと続いてあらわれてくる，不安定な存在の見かけの戯れや，(…) シェイクスピアがいう馬鹿もののくどくどした無駄話などで，説明しつくせないような存在があらねばならないだろう」(Ibid.) という要求である。ところで私たちは，この世で「破壊的時間」とは別の時間の経験をすでにしている。〔その時間はベルクソン的な意味で，持続と言う方がよいかもしれない。〕それは，創造と喜びの時間であり，私たちに永遠の救いを予感させる。「私たちは，時間を私たちが充溢，つまり救いに近づくために支払わなければならないある犠牲として考察するように導かれているのかもしれない」(ET, 17)。「私たちのあまり集中していない生の諸持続は，時には，より一層集中した持続，さらに永遠にさえもつながるか，あるいは参与しているように，私たちには思われる」(GMVE, 156)。この救いの「時」，集中した持続についてのこの直接経験については，本章のもっと先で取り扱う。

しかしその前に，私たちの生の表象，私たち各人が時について自然に持つ表象をマルセルがどのように考察しているのかを，まず，行動と現在，日常生活の観点から，次いでもっと全般的な観点から見てみよう。

私たちは時間を使うための所有物と見なす。それは，「少しは時間があります (j'ai un peu de temps disponible)」(ET, 11) というように，つまり動詞「持つ」か，同様の意味の表現によって表されている。これら

の表現は,「日々が一時的に干上がり,給水しなければならない貯水槽,連通管にたとえられる」(*Ibid.*)か,あるいは「液体が漏れるかもしれないのでそれを防ぐためにそこから液体が漏れる割れ目を塞がなければならない容器のイメージにたとえられる,時の水門通過」(ET, 12)のようなイメージを浮かび上がらせる,とマルセルは言う。しかし時間をこのようにとらえることは,時間を分配された時と見なすことである。これは時間を「それに従って仕事が配分され,それらの仕事は,本来同時には実行できない,ある順序のものと見なすことである。(…) この順序は予測の形態に基づいて考えだされる。また次のように言える回顧にも適している。私はあの日あれをした,その前日あるいは翌日には他のあのことをした。こうして私が話した水門通過が行われる」(ET, 18)。マルセルは,この時間をまた私たちの活動の段取りをそこでつけるため,つまり仕事や約束に間に合うためにカレンダーや時計の時間が示すような「調整された時間」(ET, 14)とも考える。

　しかし,マルセルにとっては,このような時間の考え方は,私たちの創造的な活動の堕落の可能性を,次の二つのやり方で含んでいる。一つは,創造的な時間を「多少とも自動的に日々片づけられる仕事」(PI, 36)に帰してしまうこと,もうひとつは,「連続小説のように展開し,その際世界が映画のフィルムのように把握される出来事」(PI, 37)としての見方に帰してしまうことである。

　「持つ時間」のこの外面的な生の表象は,根本において映画の手法のような表象である。すなわち,生は「相互に追いかけ合い入れ替わり合う」(ME I, 204)日々や瞬間の連続として,「いわば線上につながった諸瞬間〔あるいは出来事〕の継起」(ME I, 170)として表象される。このように生をさまざまなイメージの継起と見なす考え方は,ベルクソンにおいて生きられる持続と何の類似性もないことは言うまでもない。ベルクソンの生きられる持続は,「質的変化の継起であり,それらの変化は,はっきりした輪郭も,お互いに対して外在化する傾向ももたず,数とのあいだにいかなる血のつながりももたずに,融合し合い,浸透し合っている継起」(DI, 77/70)である。これに対して,マルセルにおいてイメージの継起という語は,時間の抽象的な表象を意味する。この表象は,ベルクソンの用語では,「継起一般の抽象的図式」あるいは「同

時性の並置」として表現できるであろう[46]。

　しかしながら，ベルクソンとマルセルは，次の考えにおいて一致している。「私たちの通常の知識のメカニズムは映画的な性質をもつ」(EC, 305/753) ということと，時間の観念を抽象化によって取り出すこの表象は，私たちの経験を歪めるということである。言い換えれば「あるシーンの俳優の一人一人がその動きを取り戻すのは，映画のフィルムがまわり，そのシーンのさまざまな写真がつぎつぎに連続するようになるからである。俳優は，映画のフィルムの目に見えない運動にのって，彼のすべての姿勢を順々につないでいく。それゆえ，この方法は，要するに，すべての人物にそれぞれ固有なすべての運動から一つの非人称的で抽象的で単純な運動，いわば運動一般を抽出し，これを映写装置のなかに入れ，この個性のない運動と各人物の姿勢との合成によって，おのおのの個別的な運動の個性を再構成するのである。これが映画の仕組みである。私たちの認識の仕組みもまたそのようなものである」(Ibid.)。ベルクソンにとって，この映画手法的な表象は有用である。というのは，この表象によって時間の歩み，私たちの精神生活の持続，生物や物質的世界の持続を描くことができるからである。

　マルセルもまた生活に不可欠なこのような表象は，生きられる実在を真に表したものではないと考える。私たちは，どうして「持続は，決して表象されるべきものではない」(ME I, 204)[47]のかをただ述べることができるのみである。そして彼はベルクソンの持続の分析については同意する。しかし，空間的時間と創造あるいは喜びを生きている持続の間に，マルセルは，「調整された時間」に相当する経験と「破壊的時間」に相当する経験を分析する。「調整された時間」はベルクソンが空間化

---

46) したがってこの意味で，マルセルは私の過去の網羅的な表象に関して「同時性の並置」(PI, 44) と語る。「しかし，ある人の生において実現されるような継起は，その性格と意味を失わなければ，同時化されることはできない」(Ibid.)。

47) ところで，ベルクソンは持続を本来，表現できないものとしながらも，それについてある考えを示そうと試みる。こうして，ベルクソンは持続について「数的な多様性とはまったく異なった，多様な『相互浸透』の表象」(M, 1148) として語る。「異質で，質的，創造的なその表象は，私がそこから出発し，また私が絶えずそこに戻った点である」(Ibid.)。というのは，ベルクソンが，みずから進んで用いる表象は，概念的な表象ではないからである。それとはまったく反対に，「しなやかな，動き続ける，ほとんど流動的と言ってもよいような，常に直観の瞬く間に過ぎ去る形に今にも当てはまろうとしている表象である」(M, 1402)。

された時間と呼ぶもの，つまりそこで私たちの思い出や私たちの計画を区分けするために抽象的な運動の不動の表象を利用する。「破壊的時間」は，後悔，自責の念，別離や死がひき起こす苦しみを説明するだろうある力について私たちがもつ感情を象徴している。私たちがもっているすべてのものは，消耗と死によって，私たちからもぎとられる。マルセルがベルクソンと一致するのは，ベルクソンが空間化された時間である有益な表象の難点を指摘するとき，またベルクソンが精神物理並行論，付帯現象説を拒否するときなどである。しかし生き生きとして創造的な経験と空間化された時間である表象との間にマルセルは〔直接的？〕な経験の破壊的時間の観念に対応する経験を分析するが，ベルクソンはその経験についてはあまり関心を寄せて取り組まなかった。

　マルセルにとって人間経験を特徴づけるものは，時間一般の表象というより，私たちの生そのもの，私たちの生き方，私たちの経歴，私たちの行為の硬直した表象であり，その表象は，経験を歪め，一般的時間の表象より以上に経験に波及する表象である（Cf. ME I, 234）。私たちが自己の生の持続の真の理解に達したいと望むなら，そして同時に私たちの自由は私たちの生を私たちがそれについて作る表象によって損なわないことにかかっているとするならば，退けなければならないのは，この表象であろう。

　実際マルセルによれば，持続を硬直した表象にしてしまうことは，日常生活において注意の散漫を増し，「閉ざされた時間の意識，もっと正確にいうなら，牢獄のような時間の意識」（HV, 68）を引き起こすことによって絶望をかきたてる。

　そのことを明らかにするために，マルセルが「持つ時間」と同一視される日常の時間について行った分析に戻ろう。厳密にいえば，「持つ時間」は日常的な時間よりも広い意味を持つ。持つ時間は，また時間の量，その上，死によって制限される時間の量の表象をも含む。私が持っていると思っている時間は，実のところは「私の時間」ではない。私のものであるだろう時間は，私が「時間とのかかわりがうまくいっているという感情に結びついた」（ET, 13）満足感を覚えて生きるだろう時間であり，つまり人間の創造力あるいはもっと一般的に「働く意識が自分自身と生き生きとした関係を保っている」（*Ibid.*）時間であるだろ

う。逆に，この日常的時間，持つ時間は，繰り返しの瞬間の継起から構成されており，そこからは何も生じないように思われる。私は悩み苦しむか，同じことの繰り返しからくる疲労を生み出す倦怠以外の何ものも生じないのである。それは日常のありふれた時間である。そしてまた倦怠は，「注意してみると，この不特定のありきたりさに対する反動であり，(…)構造を持ったものへと変化するには無力であり，したがって，まったくの否定的態度の段階を乗り越えることができない」(EMGM, 58)。この日常の時間は，それ故，「まったくの散逸であり，味気ない繰り返し」(*Ibid.*)である。これは，「無為の意識」(ET, 13)の時間であり，いかなる「立ち直り」(EMGM, 58)もいかなる「私の内的存在の回復」(*Ibid.*)も行われない場合には，その極限においては絶望に近い。

これらのマルセルの表現は，ベルクソンの表面的自我という観念を思わせる。その自我とは，ベルクソンが『意識に直接与えられているものについての試論』で述べたように，自我の空間的で社会的な表象でしかなく，外の世界に対して受動的にしか生きておらず，自己の主体性を取り戻してはいない自我である。ただマルセルは，ベルクソンが注意をしなかったように思われることを明らかにしている。それは，「人生のほとんど想像もつかない残酷さについての多かれ少なかれはっきりとした感情」(HV, 192)である。「絶望は最も鋭い自己意識に達した無為，あるいはさらに，(…)もはや現実とは一体にならない意識の離脱，逃避以外のなにものでもない」(*Ibid.*)。

「人々が閉じこもるのは，たいていの場合，日々の習慣的な行動によってマンネリ化した現在の中か，あるいは『つまらない享楽の瞬間性』(EA, 172/84)の中か，(あるいは二つの生き方の混じり合いの中においてである)」(GMVE, 152)。そこでは，「空間と時間はどちらも不在と結びついているありかたである」(EA, 172/84)。そして現在の倦怠は過去の思い出によってあおられ，代わり映えのしない未来という予想によって繰り返される。この倦怠は「生きられるニヒリズム」[48]の絶望

---

48)「絶望した人にとっては，時間はもはや流れない(…)。絶望の閉じられた時間は反永遠であり，裏返しの永遠，地獄の永遠である。絶望とは，地獄である」G. Marcel, «Structure de l'espérance», *Dieu vivant*, 1951, Ed.du Seuil, n°19, p. 7.

へと向かう（GMVE, 145）。現在のこの表象は，一時の容赦の希望もなく，その終わり，際限のないこの現在が死によってのみ終わりであることが明らかになるときまで生の全体に広がる。というのは，未来を日常的な現在，その「持つ時間」から考察するなら，私たちは必ずある一つの限界にぶつかるからである。そして人生が老いと死とへ向かうことを避けることはできない。要するに，「一般的意見では，人間の生を瞬間の積み重ねで，死へと向かって歩んでいくものとして思い浮かべる。時間は絶えず減っていく，ある与えられた量として，あるいはあらゆるものを破壊するある力として考えられる。考える主体自身は，物の間の一つの物でしかなく，死によって消え失せる」（EAGM, 188）。「死者は，もうほかの場所にもいない人，もうどこにもいない人である」（EA, 42/30）。ところで，私たち各人は，常識的に私たちの生の持続を通過する道，偶然の理由によって私たちがその上に置かれ，その上を歩み，死の時にそこを去っていくだろう道として思い描く傾向がある。このように，時間は客観化され，空間に関係づけられて把握される。「時間は空間と手を組まなければ，ある対象として考えられることはできない。しかし空間は時間においてしか与えられることはできない。時間は運動によって私たちに象徴化され，一方，運動そのものは通過された空間によって象徴される」（JM, 129）。

　常識は時間の現実的な見方と同じ方向へと向かう。しかし，マルセルは時間の現実的な見方を勧めない。彼の著書『形而上学的日記』では，実在論も観念論も支持しない。実在論にとっては，「実在は私たちの目に直接的に現れるものである。それ以上のものを探す必要はない。私は偶然的な実在である。時間は私たちが確認するこの偶然的な実在の流れである」[49]。それゆえ，「時間が実在であるとするならば，その崩壊の力は人と物とを無に至らしめる」（EAGM, 189）。というのは，「時間の現実の使用は生成する世界，つまり因果性にしたがっている世界」（JM, 7）の存在に結びついているからである。それだからといって，マルセルが時間の観念論，「ブランシュヴィックの観念論が考えるような非時間的な形態であるような観念」（GMVE, 146）を支持するというわけで

---

49) Ch. Widmer, *Gabriel Marcel et le théisme existentiel*, paris, Ed. du Cerf, 1971, p. 27.

はまったくない。というのは、「時間が観念的であるなら、非時間的な主体は、世界との連帯をたち、空虚で、非時間的な意識、自分が見つめる光景の無の中に引きずり込まれた傍観者に陥ってしまう」(EAGM, 189) からである。マルセルにとっては、「時間の起源は、現在の他にないし、ありえない。現在は、時間に与えることができる唯一の境界である。(…) あたかも持続される以前に与えられる時間（通過される以前にそこにある空間と同様に）があるかのように考えるのは錯覚だ」(JM, 129)。マルセルは経験に配慮するので、彼が「調整された時間」や「破壊的時間」と呼ぶものを実在と見なせない。確かに、彼は悪、死、「破壊的時間」の語が指し示すすべてものについて、生涯考察する。しかし、たとえあらゆるものの消失や特に愛する人の死によって引き起こされる苦しみは実際の経験であることを認めるとしても、この経験は私たちがする唯一の経験ではないだけではなく、本来的には存在の経験ではない、ということを示そうと試みるであろう。言い換えれば、私たちは生の経験を別の仕方で生きることができる。すなわち、私たちは生を創造的な持続として生きることができる。そしてまた私たちは苦しみや別離の経験を別の仕方で生きることができる、つまり死に打ち勝つ希望や愛において、苦しみや別離の経験を乗り越えることができるのである。

このように、「死が私に一つの終わりに思われるのは、生がある道筋の通過と同一視される場合にのみである。しかし、生がこのように私に現れるのは、私が生を外から考察する場合のみである。そしてこの考え方では、生は私によって私の生として体験されることをやめる。この点において、ベルクソンの考えと一致するであろう。ハイデガーは以上のことの重要性を過小評価しているように思われる」(PST, 181)[50]。

マルセルが私たちの実存〔生〕とある物的対象との同一視、その事物化を拒否することは、可能である。「私たちは実存〔生〕を次のように

---

[50] 確かに、「ハイデガーは〔「死に向かう存在（Sein zum Tode）」によって〕、生における死の実存的な経験を表現しようと努めている」(PST, 181) ことをマルセルは認めている。「この経験に異議を申し立てるべきではなく、少なくともなおあるひとつの絶対的なもの、結局のところ真理なるものとして、取り上げられるべきである」(Ibid.)。ただマルセルは、他の直接経験が可能であると考える。例えばスピノザの著書にあるように。スピノザにおいては「ある実存的な経験で、それはまたハイデガーの経験へはまったく還元できない経験を見出すことができる」(Ibid.)。すなわち「私たちの永遠の経験」(PST, 73) である。

扱ってしまう傾向が自然にある。すなわち，そこに存在するものであるが，しかしまた同様に，もうそこに存在しないこともでき，また，もうどこにも存在しないことさえありうる事実として，自然に扱うような傾向がある。このような次元にいるかぎり，あらゆる変遷，あらゆる置き換え，あらゆる破壊が可能である」(ME II, 29)。それに対する拒否は，持続を生きるひとつのあり方である。私たちはそれについて後で見ることにする。

　ここで，これまでの考察で得たものを要約してみよう。マルセルは，これまで見たように，厳密にいえば，空間化された時間の観念を用いない。彼にとって重要なのは，ベルクソンがしたように，数学的な時間や持続の概念的な空間化について述べ，形而上学的疑似問題の原因をそこに見ることではない。マルセルにとって重要であるのは，私たちが日常生活の客観的で空間的な表象をどのようにして，また，なぜ持つのかを分析することである。マルセルの関心事は，数学や科学の時間ではなく，「水門を通過できる時間」，「持つ時間」，日常的な活動に必要な年代順の表象である「調整された時間」である。それは単なる観念的な時間ではない。というのは，そうした時間は日常生活のある経験と技術的活動に関連しているからである。ベルクソンが言及しないように思われるのはこのような経験であり，このような調整され，破壊される時間である。マルセルの「深淵の時間」あるいは「破壊的時間」は，ベルクソンの「死の不可避性という知性の表象」(MR, 137/1086) を思い起こさせはするのだが。

　ベルクソンにとって，空間化された時間は，日常的で実際の生活で経験された時間であっても，実在ではない。マルセルにとっては，「調整された時間」は，表象であるにもかかわらず，しかしそれでも「ベルクソンの空間化された時間とは異なっている」(VPGM, 512)。なぜなら，「調整された時間」は，数学の時間ではなく，私たちの行為の諸々の経験を整理し，ある継起を想定し，その連続は，時には破壊として経験されるからである。

　この「調整された時間」，時計の時間という観念は，しかしながら，次の点において，ベルクソンの空間化された時間に近い。この「水門を通過できる時間」は，パラン＝ヴィアルが指摘するように，ある程

度「思考された時間」,「非時間的なある意識によって考えられた時間」(CBN, 290) である。というのは，この考えは，その意識の記憶，未来に行動しようとする意図を，自己の支配の及ばない出来事に関して，その現在，自己の獲得した知識，自己の予想に応じて分類するからである。そしてまた物理学者の時間は，その「調整された時間の一面」(*Ibid.*) である。この線的な時間は，部分的にはベルクソンの，「持続のない瞬間がそれ以上に持続しない瞬間に続く粉々になった時間」(PM, 140/1363) に対応している。また日常的あるいは科学的で，計測可能，予見可能，客観的な「量的時間」(DI, 96/86) にも対応している。

　しかしこれらの時間に関する二つの説の相違は，そこから生じる否定的な結果を比較すると，明らかになる。マルセルの「調整された時間」と「破壊的時間」は，不安，倦怠，絶望，痛ましい苦悩のような悲劇的経験を考えるために作られる。これに対し，ベルクソンは，時間の空間化によって引き起こされる諸問題――彼が闘う決定論，無，無秩序，精神物理的並行論，付帯現象説――を憂慮すべき問題であると見なしているのだが，悲劇的とは見なさない。この相違は彼らの持続の定義の仕方に由来する。私たちは，この点を次に掘り下げ，さらに空間化された持続の批判の帰結をも見ることにする。このことによって持続と永遠に対する彼らの関係が明らかになるであろう。

Ⅲ　ベルクソンとマルセルにおける持続

　ベルクソンとマルセルにおける持続の相違と類似をさらに一層明らかにするために，ここでは，持続の経験を述べてそれを分析するのではなく，直接的な比較によって，それに取りかかろうと思う。
　第一に，彼らの持続の経験がどういう点において異なるのか明確にするだろう。その相違点に関しては，パラン＝ヴィアルと共に，ベルクソンの持続は不可分であるが，マルセルにおいては，持続は，むしろ分割されていないひとつの行為として，私たちはそれを生きるという考えに導かれるであろう。
　第二に，空間化された時間の批判の帰結，つまり両者における持続の経験の意識について取り扱おう。
　これらの二つの比較によって，特に私たちの持続と永遠との関係が分かるであろう。

A　ベルクソンの不可分な持続と
マルセルの分割されていない持続

　私たちの持続の顕著な特徴のひとつは，ベルクソンによれば，持続を空間と区別する不可分性である。私たちは以前に観念的で抽象的な空間の特徴が，反対に無際限の分割性であることを示した。その上，ベルクソンはまた同様に，物質である具体的な広がり〔延長〕は，持続に参与する限り[51]，すでに不可分であることを示した。というのは，「物質の分割可能性はまったく物質への私たちの働きかけと相関的である」（MM,

---

51）「広がり〔延長〕をもつ物質は，全体において考察すると，意識のようなものであり，そこでは，すべてが平衡を保ち，互いに補い合い，互いに力を相殺しあっているのである。それはまさしく私たちの知覚の分割不可能性を示している」（MM, 246-247/353）。

246/353）からである。ましてや私たちの持続は，なによりも不可分である。というのは，私たちの持続の自然の動きは，分割と物質の方向へと歩む瞬間的な意識とは逆の方向へ歩むからである。

　マルセルがベルクソンから二つの考えを受け継いでいることを示したい。一つは，ベルクソンがまた「厚みのある現在」とも呼ぶものの不可分性という考えである。それは，私たちすべてが生きている経験であるが，マルセルの場合「厚みのある現在」は，実際に分割されていないものであり，一定の時間のみ不可分である[52]。

　もう一つは，不可分な持続という考えであり，それは私たちよりもっと集中した持続であろうし，私たちより卓越した存在と恐らく死後の人間の特性である。その持続は永遠の始まりのようなものである。

　まず始めにベルクソンが持続をどのように定義するのか見て，次いでマルセルについても同様に考察しよう。私たちはすでに，空間化された時間についての研究の中で，マルセルは特に持続の断絶，あるいは彼が破壊的時間と呼ぶものを強調する点でベルクソンと異なることを垣間見た。

　ベルクソンは次のように言う。「一つのメロディを聴いてそれに揺られるままにしてみよう。そうすると，私たちは運動体に縛り付けられていない運動の，また変化するものが何もない変化のはっきりした知覚を持つことにならないだろうか。この変化はそれだけで十分である。それ

　52）この点を明らかにするために，パラン＝ヴィアルの非常に的確な以下の分析の助けを借りよう。「マルセルは，ベルクソンの主要な経験——持続する行為の経験——の記述を異論の余地のないものとして暗に認めている。（…）持続は，ベルクソンが厚みのある現在と呼ぶものの中で私たちが生きている行為の本質そのものである。『厚みのある現在』は，恐らく『不可分な持続』より好ましい表現であろう。なぜなら，私たちの行為の持続は，事実分割されていないものであって，不可分ではないように，私には思われるからである。瞬間の継起と散逸を免れ，私たちが自分たちのあらゆる行為——注意すること，反省すること，話すこと，感覚的世界のある様子を変えることなど——を生きているのは，分割されていない持続，厚みのある現在として，である。時計の時間の観点からは，この現在は長さの多少がある。その長さは，私たちの行為をつかさどる注意や思考の努力の大きさに応じているからである。ベルクソンの厚みのある現在の有名な分析を否定することは，私たちがある文，あるいはあるメロディの意味を理解することを否定するようなものであろう。もし厚みのある現在の分析を否定することが数学者の時間の観点からは真であるとするならば，現在の音符あるいは音節が，次のものが現れるやいなや，どんな文もどんなメロディも存在しないばかりではなく，その語源自体が『共に知る』ことであるどんな意識も存在しなくなるであろう」（GMVE, 147）。

は物そのものである。そしてこの変化はいくら時間がかかるにしても，不可分である。もしそのメロディがもっと早く止まったとすると，それはもう同じ音の塊ではない。それは別の音の塊になるが，やはり不可分である。なるほどこの音を分割する傾向，メロディという途切れのない連続の代わりに，別々の音符の並置を思い描く傾向が私たちにはある。が，なぜだろうか。それは，私たちが，聴いた音を自分で歌ってみながら，元の音に近く再合成しようとして行う努力の，非連続的な一続きを考えるからである。また同様に，私たちの聴覚は視覚的なイメージに浸る習慣を身につけてしまったからでもある。そのとき私たちは，楽譜を眺めているオーケストラの指揮者の目に映る像を通してメロディを聴いているのである。私たちは想像上の紙の上に次々と並置された音符を思い描いているのである。私たちは演奏されている鍵盤や，行ったり来たりしている弓や，仲間と並んで各自自分のパートを演奏している一人一人の音楽家のことを考えているのである。このような空間的イメージは取り払おう。すると後に残るのは，それだけで十分な，決して分割されず，変化する『物』に決して縛り付けられていない純粋な変化だけである」(PM, 164/1382-1383)[53]。

私たちはすでに持続について第一部の知覚の拡大による注意の転換に関する項で述べた（31-32ページ参照）。

さらに私たちは，ベルクソンにおいて，マルセルの思想に一層近く思われるもう一つ別の分割されていない経験の例を見出す。「一人の詩人が自作の詩を私に読んできかせてくれるとき，私は彼に対して大変興味を抱き，彼の思いに入り込み，その感情に浸り，彼が語句に分散させた単一な気分を再び生き直すことができる。そこで私は彼の霊感に共感し，私は霊感そのものと同じく分割されない行為である一つの連続的な運動によって彼の霊感を追う」(EC, 210/672)。それ故，ベルクソンにとっては，私たちの持続は不可分であり，もし私たちが持続を分割可能

---

[53] ところで，「不可分な持続」という表現の他に，ベルクソンは，また同様に同じ意味を含む「分割されていない持続」という表現をも用いている。「生命に対する注意が十分に強く，十分にあらゆる実践的関心というものから解き放たれているなら，この注意は，その意識的存在のすべての過去の歴史を分割されていない現在の中に把握するであろう」(PM, 169-170/1387)。このような経験は，死を間近にした人におけるような例外的な経験の場合である。

と思うなら，それは，私たちが持続を，そこに並置されているか，あるいはその持続を表現しようとしている空間的なイメージに置き換えているからである。

　マルセルは，愛する人々の死である苦しみ，持続の断絶の危機に考察を傾けたので，持続の分割性が実際は不可分な経験への単なる心的投影の結果とは考えない。マルセルにとって，私たちのこの世における持続の不可分な統一は，一方では，私たちがあるひとつの行為において注意が続く間のみ実現する，つまり実際にはその間分割されていないだけである。他方，私たちは不慮の出来事に巻き込まれ，それまでの比較的安定した心情の持続が中断される経験をする。さらにいくら注意が働いたとしても，時を私たちがとどめることができず，私が生きたある時期の持続の統一が消え去って行くような印象を私たちはもつ。これについて，生きられた断絶についての例をパラン＝ヴィアルから借りよう。

　「不可分なある統一を形成するためには，何でもよいものが何でもよいものに続くことができないし，またどんな出来事でも他のどんな出来事とも調和するということはないように思われる。私はヴァイオリンの曲を聴き，ベルクソンが非常に見事に描いている不可分な現在にいる。（というのは，私はメロディの全体を把握できるほど十分に発揮される私の音楽の記憶を前提としているからである。）突然，弦が切れるか，あるいは車のクラクションが耳をつんざく。メロディが中途で断ち切られる。この中断を説明するために〔ベルクソン的立場では〕，この例においては行動の必要性を介入させるという策を講じることはもはやできない[54]。それでは，私の印象は偽りで，私は充実した持続のうちに生き続け，曲の中断，あるいは車のクラクションは私が予期していたメロディとは違ったメロディだが，それでもある一つのメロディを構成するために，私の持続に統

---

54) ベルクソンの考えで，後述するように，私たちの意識は外的生における行動の必要性のために，私たちの行動に有用でないものを過去の忘却へと追いやる。その結果，過去は一見消滅し，私たちの過去と現在との間には不連続，断絶があるように思われる。が，これは見せかけにすぎず，私たちの注意不足のせいで，私たちが注意を内面に向け直せば，過去と現在は一体化しており，私たちの持続には中断がないということ。

合されると答えられるのだろうか。そう答えるとすれば，可能性の観念についてのベルクソンの批判に吹き込まれた答えであることが分かる[55]。しかし中断あるいは断絶は，多くの場合余りに苦しくて，単なる注意の弱さには帰することができない。私から愛する人が無理やり引き離される瞬間を過ぎ去った幸福の続きとして，私たちを身体障害者とする事故の瞬間を失われた健康に組み入れられるものとして考察することは不可能である。

　私たちの注意の無力さがたとえそこに関与していなくても，持続の有機的で，メロディのようなある一つのまとまった全体は，突然，忘却にも無意識にも陥ることなく過去へと消え去って行く。そしてそれこそが人間を苦しめるものなのである。

　私たちは不可分な持続を生きているのではなく，ただ時には分割されていないが終わりのあるさまざまな持続を生きている。ベルクソンは，持続と数学的時間の間に，人間が後悔，希望あるいは苦悩の時間，つまり私たちの変わりやすい欲求を満足させうる気まぐれな豊かさをもった，しかし外の世界に対する私たちの不思議な依存を示している時間の経験をいつもしていることを十分に認めていないように思われる」[56]。

このパラン＝ヴィアルの文はマルセルとベルクソンの違いを明確にしている。メロディの例を再び取り上げるなら，メロディは断絶の問題に対する二人の哲学者の解釈の違いをよく表している。ベルクソンは，マルセルが以下のように断絶について述べるようには，断絶の重要性を認めていない。「働かない意識は，嘆き悲しむ後悔であったり，あるいは，そうでありえたこと，そうなるべきであったことや，そうならなかったことを思い起こしたりすることに身をゆだねてしまう。嘆き悲しむ後悔，あるいは起こった出来事によって抑圧されているある可能性を思い起こすことは，まったくはっきり説明できないかもしれないが，し

---

55) そこにあることが可能なものを期待して思い浮かべなければ，つまりこの場合，メロディの中断を可能なものとして思い浮かべなければ，一つの連続した充実した持続のみが現在に存在するという考え（Cf. PM, 105-106/1336-1337）。

56) J. Parain-Vial, *Le Sens du présent*, Paris, J.Vrin, 1952, p. XVII.

かしながら実際に生きられるある感情の上に浮かび上がる。それは，永久に後戻りできない，あるいは取り返しのつかない気持ちに取りつかれ押し流される感情である。その時間は，私がこのように引き渡され，また自分の自由にならない時間である。その上，私を意のままに支配するのは，その時間，荒涼とした，野生の時間の方である。またそれは深淵の時間ともいえるが，この語が，強く作用し吸い込むような深淵を指すかぎりにおいてである。その時間は確かに私の時間ではない。逆に，その時間は私が所有できないものであり，あらゆる所有に逆らう」（ET, 13）。

　ベルクソンにとっては，私たちの意識の断絶は実際には存在しない。他方，パラン＝ヴィアルが指摘するように，ベルクソンが持続の見かけの上での分割を，私たちが外的な生，すなわち有用な行動や，その行動に由来する分割の図式の使用にあまりにも関心を寄せすぎているゆえの私たちの注意の弱さ，あるいは注意不足に原因があるとするのは，確かである。常識が信じているように，さまざまな行為やさまざまな出来事の断絶から生ずる意識の不連続性は，それ故，ベルクソンにとっては，見せかけにすぎない。哲学的に深く考察すれば，二つの行為の持続の間には断絶がないということを確信させる。というのは，そこに断絶があるように思われる一つの行為から他の行為への通過において，哲学的に深く考察すれば，その通過をその底で支える連続性，その上から断絶が浮かび上がり，描かれる連続性を発見するからである[57]。

---

[57] 私たちの意識の一見そう見える断絶の原因と実際の連続性の明白性に関するベルクソンの説明に留意しよう。「心理的生が一見不連続に見えるのは，私たちの注意が不連続な一連の行為によってこの心理的生に注意を留めるからである。ゆるやかな傾斜しかないところに，私たちは注意の働きの途切れた線をたどって梯子段が見えるように思い込むのである。確かに私たちの心理的生活は思いがけないことに満ちている。無数の出来事がふって湧き，それらに先立つ出来事からははっきり区別され，それらに続く出来事には少しもつながらないように見える。けれどもこれらの出来事が現れる際の不連続性は，背景の連続の上に浮かび上がるものである。この背景の上にそれらの出来事は描かれ，それらを区切る間隔そのものも背景からきている。それらはシンフォニーのなかで間遠に時々鳴り渡るティンパニーの音なのであろう。私たちの注意はそれらの音に何よりも興味をひかれるので，それらの上に釘づけになる。しかし，それらの一つ一つが私たちの心理的全存在をひっくるめた流動的な総体に支えられている。それらはいずれもある運動地帯上の一番輝いた点にすぎない。その地帯は，私たちが感じ，考え，意欲することすべて，ある与えられた瞬間に私たちがそうであるようなすべてを含む。私たちの状態を実際に構成するものはこうした地帯全体である。

第1章　持続と広がり〔延長〕（時間と空間）

　ベルクソンはこの不連続性の背景に連続性があることを，見かけ上は消滅した過去は，新たな行為である現在のうちに保存されているという事実によって証明する。確かにベルクソンは，私たちの記憶のメカニズムは，実生活のために生来定められているということを認めている。これは，意識が私たちの行動に有用ではない過去を忘却に追いやるためである。したがって，私たちの過去と現在の間に不連続性があるということは当然であるし，そう思うことは私たちには正しく思われる。しかしベルクソンは，そうは考えない。というのは，私たちのすべての過去は，私たちの現在の内に自動的にまた無意識的に保存されているからである。言い換えれば，純粋な思い出の無意識の性格は内的生活の連続性を保証する。「単に私たちの自身の過去だけではなく，どのような変化の過去でも，とにかく，独自の，そしてまさにそれゆえに不可分な変化が問題になるかぎり，現在における過去の保存[58]ということは，このような変化の不可分性にほかならない。なるほど私たちの外部で行なわれる変化については，それが一つのユニークな変化であるのか，それともいくつかの停止（もっとも停止といっても相対的なものでしかないのだが）を間にはさんだ多くの運動の複合体であるのか，私たちにはほとんどわからない。この点についてはっきりしたことをいうことができるためには，私たちが，私たちの内部にいるように，私たちは人や事物の内部にいなければならないだろう。しかし大切なのはそんなことではない。実在は変化であること，変化は不可分であること，そして不可分な変化においては，過去は現在と一体となっていることを，決定的に確信していれば，それで十分である」（PM, 173/1389-1390）。
　これまで私たちは，ベルクソンにとって持続の非連続性は乗り越えられる，たとえその努力が苦しいもので，数瞬以上は続かないものであっても，ということを見た。それは，私たちの行動の図式を捨てて，私たちの注意を外から内へと向け直し，次いで外自体を，内を見るのと同じ

そこで状態というものがこのように定義されるならば，それははっきりと区別された要素ではないことがいえよう。状態は互いに連続しあって，一つの果てしない流れを作っている」（EC, 3, Œ, 96-49）。
　58）　ベルクソンの記憶の全面的な保存という考えに対するマルセルの批判については，ベルクソンの持続と永遠の関連性について扱っている箇所の中で取り上げる。というのは，この保存についての考えは，永遠の観念に関連しているからである。

ように見ることによってであることを確認した。

　以上のように述べた後で，さらにグイエの「持続は，知性が語の下に忍び込んでいるカテゴリーではもはやなくなるやいなや，連続的であると同時に非連続的である」(Chr. Ev, 61/45) という主張に対して私たちの立場を明らかにする必要があると思われる。というのは，持続は，記憶である限り連続的であり，創造的である限り非連続的であるからである。そしてグイエは，逆説的に，次のようにさらに明確に述べる。「創造は連続的である。しかし予測不可能な新しさは，造られたものを非連続的にする」(Chr. Ev, 60-61/45)。非連続性の観念に関しては，彼は，自己の説のために，特にベルクソンが用いた「非連続的な進化」[59]という用語を引き合いに出す。そして彼は持続の連続性に明らかに対立する概念的思考の非連続性の外に，知性的な連続性に対立する実在の非連続性があるということを断言する。グイエがある非連続性について力説するのは正しい。なぜなら生命の躍動(エラン・ヴィタル)は人間を含む有限である生物に体現されるからである。その上，私たちの注意の働きは有限であり，また私たちの厚みのある現在は有限であるからである。しかしながら，私たちが形而上学的観点と持続と記憶の本質そのものである個人的な経験の観点に立つなら，ベルクソンにおける持続は，その本質において，不可分で連続的であると，思われる[60]。

---

　59) ベルクソンは「飛躍によって進んでゆく非連続的進化」を次の事実を考慮に入れることによって推定するに至る。その事実とは，「かりに種というものが，気づかれぬほどの漸次的移行によって形成されてきたものだとすれば，原始人類というものは存在しないであろう」(MR, 131-132/1082) ということである。

　60) ベルクソンの持続と個人的な記憶の連続性というこの考えに対して，バシュラールの心的経験の非連続性の考えが対立する。マルセルと同様に，バシュラールは，ベルクソンの純粋記憶の全面的で無意識的な保存の理論を認めてはいなかった。バシュラールにとって保存される記憶は，ただ言語によってドラマ化されたものと，ほとんど瞬間的に合理化されたものだけである。バシュラールによれば，私たちの個人的な歴史は，一貫性のないさまざまな行為で織りなされている。そしてそれらの行為を語るという合理化によって，私たちはそれらの行為にある連続性を保証するのである (Cf. *La Dialectique de la durée*, Paris, PUF, 1963, pp. 34, 47)。

　バシュラールがマルセルに類似しているように思われるのは，彼が，個人の歴史における後悔，苦悩や死などの時間の断絶の経験について強調する時である。しかしながら，時間の不連続性への関心は，マルセルとバシュラールにおいては，非常に異なっていることはよく分かる。マルセルがバシュラールに特に賛同できないだろうと思われる点は主に次の二点においてであろう。

第1章 持続と広がり〔延長〕（時間と空間） 147

　ベルクソンの持続において断絶という考えがないことについて考察したが，それではベルクソンにおいて現在の時点で経験される断絶の記述を見出すことができないだろうか。あるいはパラン゠ヴィアルがマルセルに関して指摘するように，「忘却にも無意識にも陥ることなく過去へと消え去って行く持続」[61]の記述を見出すことができないだろうか。これについて検討することにしよう。ベルクソンは，現在において欠如の感情と相関しているある後悔の経験を認めているように思われる。しかし彼はその後悔の経験を，充実した現実への注意の不足や持続の疑似表象へと帰着させるだろう。この持続の疑似表象は人を欺く習慣によるものであるが，実生活においては有用なものである。実生活は，現に存在しないが，潜在的な形で観念的に存在しているものの実現を目論んでいるからである。

　この断絶の経験は，マルセルにとっては逆に避けることのできない現実である。というのは，現実においては，後悔，絶望，苦悩が生じるからである。そして，私たちは時間を破壊的と考えるようになる。というのは，私たちは実際，別離，大切な人の死，他の人との関係の断絶，コミュニケーションの失敗を経験するからである。

　まずベルクソンにおいて欠如，空虚な状態と見なされている後悔，失望の感情を見てみよう。後悔の感情は私たちの日常的で物質的な生活における欠如を表している。そして，その感情により知性がこれらの欠如を意識し，それを埋めようとするためである。つまり私たちに必要と思われるものを作り出そうとするようにしむけるためである。「あらゆる人間の行動の出発点には不満足があり，だからこそまた欠如の感情が

　第一に，バシュラールが，非連続性の時間的弁証法，あるいはもっと正確には，継起的で非連続的な出来事の連続は，心的現象の経験におけると同様に物理現象の経験においても客観的に証明されるということを示そうと努めることである。マルセルにおけるように，私の生の一部をなしている断絶の悲劇的な経験が問題となっているのではない。
　第二に，バシュラールは，持続の多かれ少なかれ集中した経験——それは，マルセルによれば，人間の創造的活動を表しているものであるが——を認めることができない。ましてや，持続の卓越した段階であれ——それについては後述するが，マルセルはその卓越した持続に私たちのさまざまな試練を通して近づくと考えているのであるが——あるいは，ベルクソンとマルセルにおいて神である持続の超越的な統一であれ，バシュラールがそれらを認めることは論外である。

　61) J. Parain-Vial, *Le Sens du présent*, op. cit., p. XVII.

ある。私たちはある目標を立てなければ行動しないであろうし，あるものの欠如を感じればこそそれを求めもする。そのようなことで，私たちの行動は『無』から『あるもの』へと進むのであり，『無』のキャンバスに『あるもの』を刺繍することは正に行動の本質をなしている。(…) 一般的に言って，人間の仕事とは有用なものを作り出すことである。そして仕事がなされない限りは何もない，すなわち人が入手したかったものは何もない」(EC, 297/746)。それ故，欲求と後悔の感情は私たちの行動意欲を掻き立て，私たちの物質的生活を保障するために必要であるが「形而上学的」問題があるとすれば，知性を絶対無という疑似観念へ導く危険性がある。ここでは記憶と期待はこの誤った表象を作るのに協力し，人がただ単にあるものや知覚するものを表現するだけであることを許さないであろう。記憶と期待は，ただ期待がはずれた失望のみを表現することを可能にするであろう。というのは，この表象は，別の状態がすでにあるのに，以前の状態の思い出に執着したままであるからである。そしてこの表象は今ある現実を現にあるものと，あり得るもの，あるいはあるはずのものとの間の比較を通じてしか理解しない」(EC, 282-283/734)。

　不可分な持続においては，逆に，現存のみが知覚される。欠如は知覚されないのである。その上，ここでは，物の存在の知覚のみが問題であることに私たちは気づく。ベルクソンは，マルセルがするように，私たちの存在，愛する人の欠如に関する後悔については語らない。

　苦悩に関しては，その形而上学的原因のほかに，ベルクソンは特に道徳的苦悩としてそれを考察する。道徳的苦悩は，「社会的自我と個人的自我との関係の乱れ」(MR, 10/988) である。その例を，彼は大犯罪者の胸中にある悔いの感情に見出す。しかしこの断絶は極端なケースである。日常生活においては，平均的人間は，個人的自我を社会的自我に適応させて生きている。ましてや，英雄，人類を引き連れてゆく偉大な人たちのような卓越した人間たちは，社会的自我には規定されず，彼らの個人的な自我は普遍的であるので，彼らにとっては社会的自我との離齬による苦悩は問題にはならない[62]。

---

　62) イポリットもまたベルクソンにおける苦悩の欠如を，著書 *Figures de la pensée philosophique* で指摘する。「ベルクソンにおいては，事実，人間の苦悩の場所はない。ある

苦しみに関しては，ベルクソンは人間自身にある程度責任があるとする。それ故，苦しみは克服したり，和らげたりできると考える。実際「身体的苦痛は，軽はずみ，不用意，あるいは洗練されすぎた嗜好，自然に反した欲求のために起こることがずいぶん多いのではないだろうか。精神的な苦痛にしたところで，それを招いたのは，たいていの場合私たち自身の過失であり，自分の感受性を病的になるほど過度に高ぶらせなかったら，痛みがそう激しくなるものではないであろう。私たちの苦痛は，それを思い患えば，いくらでも引き延ばされ，増大してゆく」(MR, 277/1197)。

　さらに根源的な悪と死に関して，ベルクソンは，第一に，たとえ個人の死があるとしても，生命は世代から世代へと継承されることによって永続することを指摘する。「死につつある世界とならんで，生まれつつある世界も確かにある。他方また有機化された世界では個体の死は『生命一般』の減少とも，生命がしぶしぶ従わされる必然とも見えはしない。再三指摘されてきたように，ほかにはあれほど多くの点であれほど巧みな努力をしているのに，個体の生存をどこまでも延ばす努力は決してしなかった。一切の経過からいって，個体の死は生命一般の最大の進歩のために望まれたか，あるいは少なくとも受け入れられたかのようにみえる」(EC, 247/701, n°1)。「一切の生物はたがいに関わり合い，いずれも同じ途方もない推進力に押しまくられている。動物は植物に寄りかかり，人間は動物界に馬乗りになり，そして全人類は時間的空間的な大軍となって私たちひとりひとりの前後左右を疾駆する。その目覚ましい進撃ぶりは一切の抵抗を撃退し，幾多の障害に勝ち，たぶん死さえ乗り越えることができよう」(EC, 271/724-725)。

　第二の確認された事実は魂の不滅である。それを彼の唯心論的形而上学は確かなものとして認める[63]。ベルクソンにとっては事実,「意識はそ

いはその場所は非常にわずかなものであるので，物事をより高い見地から考察すると，その苦悩は直ちに消え去ってしまう。しかし無神論的実存主義者やキリスト教的実存主義者たちが拒むのは，まさに物事をより高い見地から見ることのこうした可能性である」(t. 1 PUF, 1971, p.452)。イポリットが無神論的実存主義者の中で名指しするのはサルトルであり，キリスト教的実存主義者については，名指しはしないが，マルセルも含まれていることは，自明である。ただマルセルはこの呼称を拒否するのであるが。

　63）　物質的な随伴物である脳つまり身体に対する魂の独立を証明することによって，第

れが生気づけている有機体からあれこれの変化をこうむるとしても，有機体とは区別される」(EC, 270/724)。

　最後に，ベルクソンは，私たちの死についての観念を，「反省的思考が，したがって，目先の利益を離れた観察を行い，当面の利害とは結びつかないそうしたいくつもの観察を比べ合わせ，最後に帰納し一般化する能力」(MR, 136/1085) が死について作りあげる表象のせいにする。「自分のまわりに生きているものすべてはついに死に至るということを確かめ，彼はやがて自分も死ぬことを確信する。自然が人間に知性を賦与した以上，人間がいずれこの確信にまでいやおうなしに導かれることは不可避であった。しかしながら，この確信は自然の動きに逆らうことになる。生の躍動(エラン)は，人間以外の動物を死の表象から遠ざけておいたが，そうとすれば，人間の場合でも，死の思考は，生の運動にブレーキをかけるはずである。死を思うことは，ずっと後になれば，人類を，それ自身を超えて高め，それ以上の活動力を与える哲学のうちに場所を占めうるであろう。だがはじめのうちは，この考えは気力をそぐだけである」(MR, 136/1085-1086)。反省する知性は，ある意味では人間の意識をその自動性から目覚めさせたが，そのあとその意識に敵対するものとなるのである。

　したがって，意気消沈させる死の確信を埋め合わせるために，人間に別の表象，死後も生命が存続するという表象を得させるのは，まず静的宗教[64]であり自然宗教である。そしてベルクソンは，私たちが全力で来世を信じ死後の生を信じ始めるのなら，「実際，私たちが死後の生を確信していれば，その不動の確信を持っていれば，これ以外のことに思いをはせることはできなくなるだろう」(MR, 338/1245)。「人々が虚無に対する優越だとか死を嘲笑する手段」(Ibid.) と見ていた快楽は，「喜びに覆われてその光を失ってしまうであろう。(…) 喜びはまた拡大され

一の確認された事実の重要性は，そこに有機体の死しか見ないとすれば，弱まるであろう。

　64）　静的宗教は，その本質が「愛の躍動(エラン)」(MR, 250/1176) と創造である動的宗教に対立する。静的宗教は，ベルクソンによれば，「組織の解体に対する保証」(MR, 131-134/1081-1084) と「意気消沈に対する保証」(MR, 134-137/1084-1086) を得るためである。静的宗教は，「知性を働かせる場合，(死の不可避性の表象という) 個人に対してはその意気を殺ぎ (社会の連帯を崩壊させる危険性のあるエゴイズムのような)，社会に対してはそれを解体する要素に対して自然がとる自然の防御反応」(MR, 217/1150) である。

第1章　持続と広がり〔延長〕（時間と空間）　　　151

た科学的経験によって得られる彼岸の眺めにおのずと続く喜びである」
(*Ibid.*)。ベルクソンが苦しみの経験を見落としているわけではないということは事実である。それは以下の文に見られる。「わが子の死に直面したばかりの母親を前にしては，哲学者はどう考えるだろうか。いや，苦しみは恐ろしい現実である。悪を実際の姿で見たとしてもより少ない善と先験的(アプリオリ)に定義するような楽観論は，支持しがたい楽観論である」(MR, 277/1197)。

　ベルクソンとマルセルは，ここでは楽観論，少なくともライプニッツが『弁神論』で示す最善論(オプティミズム)に異を唱える。しかしながら，ベルクソンは，ある程度の楽観論を持ち続ける。「しかしある経験的事実に即した楽観論も存在する。そしてそれは単に次の二つの事実を確認することである。すなわち第一に，人類は，ともかくも生に愛着を持っているのだから，全体として生を良いものと判断しているということ。第二に，快と苦の彼方にある混じりけのない喜びがあり，これこそ神秘家が最後に到達した魂の状態だということ」(MR, 277/1197) である。

　これについては第二章で展開するので，差しあたっては，次のように述べるのにとどめておこう。この楽観論は，ポランが言うように，「その存在が，明白で具体的で本質的でさえある悪の現実の否定に基づいているのではない。またこの楽観論は，悪は消滅するであろうという未来の次元の希望にも基づいてはいない。（…）ベルクソンの楽観論は，次の二重の経験に基づいている。第一の経験に照らし合わせて，人類はともかくも生に愛着をしているのだから，全体として生を良いものと判断しているということを悲観主義者たちに思い起こさせ，悲観主義者たちが常識と矛盾していることを示すことである。（…）第二の経験は，逆にベルクソン主義全体の中心的な直観に起因する。つまりそれは，神秘家の決定的な魂の状態にほかならない喜びの経験と存在である。（…）神秘家の喜びは，快苦の彼方にあり，その感情の生々しさは弱まっている。生に伴う諸悪はなくなることはない。しかし，神秘家の喜びと永遠の生命の直観に基づく精神的な改革が私たちのうちに行われるとき，それらの悪は，存在し続けるが，まったく重要性を失ってしまうのである。恐らくそこにこそ，ベルクソンの静かに澄んだ境地の秘密を探さなければならない」(EB III, 38-40) とポランは結論づける。

この結論は，妥当に思われる。というのは，ベルクソンの楽観論には，人類においては所有欲や闘争本能のように，彼が「自然的なもの」(MR, 288-292/1206-1209)と呼ぶものの根強い存続があるからである。欲望や本能は，ベルクソンによれば，生得的なものであるから，諸制度，言語，教育による精神的な獲得物が完全には追い払うことができないものである。「人類は，どうしても所有権を持たざるをえないように，その構造上定められているのだから。闘争本能はきわめて強いものなので，文明の表層をひっかいて再び自然を見出すときには，第一番に姿を現す」(MR, 303/1217)からである。

　さらにエドシックは，「ベルクソンの悲観論と彼が悪の事実の現実を認めるのは，空間を障害として考えることにある」(BE, 184)と指摘する。

　しかしながら，私たちは，ベルクソンの楽観論はこれまでの指摘に加えてさらに進むことを見て取ることができるかもしれない。というのは，ベルクソンは，悪の大部分は人間の意志によるもので，それを減少させる可能性を示すからである[65]。

　ベルクソンは，悪についての考察の中で，マルセルが「悪の原因論」と呼ぶもの，悪の現象の原因についての研究を行う。マルセルはこのような研究を，それを報告する人が自分自身，悪を経験しなかったとしたら，「悪の絶対的に独自の性格を事実として理解しないとしたら，むしろ疑わしいものとみる」(CD, 403)。

　マルセルが時間の破壊的な性格をベルクソン以上に強調するのは，この事実としての時間を重視する理由のためである。マルセルは私たちの内や，特にある神秘家たちにおいて喜びと充実の時があることをよく知っている。しかし，残念にも認めなければならないのは，それらの時

---

　　65)「人類は，自分を変える気にならなければ変わるものではないだろう。しかし恐らくすでにその変革の手段を準備したのかもしれない。人類は自分が想定している以上に目標に近づいているのかもしれない。そこで，事実はどうなっているか見てみよう」(MR, 311/1223)。「人類は自分の未来が自分次第であるということを十分に知らない。人類はまず今後とも自分が生き続けたいかどうか，を確かめるべきである。次に人類が自ら問うべきことは，ただ生きていたいだけなのか，それともそれ以上に，神々を産み出すための機械である宇宙の本質的な働きが，反抗的なこの地球上まででも，成し遂げられるために必要な努力を惜しまぬ意志があるのかどうか，ということである」(MR, 338/1245)。

はとぎれとぎれでしかないということである。人間は，それ故時間の破壊的な作用を受けることを避けることはできないのである。というのは，人間の条件の特徴は，身体を持つことと時間を「旅する」ことだからである。「私たちは誰でも時として，この世界は自分自身のうちに絶望への誘惑をあおりたてるしかないようなぐあいにつくられている，という感じを抱くことがある。そして，この誘惑が現れたその瞬間から，その誘惑を強めるのに打ってつけのそそのかしが至るところに立ち現れてくるように確かに思われる。私は以前に，私たちは絶望に取り囲まれている，と書いたことがあったが，そのときに私が言いたかったのは正にこのことであった。しかし，このような時は，とりもなおさず疲労や失意の時であると答えるべきではないだろう。というのは，このような時は，残念ながら時にはこの上もなく冷徹な明晰な時として現れるからである。思えば過去のいろいろな時においては，私は，自分に対して人生を覆い隠し，私を元気づけてくれ，そのおかげで私自身まずまずの生活を送るべく努力することを私に保証してくれていた錯覚のヴェールをみずから突如として引き裂き，あるいは投げ棄てたかのように思われることが幾度となくあった。それはあたかも，人生が私にとって突然に，何の前触れもなく，〔見る者を石に化した〕魔女メドゥーサのような顔を見せ，この射すくめる力が，私のまっすぐな意志，決して自らを欺くことがない意志を操って自分の自由にしてしまうかのようだと言えるであろう。これが悲劇的悲観主義に陥る時である。もちろん，この悲観的人生観は，最悪の場合には英雄主義の哲学に活路を見出すこともできるが，しかし一方では，このいまわしい一つの世界を前にして自暴自棄になった人を自殺に追いやり，虚無的な世捨て人となるに至らしめることもありうるのである」(PI, 181)。

　こうした理由で，「楽観論の甘い言葉に譲歩して絶望の誘惑を直視することを拒むような哲学は，私たちの状況に根本的に与えられているものを見誤るものであって，きわめて危険であるということを，大いに力説すべきである。ある意味ではこの誘惑は人間の条件の中心に住んでいる。もっともこの場合，罪を犯し，堕落した人間性の条件にかかわっていはしないか，調べてみる必要は残る。しかし絶望を持ち出すことによって，おそらく私の考察の中核をなしてきた憂慮すべき問題の，解決

とまでは言わなくても，少なくとも，はるかにより正確な表明に向かって道を開くことができよう。悪の勝利，死の勝利，絶望の勝利，これらはみな，本当のところ，『旅する人間』，左右の深淵のあいだの『尾根』であるきわめて狭いあの道（それは私自身の道であるが）をたどる人間の，行く手はるかに刻まれる唯一の，恐るべき可能性をさまざまにいいかえたものにほかならない」（PST, p.208）。

　これらの文は，マルセルが破壊的時間についてもつ鋭い意識を明かすものである。その点において，マルセルはベルクソンと異なる。マルセルがベルクソンのような流儀で楽観論者でないのは，すべての楽観論は，マルセルにとっては，世界をあるショーのように眺める見方を含んでいるからである[66]。破壊的時間は，死の不安を掻き立てる経験を表現する一つの方法である[67]。ベルクソンの楽観論は悪を真に深刻なものと考えているようには思われない。マルセルは，ベルクソンにおけるこの悲劇的な感覚の欠如を彼の研究態度，つまりある客観的次元の探求を行うことを可能にする現象としての生を考察する研究態度のせいにする。マルセルはこのことを具体的な言葉で，次のように表現する。「未来の世代の人々が惑星間コミュニケーションを打ち立てる方法を見つけ出すであろうと考えられることが馬鹿げたことではないのと同様に，このような観点で，未来の世代の人々が死の問題を実験によって解決できるだろうと想像することは，とっぴな考えではない。しかし，そこにこそ，おそらくどう見ても錯覚がある」[68]。ベルクソンのこの観点は，「生命の本性を掘り下げる」（EC, Ⅷ /491），あるいは「生命の理論」（EC, Ⅸ /492）という表現に明らかに表れている。また同様に「生命一般」（EC, 247/704, n°1）のような表現，あるいは以下の文にも表れている。「〔快苦の彼方に神秘家たちが達したような混じりけのない喜びがあるなどの〕私たちのこの結論は，甚だ楽観的に見えるだろう。すると，たちまち苦しみの――最低段階の意識から人間に至る生の領域を覆う数知れ

---

[66]　「事実，楽観論者は，観客として登場する」（HV, 44）。

[67]　マルセルはそうした不安を掻き立てる経験について，また次のようにも言う。「過失の問題，過ちの問題，苦しみの問題が，最も鋭い仕方で，私に突きつけられていた」（EXCH, 268）。

[68]　«Les limites du spiritualisme de Bergson», *op. cit.*, p. 268.

第 1 章　持続と広がり〔延長〕(時間と空間)　　155

ずの苦しみの――一覧表が眼前に浮かんでくる」(MR, 276/1196)。マルセルにおいて問題なのは，むしろ「私の生」あるいはなお「私たちの」生と言ったほうがよいものである。そのためにこそ，ベルクソンの人間存在の時間的な構造を明らかにする立場を高く評価し，この立場を打破しえないように思われる (Cf. EA, 126/61) と見なしながらも，マルセルは，全面的には賛成しかねるという意見を表明する。「時間的構造という概念を深く掘り下げることは極めて重要なことであろう。しかし，ベルクソンは，これこれのメロディ，これこれの生というものについては，回避するか，十分に評価していないように思われる」(EA, 44/30)。確かにベルクソンは，次のように述べてはいるのだが。「哲学にとって本当に大切なことは，その人の自我の多様的統一とはどんな統一であり，どんな多様であるか，抽象的な一や抽象的な多より優れたどんな実在であるか，を知ることである。そして哲学は，自己による自己の単純な直観を把握しないかぎり，それを知ることができないだろう」(PM, 197/1409)。さらに，マルセルにとっては，特に私たちの心理的意識における例を考察するなら，ベルクソンにおいてそうであると思われるように，持続は，実在の実体ではない。

　マルセルは，自分にはあまりにも楽観的であると思われるベルクソンの以上の考えには賛成しないが，その代わり，愛や信仰と結びついている希望，悪を引き受けながらそれを乗り越える希望を信じる。それ故，マルセルにとっては，破壊的時間，特に死との闘いは，彼の哲学の主要な関心であることを指摘しよう。というのは，破壊的時間は，「さまざまな存在は，神秘的にも生きて死ぬように定められている」(PST, 279)，まさにそのことによって，私たちの生の構造の現実の中に含まれているからである。そしてまたこの状況は苦しいものであるからである。苦しいのは，私たちの親しい人の死に直面する時であるが，また私たちが運命づけられている私たち自身の死についても，である。マルセルは，「世界に生きて，恐らく愛し，確かに苦しむべく定められている〔私の生の基本的状況という〕事実，だが特に死を宣告されているという事実」(PST, 280) とさえ表現する。この点において，マルセルはハイデガーや恐らくキルケゴールと考えを同じくする。マルセルは「時間性の苦悩そのもの，自分が時間へ引き渡されていることを感じる苦悩

（EA, 106/51）を認めないわけではない。

　これまでの分析によって，ベルクソン哲学において欠落していると考えられるものを明らかにできたと思う。その欠落は，彼のキリスト教についての考え方と関係があるはずである。

　悪の問題に対するマルセルの立場を詳しく研究するのも，またベルクソンのキリスト教に対する立場を研究するのも，私たちの主要なテーマではない。しかしながら，この二人の思想家の対立は，救いの問題のまわりを巡って展開するということを手短に指摘しよう。破壊的時間と断絶の存在は，死から私たちを解放し，また喜び，充溢，完全性，統一，生き生きとした平和を得させてくれる救いを希望することへとマルセルを導く。

　マルセルは救いを喜びに結び付ける。「喜びは存在の印ではなく，存在のほとばしりである。喜びであり充実である。喜びの中で行われることはすべて宗教的価値を持っている。喜びの中でとは，自己自身の全体で，ということである」(JM, 230)。それによって，マルセルの救いの観念は，永遠の生と結びついた喜びというベルクソンの考えや私たちの人格を特徴づけるものとしての自由の観念に近いと思われる。

　しかしながら，実情はそうではない。つまり，ベルクソンが試練，破壊的な時間，死の脅威や悪との対決を回避する限り，マルセル的な意味での救いは問題にならない。ベルクソンが純粋な自由，つまり，救いを見出すのは，むしろ持続の感情の中においてである。救いは，ベルクソンにとって，あまり問題ではない。彼はそれについてはめったに語らなかったからである。

　ベルクソンにおける救いの観念の欠如は，いろいろな研究者によって指摘された。

　まずパラン＝ヴィアルは，この救いの観念の欠如の原因を，ベルクソンの不可分な持続という考えの内に見る。「ある人が自分の人生全体をただ不可分な行為だけで生きることができるなら，彼の人生のいかなる時も自分からは逃げ去ってはゆかないであろう。そのときその人はまったく永遠の内にいるのではないだろうか。彼の生は，厳密な意味で，『救われて』いるのではないだろうか。というのは，彼の人生の何も失われてはいないだろうから。また彼の過去全体はひとつの現在として所

第 1 章　持続と広がり〔延長〕（時間と空間）

有されているのではないだろうか」（MIV, 85）。

　リクールもまた次のように言う。「ベルクソンの持続はあまりにも幸福であるので，そのただ中で試練としてのその持続を乗り越え，永遠を必死によりどころにしようという気が生じない。ベルクソンにおいて意識の存在はあまり脅かされてはおらず傷ついてはいないので，救いの必要性を感じてはいない」（GM-KJ, 110）。マルセル自身この点を指摘する。「私はここにベルクソンの形而上学のいくつかの限界がみとめられるのではないかと考える。なぜなら，ベルクソンの形而上学には，私が完全性と呼ぶものの場所がありえないと思われるからである。ベルクソン主義者にとっては，救いは純粋な自由の中にある。それに対し本質的にキリスト教的な形而上学にとっては，自由は救いに向かって秩序づけられる。私はそれを繰り返すほかはないが，希望の原型は，救いの希望なのである。しかし救いは観想の中にしか住まいえないように思われる。これを乗り越えることはできないと思う」（EA, 116/55）。マルセルが，ベルクソンのように，救いはある程度自由に結びついていると考えるとしたら，「その場合は，救いの問題は，存在の問題と自由の問題の交差点に置かれている」（PI, 86）からである。

　他方では，ベルクソンが救いの観念を理解していないということは，ベルクソンが悪の本質的な要素の一つとして生命運動を妨げる「物質的な障害」（MR, 333/1241）[69]を挙げていることによるのではないだろう

69）　ヴィオレットは，*La Spiritualité de Bergson*,（Toulouse, E. Privat, 1968）の中で，次のように指摘する。ベルクソンの宗教への無理解の一つは，「超下降としての罪を悪＝物質の超下降によって置き換えること」に起因するとする（p.544）。このことはベルクソンには当てはまるが，マルセルには当てはまらない。しかしながらマルセルは，ヴィオレットの見解に次の二点について賛成しない。第一に，悪と物質の関係について。マルセルにとって悪は，私たちの身体的存在を物質的対象と同一視する私たちの傾向に由来する。第二に，悪と罪の関係について，マルセルは，ヴィオレットの指摘に対して恐らく次のように答えるだろう。「私は超下降という表現にあまり重きを置かない」（PST, 95）。それ故，彼はこの表現を「悪の神秘」（GM, 80）という表現に置き換えるだろう。「悪は（…）自分の外にあるものと見なし，単にこれを外から確かめ，あるいはそのありかを突き止めるべきものであるかのように扱うことはできない，むしろ逆に，例えば人が犯罪事件に巻き込まれているときのように私がこの悪にかかわりあっていることを認めたとき，悪は神秘として私に現れてくる。悪はただ私の眼前にあるだけではなく，また私の中にもある。それだけではない。このような領域においては，『私の内のもの』と『私の外のもの』との区別は意味をもたなくなる」（HH, 69/62）。

か。ユードもまたこのことを認めている。「ベルクソンにおいて悪は，一方では物質に潜在している。意気を喪失させる知性は，まさに物質性の方向へと進む精神である。これに対して直観は精神の方向へと進むのであるが」（B I, 54）。

確かにマルセルは，またベルクソンと同様に，私たちの身体的存在と物質的対象との同一視が悪の原因の一つであるということを認めている。しかしこの同一視は「悪の神秘」を説明するものではない（GM, 80, 注69参照）。救いの観念と相関的な罪の観念に関しては，マルセルは，すべての偉大な宗教的伝統に共通の罪に関する観念，つまり「傲慢としての罪，不遜(hybris)としての罪，究極においては反逆としての罪」（HH, 75/66）の観念にあらためて出会うことに気づく。この観念は，逆にベルクソンの問題意識には欠如している。

しかし，ベルクソンは物質を否定的な側面，つまり悪としての面のみで見ないことを，指摘するべきであろう。彼は物質の価値を私たちの努力――ベルクソンにとって最も大切なものである――を刺激するものとして認めている。「他方において，物質は努力をさそい，努力を可能にする。（…）物質は障害であると同時に道具であり，刺激である」（ES, 22-23/831-832）。エドシックは物質のこのプラス面を強調する。そして，彼の表現では，物質は「卓越した技量を示す機会」，「私たちの力を補助するもの」，「刺激を与える必要物」である。それは，「生き生きした個人が自己の考えを行動において」，創造的行動において，「外部に表現するように刺激を与えるものである」（BE, 116, 145, 178）[70]。

B　空間化された持続の批判の帰結

これから空間化された持続に対する批判が，いかなる帰結をもたらすか，過去，現在，未来の観点から検討しよう。確かに，これらの三次元の区別は人為的であるが，しかし必要なものである。人為的というのは，持続それ自体は，これらの三次元の時間の統一，さらに相互作用と

70）エドシックは，イヴァノフがその著作の中で行っている「物質の擁護」（*Les deux aspects du bergsonisme* Paris, Croville-Morant, 1929, p.15）を援用している（Cf. BE, 116）。

して定義づけられるからである．必要なものであるというのは，それによって持続というこの観念の帰結をよりよく分析できるだろうからである．過去に関しては，記憶の役割を明らかにすることである．現在については，テレパシーと深い経験の可能性を明らかにすることである．最後に未来については，ベルクソンの予見不可能な持続の観念とマルセルの予知の観念を比較することにより予見の可能性あるいは不可能性を明確にすることができるだろう．

　これらの研究を通じて，持続の観念が究極的に含むもの，すなわち持続と永遠との関係を明らかにすることができるだろう．永遠の観念はこれらの両哲学者の思想の中では主要な役割を果たしている．私たちはすでに，そのことを不可分な持続と分割されていない持続についての研究において見る機会があった．両哲学者とも永遠を一種の集中した持続として考察するのである．

　a)　過去の経験──記憶

　ベルクソンにとって記憶は，精神や創造的時間，あるいは生命の永遠性さえをも証す．なぜなら，記憶は，過去を現在に保存することによって，常に新たで予見不可能な創造を可能にするからである．記憶によって，意識は物質と区別される．実際，「瞬間的な精神」（ES, 5/818），つまり「自分の過去を何も保存せず，自分自身を絶えず忘れる意識，瞬間ごとになくなってまた生ずる意識」（*Ibid.*）は，それ故，無意識だということになるであろう．そして意識の中に全面的に保存されるだろう純粋記憶は，ベルクソンにとっては永遠的なものである．なるほどベルクソンは，永遠は私たちの毎日の持続とは相いれないということは認めている．というのは，日常の持続においては，私たちは直前の未来への行動にとって有用でないものすべてを無意識の中に追いやってしまうからである．永遠へ向かうのは，むしろ哲学的直観によって生きられる，さらに一層集中した持続であるだろう．しかしながら，ベルクソンは無意識の状態である記憶の全面的な保存という事実の中にすでに永遠の素描を見ているように，私たちには思われる．

　マルセルは記憶の働きに関するベルクソンの考えに対して，二つの異なった立場を取る．一方では，ベルクソンに賛意を表明する．というの

は，ベルクソンが「記憶の中に存在の確証という本質的な一面」(EA, 144/70/102) を発見するからである。そしてマルセルは以下のように補足する。「この点では，私はベルクソンに近いと感じている」(*Ibid.*)。しかし他方，マルセルは記憶が全面的に保存されるという考えを認めない。これらの二点を明確にして，そこから彼らにとって，記憶が永遠の観念に対して意味するものは何であるかを引き出すことを試みよう。

　第一の点に関しては，マルセルにとっては，記憶は「一つの証(あかし)」(PVA, 376)，人間存在の一貫性あるいは不滅性の約束である。この点で，マルセルは，ベルクソンがそれによって過去が現在の内に生きる記憶に対して向ける注意を評価する。マルセルはベルクソンが「記憶は連想説の心理学がそれを知覚に還元しようとする，知覚の弱まった再生では決してない」(EMGM, 38) ことを明らかにしたと称賛する。しかし記憶はマルセルにおいては，ベルクソンにおけるように変化や，新たにされ続けられる創造のもう一つの面あるいは証ではない。マルセルが記憶を創造の源泉であるという説を受け入れるのは，創造することが，私たちが永遠に参与しているのを認識するという意味においてである。あるいはマルセル自身の表現によれば以下のようである。「記憶は，まさしくある実在が私に現存しているあり方である。ある実在がその偶然性，そのもっともらしい消失を乗り越えるのは，記憶においてであり，記憶によってである。この意味で，記憶は一つの証である。そしてそれ故，記憶はまたある約束ではないかということ，信仰によって照らされたある反省的思考は，記憶の内に，実は希望本来の対象である実在の完全な回復の始まりを認めるように導かれるのではないかと思うことは恐らく根拠があるだろう」(PVA, 376-377)。

　記憶は過去と現在の対立を乗り越える。というのは，記憶は私たちの時間性の次元とは別の次元，つまり永遠に結びついているからである。パラン＝ヴィアルはこの記憶の永遠への結びつきを非常に明瞭に次のように説明する。「記憶は一つの行為であるが，目に見えない，本質的に相互主観的な霊的実在への不完全な参与である。不完全というのは，記憶としての（しかし常に不完全な）現存を，目に見えない霊的実在と比較すれば，である。(…) 言い換えれば，記憶が過去を考えることができるのは，その記憶が時間的でない実在に参与しているからである。記

第1章　持続と広がり〔延長〕（時間と空間）　　　　　　　161

憶は過去と永遠との結合点にある。予言が未来と永遠の結合点にあるように。それ故，記憶に存在論的価値を与えなければならないのである」(GMVE, 150)。このように記憶の存在は，永遠で不滅な存在に有利に働く非常に強力な論拠である。

　以上のように論じた後は，第二点に移ることができよう。それは記憶の全面的な保存説についてマルセルが行う批判に関するものである。ベルクソンは，一見忘れられるか失われたすべての記憶は，無意識か潜在的な状態で保存されていると考える。「私たちの過去の生がきわめてこまやかなところまでも保存されてそこにあり，私たちは何も忘れず，私たちの意識が最初に目覚めて以来，知覚し思考し意欲したすべてが限りなく存続していると，私は考える。しかしこのように私の記憶がその一番暗い深みに保存している思い出は，そこでは見えない幻のような状態にある」(ES, 95/886)。

　マルセルはこの考えに異論を唱える。「保存の概念は無意味であるように思われる」(JM, 176)。そのことを証明するために彼はこの観念の疑わしい前提を明らかにしようとする。記憶の保存という考えは，事実，保存するものと保存されるもの，すなわち含むものと含まれるものの二元論的な考え方に基づいている。この考え方は，それ故，抽象的で生きられたものではない。「保存するとはどういうことか。保存の概念は，同時性の概念，より正確には，並行的持続の概念を含んでいる。保存されるものとは，その目印となる他のものと同時に持続するあるもののことである。私が理解している意味の並行的持続とは，向かい合っているある対象の取る一つの状態には，常にもう一つの対象の同時的状態を対応させることができ，しかもこのもう一つの状態の確認が先の状態を生じさせることは決してないということである。純粋記憶の保存について語るとき，ベルクソンは，並行的持続の概念は身体と記憶の両方に適用されるということを前提にしている。これは要するに，記憶はそこにある（現実化されるかどうかにかかわりなく）というのと同じことである。つまり，言いかえれば，ある一つの出来事を客観的に確認することがこの出来事に対して偶然的であるのとまったく同様に，記憶の現実化は，現実化された記憶に対して偶然的である」(JM, 130-131)。

　マルセルは，記憶を現実化から，すなわち生きられるものから出発し

てしか考察しない。彼にとって「純粋記憶，すなわち身体による現実化の影響を全面的に免れている記憶は，本質的に把握できないものだからである。つまり，私たちは純粋記憶のイメージを描くことができるとは思わない。私たちが純粋記憶のイメージを抱くことができるのは，表象できるものを超えた，あるいはもっと正確には，その表象の手前にあるある限界としてでしかない」(EMGM, 38)。さらに記憶のイメージはマルセルにとっては，この記憶に似たものとして物質的に作られた記憶の模写ではない。そうではなく，逆に記憶のイメージは，存在の一つのあり方である。マルセルの表現「私は私の過去である」(JM, 243)は，正にそのことを示している。「過去は，空間の中のある運動や映画のフィルムの手法のような継起と明らかに同一視される多かれ少なかれ歴史的なある生成のあれこれの一部分ではない。過去は，それに対して現在が配置されるばかりでなく，またなお特に現在が規定されるそれ自体説明できない背景である。これらのさまざまな過去は，実は感情的な視野であり，それに従って私たちは自分の生を，一連の出来事としてではなく，不可分な統一であるのに応じて再び生きることができるのである。その不可分な統一としての過去を，芸術のみ——芸術あるいは恐らく愛——がそのようなものとして把握することができる」(EMGM, 39)。このように私の過去は，「それを思い起こし，それに対置される現在によって思い出され，色づけされる限りにおいて持続する」(JM, 150)。この観点にたつと，マルセルには，ベルクソンの純粋記憶は現在を捨象していると思われる。というのは，ベルクソンは，純粋記憶は「再び生きられない限りにおいて可能性の状態で生き延びる」(JM, 177)と主張するからである。マルセルによれば，潜在的な状態で過去が生き残るというベルクソンのこの考えは，「私の過去」，「主観としての過去〔過去−主観〕」(JM, 243-244)を一つの対象としてひとつの「目録」(JM, 177)，あるいは「貯蔵庫あるいは年報」(JM, 244)として扱うことになってしまうのである。すなわち「時間の中に記録されるか，あるいは系列的に分類されたもろもろの出来事の集合体で，私の身体がそれを結びつける役割を果たすもの」(JM, 163)として扱うだけにとどまるのである。このことは，「持つものとしての時間」に対して以前行った批判に中ですでに見たように，間違いである。

それ故，マルセルは，そこから次のように結論づける。「ベルクソンの考えているような不動の記憶は，まったくの抽象概念である。このような記憶は，持続することができないし，保存されることができない」（JM, 180）。このような方法で，マルセルは，ベルクソンの純粋記憶を批判するが，逆説的にも，抽象的なものと生きられるものとのベルクソン的な区別を用いることによってである。

マルセルにとって記憶は存在論的価値を有することを，私たちは見た。亡くなった誰かのことを思うことは，空間において実現されうるような別離，消滅〔死〕の積極的な否定である。そこでは遠ざかったある存在，すなわち共にいながら最も見せかけであるものが問題になっているのである（Cf. EA, 42/30）。というのは，私たちは，同じ部屋に自分たちと「一緒に」いる人であるのに，その人に対して非常に遠く感じることがありうるからである。

結論としては，マルセルはベルクソンとは異なり，人間存在の一貫性を「自分の継起的な経験が初めの鮮明さのままで全面的に保存されているということに求めない。あるいは，創造的進化に内在している記憶にも求めない。ベルクソンに対しては，常に不完全で，途切れ途切れの記憶の保持に永遠の確信を求めることはできない，と反論することができる」（GMVE, 151）。両哲学者にとって永遠が存在の充溢であるとしても，マルセルにとっては，永遠は，私たちの個人的な記憶が再び見つけ出す完全性ではない。言い換えれば，「彼にとって，〔永遠の〕存在やその持続は人間の意識に内在してはいない。ただそれらの存在とその持続は人間の意識の外部にあるものとも，意識からまったく独立しているものであるとも言うことができないものではあるが」（EAGM, 192）[71]。

b) 現在の経験

さて，これから現在の経験を見ていくことにしよう。ベルクソンとマルセルの独創性は，現在の習慣的な表象の空間的な性格を乗り越えることであった。実際，私たちは，ベルクソンとマルセルにおいて注目に値する二つの経験，すなわちテレパシーと深い経験を見出すことができ

---

71) J. Parain-Vial, «l'être et le temps chez G. Marcel».

る。

　1　テレパシー　　テレパシーの本質は，ベルクソンにおける直観とマルセルにおける相互主観性を論じる次章のテーマであるので，ここではテレパシーを可能にする条件について論じるのにとどめておく。それによって，二人の哲学者がこの相当まれな経験に対して寄せる関心の違い，また特にテレパシーと永遠との間に彼らが打ち立てるだろう違いを見分けることができるだろう。

　ベルクソンにとっては，テレパシーの可能性は，意識の現在の見方を制限する身体〔脳のメカニズム〕に対する意識の独立によって生じる。この意識の身体からの独立が証明されるなら，ベルクソンによれば，もろもろの意識は直接的な交流に入ることができ，他者の考えを，その人との隔たりをまったく考慮に入れずに瞬間的な現在において直接的に見抜くことができるのである。

　このように，ベルクソンにとっては，「私たちの身体は空間において互いに外のものである。そして私たちの意識は，身体に結びついている限り，空間的な隔たりによって分離されてしまうが，意識が身体に密着しているのは意識の一部分によってだけだとすれば，その他の部分については，互いの侵入を推測することができる。さまざまな意識の間には，相互浸透に比較される交換が各瞬間に行われることがありうる。このような相互の伝達が存在するとすれば，自然は前もってそれを無害にするような配慮をしているはずであり，特別にいくつかのメカニズムがこうして導入されるイメージを無意識の中へしりぞける役を務めるということがありそうである。そういうイメージは毎日の生活にはひどく邪魔になるからである。けれどもそういうイメージのあるものは，とくにそれらを抑制するメカニズムがうまくはたらかないときに，禁を犯して入り込むこともありうるだろう。そしてそれらのイメージもまた『心霊研究』の対象になるだろう。こうして真実の幻覚が生じ，こうして『生きている人のまぼろし』が現れるのだろう」（ES, 78-79/874）。

　その点についてマルセルは，ベルクソンが冒した「見事な危険」[72]

---

72)　«De l'audace en métaphysique», RMM, n°52, p. 234.

（PVA, 408）を高く評価した．マルセルによれば，ベルクソンは，「フランスの思想家たちの間で心霊現象の事実の重要性を認める唯一の思想家であった」（EXCH, 313）．彼が特にベルクソンをこの点で高く評価するのは，ベルクソンが日常的なものの見方とその時代の科学の見方を打ち破ったからである．その時代の科学の見方は，「一見学問的慎重さを備えているように見えて，実は安易で慎重な態度からなり，慣例あるいは基本前提によって心霊現象の事実を隠ぺいしようとしているのである．（私は特に心身並行論のことを考えているのである．）これらの難問は，まったく心理学の範囲外の見地か，あるいはまったく心理学以前の見地に立つことによってのみ解決することができるであろう」（JM, 130）．ベルクソンはまた空間的隔たりを否定するコミュニケーションの可能性，「内的なものと外的なものとの神秘的な関係」（Ibid.）として定義するコミュニケーションの可能性をも明らかにした．しかしマルセルは心霊現象の観念は私たちの経験[73]を照らすことができることを明瞭に認めた．

しかしながら，マルセルは，ベルクソンの心霊現象に関する説について，それを不十分と判断し，全面的には賛成しない．そこで次のように言う．「しかしベルクソンは，自分が心理学には属さない，──心理学を超えた──あるものに導かれていることを自覚していたであろうか．なるほど彼にとって身体とは，とりもなおさず，精神の具現化であることは確かであるが，彼はこのことから当然帰結されてくるすべてのことがらを十分に把握していたであろうか．彼の態度には，まだなにほどかの消極性がある」（JM, 130）．マルセルについて言えば，テレパシーが可能なのは，「現実の人々がそれに結ばれている実際の統一性」（JM, 168）があるからでしかない．そしてその統一によって，「現れた場面は時間と空間においてそのテレパシーが出現するための偶然的な諸条件

73）「いわゆる『超自然現象の学』の観念は，『理性』が反発するふりをしているが，実は，私たちの最も日常的な経験つまり，異議をさしはさむ余地のない経験，例えば，感覚的経験，意志の経験，記憶の経験の根底にある．いったい，意志が暗示，それも例えば魔術的暗示として『働く』ということを，誰が疑うであろうか．またもろもろの物体は，見せかけというよりもむしろ霊の出現，つまり霊の具現ではないのか．そして最後に記憶の経験とは，時間というものの真に徹底的な否定を意味してはいないのか．これらすべてのことは，あまりにも明白である．私たちの心理学の薄明かりに照らしてみても，あまりに明白である」（JM, 129-130）．

を超えているのである」(*Ibid.*)。その統一，つまりそれに基づいてテレパシーの光景が成り立つ「神秘的な共存」(JM, 169) は，心理的に感じられるであろう。しかしその本質では，テレパシーは他の人の個人的な持続の把握を超える。それはむしろ来世，永遠，過去・現在・未来が取り戻された統一に関連づけられる。心霊現象的事実としてのテレパシーは，しかし例外的な事実でしかない。それに対して，遠くにあるものを私たちに現存させる感覚的な知覚の経験や，真の現存，つまり心を配り愛する人の現存，瞬間的に与えられたものを超えるばかりではなく，空間における別離に対する勝利である現存においてはなおさら同様のものがあるのであるが。

2　深い経験　マルセルは，ベルクソンの深い経験の本質的な性格，つまり日常的な時間に対立する持続を受け入れながらも，ベルクソンの持続の経験とは異なった実在，すなわち不可逆な持続を超えるあの世に到達する。この違いをテレパシーについての私たちの研究の中ですでに見た。ベルクソンにとっては「深い」という語は持続の印である。「表面的」という語が物質性の印であるように。深い見方は意識の中だけではなく，物質世界の中にも「実体としての持続」(B I, 160) を発見する。

　マルセルはといえば，ベルクソンの日常的な凡庸さに対立する深い感情の分析に同意しているように思われる。この考えを一層よく把握するために以下の節を検討してみよう。「ある人が直ちに，すなわち瞬間的現在においては，『その人が本来の自己になるという充溢』，例えば非常に深い感情を実感しないことは明らかである。ある人が存在すればするほど，それだけいっそう彼は単なる限定された継起に還元されえなくなる。（これらの継起が出来事であるか，あるいは行為であるかは問題ではない。）特に行為という言葉は適当でない。というのは，継起的に行為するとは，真に行為することにはならないからである。ベルクソンが見てとったように，行為はそれ自身のうちに，過去の全部と持続の全部を圧縮して含んでいるのである。この深い感情の場合，人がこの感情を体験する仕方は，例えば一つの身体的な快・苦を体験するときのように，瞬間的にそれを感じるのではない。私は，ここからして，私たちは実在あ

るいは生の異なる時間的段階を考えるところまで導かれるのではないかと思っている」(JM, 194-195)。以上のことは，ベルクソンの表面的な自我に対立する深い自我，すなわち瞬間性を乗り越える限りにおいて，そして持続する限りにおいての深い人格についての考察に対応するであろう。その上，ベルクソンとマルセルはさまざまな段階の持続，つまり多かれ少なかれ「集中した」持続を見分けるように導かれる。

　他方，マルセルは，深い経験についての現象学的観点から検討された考察から，彼岸について明らかにしようと試みる。この彼岸は，「ここ」と「よそ」，今と過去あるいは未来との対立を超える。この考察はベルクソンの，私たちの内的な人格の深い次元は，『思考と動くもの』の中における生きている永遠の深みに達する努力にあるという考察に対応するであろう。ところでマルセルにとっては，ベルクソンにとってと同様に，深い思考は日常的な時間を乗り越える一つの思考として現れる。それは「普通の（…）つまり私の日常用いる観念には欠けているようなある種のしるしを備えた観念」(PI, 29) である。

　マルセルは深い観念について，次のように述べる。ある観念が深いものとしてあらわれるのは，「予感されるだけの彼方にまで到達するときに限られる。当時の私の精神にあらわれたイメージは，ダルマチア群島を分かつ細い水路のイメージである。その先端まで行って，はじめて私はその水路を輝かしい大洋として垣間見るのである。このように，深さの経験はその実現については垣間見ることしかできない兆しの感情に結びついているのではなかろうか。しかしここで注目に値するのは，この遠くから垣間見られるものが，決して『よそ』として感じられるものではないことである。むしろ反対にそれは，『すぐ近く』であり，『ここ』と『よそ』との間の空間的で実際的な区別は，この場合，乗り越えられてしまう。この『遠く』は内的なもの，言い換えれば，郷愁として私たちのもの——正確にいえば，亡命者にとって失った祖国がそうであるようなもの——であるとも言うべき一つの領域として示される。確かに，失った祖国は遠くにあるが，しかし同時に，いぜんとしてその祖国に結びついたままである。これに反して，いかに彼が夢見，想像する国であっても，彼のいる異国は彼にとっては本質的に『よそ』のままである。祖国は想像されるものではない。それは肉体的に彼のものとして

残っている。したがって私たちは（…）自分自身の『ここ』，すなわち偶然に自分のものである現在の亡命の場と合致しない意識をもつ人の条件に注意しなければならない。つまり，今いる『ここ』は，本来の中心とはまったく対照的である。その本来の中心とは，真に自分自身の場所でありながら，その後従っている偶然の条件のために，『彼方』として，郷愁の源としてしか思い起こしえなくなったある場所である。（…）ここで引き合いに出すことができるのは，子供の頃のいろいろな経験である。そのすべてが感情的な想像を土台にしている。例えば秘密の避難所とか，隠れ場所とか，島などとかを取り巻くような経験である。（…）他方，私たちは以上の空間的な場所での経験はすべて時間の領域に置き換えられうることに注目しよう。この場合私たちにきわめて強い関心を抱かせるのは，まさしくこの空間的なものから時間的なものへの転換である。深い観念は遠くまで行く。このことは，深い観念が，時間の中でしかたどれない歩みを知らせていることを意味する。深い観念とは，言ってみれば持続の中で繰り広げられるはずの探求によってしか到達されえない直観的沈潜のようなものである。とは言え，深さというものを，純粋に未来の用語で解釈しようとするのは明らかに誤りであろう。むしろ未来はこの観点からは，単なる刷新と考えられたり表現されたりすることが不可能であるということを理解するのが，この際重要である。まったく新しいものとしての未来は，おそらく誰もが欲するようにまた魅力あるものであろう。しかし，未来がまったく新しいからと言ってそれだけで，決して深いものとして経験されない。深さの次元は，未来が，最も遠い過去と神秘的に結びついてはじめて生じるように思われる。たとえ不明瞭であっても，過去と未来は深みの真っただ中で結合していると言えるであろう。言い換えれば，現在と呼ばれるものに属するある一つの地帯のなかで，しっかり結び合っていると言えるであろう。この現在は，偶然のここに対して『絶対的なここ』であるだろう。そして『今』と『そのとき』とが先ほど述べた『近く』と『遠く』との関係のように，相互に融け合おうとしているこの地帯こそ，まさしく私たちが永遠と呼ぶところのものにほかならない。不可欠ではあるが，それに形ある内容を与えることもできないこの言葉は，この場合きわめて大きな価値を持つ」（ME I, 208-209）。

このように，私たちが自分の生の表象を映画のフィルムの継起に同一視してしまうような表象から脱却し，最も内的な経験に耳を傾け続けるなら，私たちは時間の彼方のあるものを垣間見ることができる。私たちは今と過去の対立を超える永遠を予感することができる。マルセルはその予感について次のような見事な証拠を示す。「不思議なことには，持続という後戻りできない流動的概念から予想される内容とは逆に，人間は，年をとるにつれて現在と子供時代とを隔てている歳月は日増しに増大しているにもかかわらず，ほとんどつねに，子供時代に近づきつつあるという感情をもっているのである。真に生きた経験に対しては，算術的，線的時間表象が根本的に不適当であることを，これ以上的確に示している例もないだろう」(ME I, 210-211)[74]。

　ここでベルクソンの永遠の観念を，マルセルの永遠の観念と比較検討してみよう。ベルクソンにおいてもマルセルにおけると同様に，私たちの内的な人格の深い次元についての思索は，宇宙の生成における深さについての思索と同様に，私たちのより一層集中した持続が到達する，生きている永遠に至る。ベルクソンにおける永遠は，実体としての普遍的持続の頂点に存在する。ベルクソンはこのことを次のように述べる。「哲学によって，現在が引き連れている過去から現在を決して孤立させない習慣を，私たちは身につけることができる。哲学のおかげで，すべての事物が深みを獲得する。——深み以上の，なにか四次元のようなもので，これによってそれ以前の知覚が現在の知覚と結びつき，すぐ後未来自身が現在のなかに部分的に現れることができる。そこで実在は，もはや静的な状態で現れるのではなく，動的に，その傾向の連続と多様という姿で，はっきりと現れる。(…) すべてが私たちのまわりで生き生きとし，すべてのものが私たちの内で生きかえる。(…) 実際，すべてのものを持続の相の下に考え知覚する習慣を多く身につければ，それだけ私たちは実在する持続の奥深くに入り込む。そして奥深くに入り込

---

74) 他方，歴史的な持続の経験において，線的で後戻りできない持続を超える同様の一例がある。「時間には最も遠い文明に対する関心が，今日ますます高まっているのも決して偶然とは言えない。それがもし現代の或る種の哲学者たちが主張するように，人間は本質的に投企であること，あるいは，人間はなによりも技術の進歩とその結果可能となる乗り越えによって定義されるということが真ならば，以上のことはまったく説明がつかないであろう」(ME I, 211)。

めば，それだけ私たちは始源の方向へ復帰する。始源は超越的であるが，私たちはそれを分かち持つ。そしてこの始源の永遠性は不動の永遠性であってはならず，生命の永遠性でなければならない」(PM, 175-176)。

このようにマルセルにとってと同様にベルクソンにとっても，深さの観念は永遠の観念につながる。ベルクソンにおいては，深さの観念は，連続的な持続の運動性と創造性に結びつくが，その最も高い段階が永遠である。したがって，ベルクソンにとっては，永遠は，私たちの意識と不可逆的な持続との一致であるように思われる。これに対して，マルセルにとっては，人間の生においては日常的な行為の持続よりもっと集中した持続の内に生きる方法が確かにあるのである。しかしながら，これらの持続は，マルセルにとっては，永遠の始まりでしかないさらに一層集中した持続の段階にすぎない。「『時間の内にいる』という語の意味は，『世界内存在である』という語の意味より不確かであいまいである」(ET, 18) と指摘した後で，マルセルはさらに次のように付け加える。「私たちが最良のやり方で調整する水門を通過できる時間の下でも，野生の時間の存在を指摘した。その時間は，結局少なくとも見かけ上は私たちの存在を飲み込んでしまうだろう死によって吸い込まれるようなものだと言いうるものである。しかしながら，この観点は最終的なものではないように私たちには思われる。私たち各人が，この世の生を生きる間に，深淵の表面にあるような使用済みの，あるいは調整された時間とは同じ次元にないある持続のいわば初めの編み目を織るように呼びかけられているということはありえる。そしてこの異質の時間は，恐らく死を超えて永遠(アイオン)へと開花するように呼びかけられているが，私たちにとっては，非常に不完全にしか想像できないものである。そこに私としては，永遠の始まりを見るだろう」(Ibid.)。

c) 未来の経験——予見不可能な持続と予知

過去と現在の場合のように，未来の見方もベルクソンとマルセルでは異なるが，なお一層大きく異なるのは，マルセルは，私たちの持続は原則的には予測不可能であることを認めながら，実際は予測可能な時間を明らかにしようと試みる点である。

第1章　持続と広がり〔延長〕(時間と空間)　　　　　171

　ベルクソンとしては，私たちの時間が予測不可能であるという事実を強調してやまない。彼が予測可能な時間の可能性を見るのは，天文学的時間の領域においてのみである。というのは，天文学者は「ある一つの惑星が通過するのに数年かかる軌道をただ一回の統覚作用のうちに見てとる」(DI, 149/130)からである。意識の時間は，これに対して，予測に従うことはできない。意識の時間の主要な特徴は，たゆみない進歩であり，「純粋な即興」によって動くことである。
　ベルクソンのこの予測不可能な時間に対して，マルセルは，以下のように考える。「純粋な即興である世界という（ベルクソン的な）考えと，時間の中で永遠の内容を展開する世界という考えの間に，それらを媒介する考えが可能ではないだろうか。こうして，予言は，そのために，私たちが一方で完全な歴史的予定説を信じる必要はなく，厳密な意味において理解可能となるであろう」(JM, 135-136)。
　マルセルは，こうした考察によって，時間を予見可能と見なすようになる。しかし，その予見可能な時間は，ベルクソンとは対照的に，抽象的で，非時間的なものではない。確かに未来は予測可能であるが，私たちにとって原則的には予測不可能であり，この点においては，マルセルはベルクソンと見解を同じくする。しかし他方，未来はただ私たちとは異なった構造をした持続，すなわち私たちの通常の持続より一層集中し，現在と未来の対立を超える持続のうちに生きる予言者，透視者，聖人たちのような存在者によってのみ予測可能である。マルセルはこのように予知の可能性を正当化しようとする。「私としては，ある存在たちは私たちとは異なった持続に従って生き，現在の集中という点においては私たちが匹敵できない力を持って生きている，ということを認めなければならないと考える。（そしてこれが可能な唯一の説明である。）言い換えれば，私たちは，もろもろの歴史的な持続を一つの全体として見ることができる存在を考えることができる。（ここで，ベルクソンのメロディの例を持ち出そう。）これに対して，私たちは別の持続の構造を持っているので，はるかにもっと平凡な仕方で，私たちは私たちより優れた存在が一挙に捉えるものを少しずつ見なければならないのである。私にとっては，先ほど述べたような予言は，私たちとは霊的に異なった構造

の存在[75)]のことを引き合いに出さなければ考えられない」（EAGM, 170-171）。このように，ベルクソンのメロディの例を持続のより一層集中した持続の一例として引き合いに出しながら，マルセルは未来を予測する可能性を開こうと試みる[76)]。言い換えれば，未来は私たちにとって予測不可能である。しかし，より一層集中した持続を経験する例外的な人々にとっては，未来は感じ取ることができるのである。

　この予見における統一は，マルセルにとって，過去・現在・未来が回復された統一である。それは充溢であり，永遠であり，あるいは，いわば超越的な「存在」の持続である。このように透視能力——テレパシーや特に予感や予言——の可能性について考察することによって，マルセルは持続のさまざまな段階の集中を発見する道へと導かれた。それらの持続のさまざまな段階の集中は，また記憶，あらゆる真の行為，現存の経験において私たちが経験するものでもある。

　ところで，ベルクソンはよく知られた予見できない時間についての彼の観念に反して，予見可能な時間という見解を一度ではあるが，解説している。それは『物質と記憶』においてであり，マルセルの持続のようにより集中した持続を思わせる。「そして歴史の全体は，私たちの意識よりももっと緊張した意識にとっては，ごく短時間に収まるものであって，非常に短い時間を占めるのではないだろうか。そのような意識は人類の発展に，いわば，これを自己の発達の大きな局面の中に集約しつつ，立ち会うのではないだろうか」（MM, 233/342）。

　ユードはベルクソンのあまり知られていないこの考えを，次のように述べて再評価する。「しかし，ベルクソンにとって宇宙の『第一原理』が持つ人格的で知性的な性格を人は軽視するので，生物の歴史における

[75)] マルセルはまた次のようにも言う。「私はここで，少なくとも例として，私たちの時間性とは異なった時間の相であり得るようなものを取り上げるように試みるであろう。ロイスのように，私たちのレベルでは継起としてしか理解できないある持続を，彼ら独自の現在として把握するような構造をもった諸存在を想像することは，比較的容易である。私としては，聖人たちや透視者たちにあって，閃光のように湧き上がる予言を説明するために，私たちが援用しなければならないのは，この種の仮説であると，考えたくなるのである。私はこの仮説に固執するわけではないが，以上の手短な説明は，どのようにして『よそ』が脱空間化できるかを十分に示しているはずである」（PVA, I-II）。

[76)] しかし，マルセルが「特に予見可能性に関しては，そこからむやみに一般化した結論を引き出すのを慎んでいた」（EVE, 108）ことを考慮に入れなければならない。

第 1 章　持続と広がり〔延長〕（時間と空間）

潜在的で予見されることの可能なものの場所を著しく軽視するようになる」（B I, 28）。

　それ故，ベルクソンの思想のこの未来の予見可能性という側面を認めることにしよう。しかしながら，この思想が初めからの原則として立てられてはいなかったということを強調しなければならない。それについてベルクソンは次のように述べた。「〔世界，自然において〕未来が前もって映し出されており，可能性が現実に先だって存在すると想定するのは，〔芸術作品の創造を問題にする場合と〕同じほど不条理なのではないだろうか」（PM, 113/1342）。この思想は，「有効な持続」（EC, 345/787）という事実，すなわち「宇宙のうちで継続されていると思われる予見不可能な新しいものの不断の創造」（PM, 99/1331）の事実という主要発見に対応している。それ故，逆説的に，私たちの歴史は私たちの持続より集中している意識にとっては予見可能であるかもしれないが，それは予見不可能な持続の延長上に，つまり現在によって決定されていない未来として，であると言うことができるであろう。

　ベルクソンが『道徳と宗教の二源泉』の「結びの考察」で行ったように人類の未来をあえて予見しようとするのは，未来の予見不可能性，不決定性を考慮に入れてのことであり，その未来は人類自身次第である。そしてベルクソンは，未来の可能性あるいは蓋然性を，個人的で社会的な人間の心理的進化の中にある法則に匹敵する「生命の傾向の本質」（MR, 313/1225）の発見，あるいは「十分な規則正しさを示している重要な事実」（MR, 316/1227）の発見に基づいて素描しているにすぎない。しかしマルセルは，個人の未来を予見するということに関しては，その可能性を肯定するが，ベルクソンはそれを認めない。ベルクソンは，「ただその人物自身と合一することだけが私に絶対的なものを与えるだろう」（PM, 179/1394）と言う。しかしそれはある小説の読書で，その人物が全体として一挙に経験されるというような現在の経験の場合である。この経験は空間を否定することによってコミュニケーションを可能にするテレパシーの経験とあまり違わない。しかしベルクソンは，マルセルが主張するように，予見不可能な時間の次元を超えてその人物の持続との合一の可能性については語らなかった。

　ここまで述べてきて，私たちは，ベルクソンの予見可能性の考えに関

して一つの結論を引き出すことができる。ベルクソンの予見可能性の考えは二次的なものにすぎない。それは可能だが，素描されただけの結論であり，その結論の起点はさまざまな段階の持続の発見に基づいているが，彼の主要な思想は，時間は予見不可能であるということである。彼はその思想を一生涯持ち続けたと言えるであろう。

　逆に，マルセルは，私たちの持続は通常は予見不可能であることを認めながら，この条件を超える可能性を明らかにする。予見不可能性の条件を超える可能性は，少数の人間，恐らく卓越した人々において見出される。その可能性はテレパシーや予言のような人間経験の基盤となっているので，人間には，過去・現在・未来を永遠へと向かう統一である充溢へと回復させる可能性がある。

　このようにマルセルにおいては，真の時間の経験によって，それが過去であれ，現在であれ，未来であれ，超時間的なもの，すなわち永遠を予感する。これに対して，ベルクソンにおいては，真の経験は常に時間的で，あるいはもっと正確には，「持続しているもの」にとどまっており，それ故，永遠は，ラヴェルの解釈によれば，持続に内在しているものとして現れる[77]。ベルクソンとマルセルの相違を明確にする助けと恐らくなり得るだろうものは，超越についての考察である。

　すなわち，マルセルにとっては，彼岸は，時間と感覚世界を超えるが，また時間と感覚世界に内在してもいる。というのは，彼岸は，私たちの時間的生と感覚世界に一貫性を保証するからである。言い換えれば，来世への信仰は，それを与える神への信仰であり，神は，時間と感覚世界を生きる私たちの生に来世をも含めた観点から一貫性と統一を与えるのである。確かに，哲学的思索によってキリスト教へと導かれたマルセルにとって，神の超越性は外在性を意味しない。その意味は，私たちは神を理解できないし，見ることもできないが，また神は「至るところ」に存在するということである。否定神学が言うように，神は「どこ

　77）　ラヴェルの次のような指摘に注目することは興味深い。「ベルクソン哲学に関して，〔スピノザ主義とは〕反対方向に，創造的持続は永遠を時間のなかに移し替えているのではないかと問うことができるであろう」(*Traité de valeurs*, PUF, 1950, p.398)。(177ページのユードの正反対の説を参照のこと)。マルセルは「時間は世界と相関的なものであり」(P I, 88)，そしてまた私たちの時間的な生の根底に時間を超えたものがあるのではないとするなら，私たちの時間的な生は不条理と虚無に沈みこむと考える。

にも」いないにもかかわらず，である．それ故，聖アウグスチヌスが言うように，神は私のもっとも内なるところよりもっと内におられる．ベルクソンは超越性についてはあまり語らない．『道徳と宗教の二源泉』において，彼は神の超越性を認めている神秘家たちを引き合いに出すが，神の超越性というより，神秘家たちの神との合一を強調している．ただ少なくとも『物質と記憶』と『創造的進化』においては，マルセル的な意味における存在の統一は不可分な持続に内在しており，この内在の事実によって，不可分な持続は，永遠である．

C　持　続──永　遠

　永遠の観念を検討してみよう．ベルクソンは，永遠の観念は，最も緊張した，最も強化した持続の限界を構成すると考える．しかしながらベルクソンにおいては，一見すると，持続の垂直な序列(ヒエラルキー)はないように思われる．そのことが，マルセルとの相違点に思われる．マルセルの方は，この序列の自覚は，ロイスに影響を受けたことを述べている．事実，この持続の序列は，マルセルが明らかに参照しているロイスにおいては逆に見出される[78]．

　けれども，私たちの発言に含みを持たせなければならない．というのは，ベルクソンにおける序列は，「その持続が注意の行為の豊かさに比例しているという，彼の厚みのある現在の理論において素描されている」（VPGM, 502-503）ように思われるからである．その上，私たちは，ベルクソンにおいてさまざまな持続のある序列(ヒエラルキー)を見出す．というのは，ベルクソンが諸存在の系列に，程度の差よりむしろ本性の差を強調するからである（Cf. EC, 136, 191/609, 656）．この一種の序列(ヒエラルキー)は，無機物から生物〔植物と動物〕に至り，次いで知性的人間[79]に至り，その次に直観的な人間に至り，神秘家が合一する超越的存在である神に至る．

　そしてベルクソンの『思想と動くもの』の次の有名な一節を読むな

---

[78] *La Métaphysique de Royce,* Aubier, 1945, pp.18-136.
[79] ベルクソンの用語において知性的人間は，「純粋に物質性のみにおいて考察された物質世界に関係するものとしての人間である」（B I, 152）．

ら，マルセルは，超越性についてベルクソンにかなり近いように思われる。「私たちの持続の直観は，純粋分析がやるように私たちを空虚の中に吊り下げたままにしておくのでは決してなく，さまざまな持続の連続全体と接触させてくれるのであり，私たちとしては，それを下方か上方かへたどろうと試みなければならないのである。下方の場合でも上方の場合でも，私たちはますます激しい努力によって自分を無際限に拡張することができるし，いずれの場合にも私たちは自分自身を超越する。第一の場合，私たちはますます散乱した持続に向かって進むが，その鼓動は私たちの鼓動よりも速く，私たちの単純感覚を分割して，その性質を分量へと薄める。その究極には，それによって物質性を定義するために私たちが用いるつもりの純粋等質，純粋反復があらわれるだろう。もう一つの方向に進んで行けば，ますます緊張し，収縮し，強度を増す持続に至る。その究極は永遠であろう。これはもはや死の永遠という概念的永遠ではなく，生の永遠である。これは生きている永遠，したがってまだ動いている永遠であり，この永遠のうちに，振動が光の中にも見出されるように，私たち自身の持続が再び見出されるであろう。物質があらゆる持続の散乱であるように，この永遠はあらゆる持続の凝縮であろう。この両極限の間を直観は動き，そしてこの運動がまさに形而上学である」(PM, 210-211/1419)。「私たちのいう〔直観的〕方法によって(…)，私たちより下位の対象と上位の対象の存在を肯定することができる」(PM, 206/1416)。「実際，すべてのものを持続の相の下に考え知覚する習慣を多く身につければ，それだけ私たちは実在的持続の奥深くに入り込む。そして奥深くに入り込めば，それだけ私たちは始原の方向へ復帰する。始原は超越的であるが，私たちはそれを分有する。そしてこの始原の永遠性は不動の永遠性であってはならず，生命の永遠性でなければならない。そうでなかったら，私たちはどうしてその中で生き，動くことができるのだろうか。私たちはそこに生き，動き，ある」(PM, 176/1392)。

　この文は，それでもベルクソンがすでに諸存在のある序列を考慮に入れている次に示すような『物質と記憶』と『創造的進化』の文よりもっと明確に諸存在間の序列を示している。「物質と完全に発達した精神との間には無数の段階があり，精神にはたんに不確定な行動ばかりではな

く理性的で反省的な行動の能力があると考えられる。生の強度の増大を示す尺度であるこれら継起的段階の各々は，持続のより高度な緊張に対応し，感覚運動神経系統のいっそうの発達を通して外に現れる」(MM, 249/355)。「絶対的なものは，私たちのすぐ間近に，ある程度まで私たちのうちに現れる。絶対的なものは，本質的に心理的なもので，数学的もしくは論理的本質のものではない。絶対的なものは，私たちと共に生きている。絶対的なものは，私たちと同じように，しかしある面では，私たちの無限倍も自己の上に集中し，自己の上に凝縮しながら，持続する」(EC, 298/747)。しかし『思想と動くもの』や『道徳と宗教の二源泉』においては，ベルクソンはもっと明確に神の超越性について理解する。つまり，私たちがそこに生き，動き，存在する創造的エネルギーの現存，あるいはこう言ってよければ神の内在性を排除しない神の超越性を示す。というのは，内在性と超越性の用語に空間的な意味を与えるべきではないからである。それ故，ユードが，ベルクソンにおいては超越的な神の観念，つまり「神は永遠で，人格神で，生きており創造主として存在する」(B II, 187) ことを示す時，私たちはユードと見解を同じくする。ユードによれば，ベルクソンはこの考えをアンリ4世高校の時代〔1891年〕から持っていたのである (Cf. B II, 32-33)。ベルクソン自身は，『道徳と宗教の二源泉』の中で，もう一度神の超越について彼が言おうとしていることをはっきり述べる。すなわち神秘家たちの努力は，「超越的な実在を啓示すること」(MR, 232/1162) にある。またベルクソンのトンケデク神父あての1912年の手紙の中にも，神の超越性の観念についての説明が見出される。「『創造的進化』で述べられた見解は創造を一つの事実として示している。そのことすべてからはっきりと創造主で，自由で，物質と同時に生命の生み手である神の観念が引き出される。そしてその神の創造の努力は，生命の側で種の進化と人間の人格の形成によって続けられている。したがって，このことすべてから，一般に一元論と汎神論への反論が引き出される。しかしさらに一層これらの結論を明確にし，その結論についてそれ以上のことを述べるためには，まったく別の分野の問題，道徳問題に取り組まなければならないだろう」(M, 964)。伝統的な一元論と汎神論への反論は，超越的な神，創造主で自由である神の観念の可能性を開く。そしてその創造は，神の被

造物としての新しいものの連続的創造によって続けられている」[80]。ユードは，『創造的進化』におけるベルクソンの次のような表現，「絶対的なものは私たち以上に無限に自己に集中し，自己の上に凝縮する」（EC, 298/747）が意味するのは，「神は唯一であり無二である」（BE II, 142）ということであると主張する。その上，ユードは「クレルモンにおける心理学講義〔1887-1888年〕」の中でベルクソンがはっきりと「神は持続しない」[81]と述べていることを示す。後になってベルクソンは，神はすぐれて持続するという。ユードの見解では，「そこには真の矛盾はなく，むしろ彼の思想の深化がある」（B II, 141-142）[82]。

それ故，ベルクソンとマルセルは，神の超越性について一致している

---

80) この解釈が恐らく唯一の可能性ではないことを明確にしよう。グイエは，私たちの持続に永遠が内在しているという考えの曖昧さを，以下のように説明することによって一掃する。すなわちベルクソンは生命の永遠性に関して，その存在についても神の名についても述べているのではないと説明することによってである。グイエは『物質と記憶』（MM, 233/342）の最高度に緊張した意識と言う考えの中と同様に『思想と動くもの』（PM, 176/1392）の中で述べられた生命の永遠についてのベルクソンの定義の中にも「存在論的よりも一層方法論的な意味」（Chr. Ev, 125/90）を見る。彼は次のように考える。「ある一つの限界を設定することは，その存在を認めること，あるいはある存在についての仮説を立てることであっても，それらとは別のことである。観察可能な諸存在の持続を考察しつつ，ベルクソンは，集中の過程の最後まで行き，その存在について一種の想像による経験を行うのである。彼はその時考えられるであろうものを，存在するとは言わない。彼はその問いさえも表現しない。恐らくそれ故に彼は神という語，ある実在あるいは少なくとも可能な実在と見なされることを示す語を用いない。しかしながら，存在の次元において高い方への『極限』を定義することは，神が存在するなら神がどのような存在であろうかをともかく示すこと，もし私たちが神の存在の問いに出会うことがあるなら，その神の名のもとに描かなければならないであろうことをともかくも示すことである。そのことは『創造的進化』で達せられるであろう」（Chr. Ev, 125-126）。

81) 『ベルクソン講義録I 心理学講義 形而上学講義』の中でベルクソンが述べているのは以下のことである。「神は時間の中に位置づけられないであろう。このことは，神は永遠であるという言葉で表現される。なぜなら，時間は変化するものの条件であるが，神は変化しないということを私たちは知っているからである。時間は状態の継起を前提にしているが，神の状態とは，常に同じ状態，絶対的な完全性なのである。永遠であるとは，絶えず持続するということではなく，持続から抜け出ること，持続の外で存在すること，いわば自分自身のうちに生き続けるひとつの現在のなかで生きること，過去も未来も認識しないこと，私たちにとっては，時間の中を流れていき，数年，数世紀を埋め尽くすように思われることを一瞥のうちに見て取ることなのである」（Cours I Leçons de psychologie et de métaphysique, PUF, 1990, pp.373-374. B II, 195, n°223）。

82) 「それ故，持続の語を理解し，創造された持続の中で，被造物の特性を示すすべてのもの，すなわち根本的な存在論的不十分さを，その語から取り去らなければならない」（B II, 142）。

ように思われる。しかしながら創造された存在の性質に関してはいくつかの相違点がある。創造的進化の思想はマルセルの関心をひかない。その代りにマルセルは多かれ少なかれ集中し，異質な持続によって特徴づけられる現実の存在者を認めている。彼はまた人間存在は自分の生活の試練を通じて，また死によって永遠の始まりである持続の優れた次元に到達することができるとも考える。ベルクソンは永遠についてはマルセルほど語らない。マルセルは，永遠はこの世では思い描くことができないが，永遠を充溢していること[83]として考えざるを得ないということを認めている（Cf. DH, 121, ME II,188）。これに対してベルクソンは特に神秘家たちと神との合一を強調する。マルセルとベルクソンのこの相違は，恐らく直接経験についての見解の相違によって説明される。ベルクソンにおいては，直接経験は，なによりもまず内面性[84]であるのに対して，マルセルにおいては，直接経験の意識は，自己の持続する意識と自己自身とは別のものについての分かち難い意識，それ故，また空間的な広がりの意識でもある。

第一章の結論

　持続と広がり〔延長・空間〕を扱った本章の終わりにあたって，得られた結果は何であろうか。まず広がり〔延長〕に関しては，両哲学者において直接的なものと間接的なものとの違いを見た。マルセルは広がり〔延長〕の観念のうち，生きられる空間〔広がり〕の観念しか用いない。ベルクソンは，純粋知覚によって与えられた物質界の広がり〔延長・空間〕を美的観照の中で感じられるような生きられる空間〔広がり〕から区別する。ベルクソンは，彼の時代の科学的知識に基づいて無意識の知覚を考え出す。これに対してマルセルは，経験の現象学的考察を行うが，その経験は生きられる経験であり，彼と共に第二の反省を実践する

　83）　この見解を次章で展開する。
　84）　そこには「現在と過去の間に対立がない（悪化や転落がない）。というのはモナド〔のように内的持続は〕あらゆる外部の干渉から守られているからである」（J. Parain-Vial, *Le Sens du présent, op.cit.*, p. XII）。

人は誰でも見出しうる経験である。

　しかしながらベルクソンは，マルセルと同様に，通常の知覚は，記憶や知識が介入し，その上一般に有用であるので，感覚とは異なっていることを指摘する。そして，ベルクソンは，後にマルセルが美的知覚を分析するときに述べることと一致する。そのことは次の表現に明らかに見られる。「事物と私たち自身との直接のコミュニケーションに入る」（R, 115/458-459）。「私たちの魂は，その時絶えず自然と一緒になって振動する」(*Ibid.*)。あるいは「私たちは実在そのものに直面する」（R, 120/462）などである。知覚は直接的であるなら観想であり，私たちに実在を明かす。そして芸術家は他の人々に，彼らが見ることを忘れているものを教える。こうして，『物質と記憶』における知覚の科学的形而上学的説明によってベルクソンは感覚の直接性を認めることを妨げられているが，その直接性を彼が美的経験を分析するときに再び見出すように思われる。

　ただしマルセルは美的観照，つまり存在に近づくことを妨げる対象化を明らかにする。マルセルは，次の三つのもの——主観，対象，メッセージ——があるわけではないということを，ベルクソンよりいっそう明瞭に示す。私たちはメッセージや生理的ショックについての意識を決して持たない。マルセルは私たちの身体内で何かが起こっていることを否定はしない。しかし彼によれば，私たちの意識は，生理学的ショックについての意識をショックとして決して把握せずに，ただある感覚を把握するだけである。その感覚は，観察された主観の感覚を説明するための科学的解釈である。感覚は，マルセルによれば，これに反して，最初で，相互主観的な統一であり，主観が対象に対して持つ概念以前の統一である。

　奇妙に思われるのは，ベルクソンが直接的で美的な経験の能力を，ただその経験が把握する対象あるいはその領域に関連して位置づけるだけではなく，またその経験が捉える実在の深みを評価することによって，その美的経験を位置づけることである。彼が芸術経験によって生きられるような空間〔広がり〕に広がり〔延長〕の哲学的直観に与えるよりも低い価値を与えるのはこのためである。というのも美的経験は，生きているものの空間〔広がり〕しか知覚せず，物質の広がり〔延長〕は

第 1 章　持続と広がり〔延長〕(時間と空間)　　　　　　181

知覚しない，つまり実際目に見えるもの，現在にしかその注意が向けられず，目に見えない物質のこの延長〔広がり〕の持続には，その注意が向かわないからである。物質の広がり〔延長〕の持続は，ただ哲学的経験のみがその心眼によって到達できる。その上，芸術的見方(ヴィジョン)は特に恵まれた人々の専有物でしかない。これに対して，哲学的見方(ヴィジョン)はすべての人に，またいつでもこの経験に近づく道を開く。

　結局のところ，最も主要な相違は，ベルクソンは，マルセルのように外部と内部の区別，主体と対象の区別，直接的認識が乗り越えるその対立を捨てないということである。ムレロスの次の指摘は，ベルクソンの思想のこの側面を良く示している。「実際ベルクソンの認識方法は，二重の運動に類似している。一つは内へと向かう運動であり，その運動によって精神は実在のあらゆる面に浸透し，それらをものの内的で漸進的で統一された見方(ヴィジョン)にしたがって組織する。もう一つは外へと向かう運動で，それによって精神は科学が考察するような物質に到達する」[85]。

　なぜベルクソンは内的世界と外的世界とを区別するのであろうか。そしてそれはまた同時に，外的実在は，私たちの精神に直接与えられるということを断言しつつであるのだが (Cf. PM, 211/1420)。なぜ私たちは外的世界を内的世界の型に合わせて表象しなければならないとベルクソンは考えるのであろうか。それは，ユードが指摘するように，「外界の存在はまず疑わしい」(B II)からではないであろうか。それに対してマルセルにとっては，実存は疑いえないものであり，またあらゆる述語化の前に肯定される。マルセルにとって根本的で，あらゆる認識の源であるものは，感覚の最初で相互主観的な統一であり，その統一によって，私たちは世界内存在であることが明らかになる。ベルクソンが成し遂げた精神生理学的並行論に対する反論の価値を認めながらも，マルセルは異なった結論，すなわち私と世界のある統一があり，感覚するという行為は相互主観的であるという結論へと達する。そしてマルセルはベルクソンのある種の二元論を批判する。ベルクソンは私と世界や心身の区別を行いながら同時に私と世界の合一や心身合一を信じるのである。

　しかしながら外部と内部のこの二元性の否定は，ベルクソンの考察の

---

85)　*Bergson et les niveaux de réalité*, Paris, PUF, 1964, p. 61.

出発点というより，彼の思索がそこへと向かう考えである。そしてこの二元性の否定は，内的持続と外的空間を対立させたり，その他の同様の表現を用いたりする用語によってあまりにも頻繁に歪めて伝えられる[86]。

　第二に，二人の哲学者において類似しているように思われ，また時計や測定の時間に対応する空間化された時間の観念があるということを私たちは示した。しかしながら，私たちはともかくも過ぎ去る時計の時間と持続しない数学の空間化された時間の間のいくつかの相違を指摘した。

　さて，持続についての彼らの相違は何であろうか。両者にとって持続は直接的に与えられているものであるが，しかし，私たちが前述したように，マルセルにおいては直接的で純粋に内的な持続はない。あらゆる意識は，他のものについての意識である。そしてまず空間〔広がり〕の意識である。記憶それ自体も主観以外のものを志向している。ベルクソンにとっては意識の性質は持続であり，空間性を排除する。マルセルにとって，意識の性質は，持続でも空間性でもない。意識は持続である実在を把握し，また目に見える実在に関するときは空間〔広がり〕をも把握する。

　第三に，不可分な持続と分割されていない持続の区別をしつつ，私たちはベルクソンとマルセルの間の一層根本的と思われる区別を打ち立てた。ベルクソンは，マルセルより持続の断絶の悲劇的経験，つまり苦しみ，別離，死などの経験に対して敏感ではないように思われた。その理由は，ベルクソンが私たちの持続をある程度永遠と同一視するからであり，マルセルより宗教的な問題，特に救いの必要性，直接的充溢や喜びを見出すために死や悪から解放される必要性について気にかけることが

---

[86]　ベルクソンの二元性の否定を擁護する，次の二つのテキストを挙げよう。一つは，マルセルのテキストであり，もう一つはヴァールのテキストである。マルセルは言う。「内的なものと外的なものとの神秘的な関係は，互いにまったく交流しない二つの世界の間のまったく抽象的な関係のように考えられるべきでは決してなく，むしろ反対に，おそらく，それと比べると，これらの交流のない世界自体が抽象的なものでしかなくなってしまうような一つの中心——根本的な事実である。そのような事実は，確かに新プラトン主義の中に見出される。そしてまた特にベルクソンにおいても」（JM, 130）。ヴァールは次のように断言する。「私たちはここで〔つまり感覚を直接的参与とする感覚の理論において〕いくつかのベルクソン哲学の考えを見出す」（VC, 235）。

少ないからである。他方マルセルは，そのような悲劇的経験によって，破壊的時間について語るように導かれた。マルセルによれば，ベルクソンにとって救いは純粋な自由の行使にある。確かにベルクソンにおいては，来世や悪への関心があることを私たちは示した。特に彼の魂の不滅を証明しようとする彼の関心の中にそれを見た。しかし，ベルクソンがこの世ですでに存在する喜びについて強調するのを私たちは見た。たとえユードと共に，ベルクソンの持続に被造物の持続という「根本的な存在の不十分さ」（B II, 142）が見られることを認めるとしても，ベルクソンにおいては，私たちの地上の生涯の短さとその悲劇的な側面についての鋭い意識が，マルセルほど見出されなかった。それ故，マルセルはベルクソンにおいて「緊急性と現代的意義についての感覚——その感覚は恐らく純粋生成の哲学とは相容れないものである——の欠如は，存在の要求の欠如と緊密に結びついている」[87]ということを認める。マルセルにとっては，私たちはさまざまな持続のうちに生きており，不可分な持続のうちに生きているのではない。というのは，私たちの生は代わるがわる不安定さと確信や充溢，しかしまた苦しみや空虚の原因となる経験で織りなされているからである。私たちはこの世では救いに近づけないが，少なくとも救いを希望するか，あるいはこの世でそれを垣間見ることができる。

　第四に，二人の哲学者の空間的時間の批判によって，私たちの持続より一層集中した持続の可能性を予測しつつ，人間の使命は永遠へと向かうことであることを認めることができた，ということを示した。マルセルにとっては，私たちに深く思われるさまざまな経験を通して，記憶を通して，永遠を予感することができるが，それは「『存在』である絶対的即興」（VPGM, 509）についての完全な意識を持つことではなく，その『存在』に参与することによってである。ベルクソンは，マルセルのようには，『存在』の永遠の現存については強調しない。

　マルセルは，時間以前に存在する存在の統一があるということは，確かに考えはしない。というのは，永遠は前と後という観念の埒外にあるからである。しかしマルセルは，「生命」であり永遠である神を信じる。

---

87)　«Note sur les limites du spiritualisme bergsonien», *op.cit.*, p.270.

それ故，マルセルは運動と進化の埒外にあるのと同様に，不動のカテゴリーの埒外にある神を信じる。その二つのカテゴリーの対立は，ベルクソンが打ち立てるものであるが[88]。

---

88) マルセルにとっては「時間は試練の形式そのものである。そしてこの見方から，『絶対的即興曲』という，〔彼〕の考えではきわめて意味の深い比喩をもう一度取り上げて，次のような考え方に達する。すなわち時間を超越するということは，同時的全体という結局空虚な観念へと上昇するということでは，決してない。こうしたことならいつでもやれることである。そして，その観念が空虚だというのは，それが私にとって外的なものにとどまり，まさにそれゆえに生命を失った観念であるからである。そうではなく，時間を超えるとは，全体を生気づけている創造的な意図にますます本格的に参与することである。(…)そこには，またおそらくそこにだけ，創造的進化から宗教哲学への移行がある。ただしその移行は，参与の具体的な弁証法によってしか成し遂げられえない」(EA, 21-22/20)。そして彼は注を付け加える「この指摘は1929年に書いたものだが，ベルクソン氏の『道徳と宗教の二源泉』が出版された後でも，私にとっては相変らず妥当である」(Ibid., n°1)。両哲学者における参与の考えについては，以下の第二章221-222, 227-229, 229及び全体の結論241-242ページを参照のこと。

第二章

ベルクソンの共感と愛*)
およびマルセルの相互主観性

　ここでは持続と空間〔広がり・延長〕の直接認識のほかにベルクソンとマルセルにはもう一つ他者の直接的認識，つまりベルクソンにおいては共感と愛，マルセルにおいては相互主観性があることを明らかにする。相互主観性はマルセルにとって重要なテーマであり，またそれは他者認識のみではなく，自然や世界認識であると同時に，自己認識とも関連しているものである。というのは，彼にとって，感覚は自己意識とそれ以外のものへの意識が分かちがたく結びついている行為であるから。他方，このテーマはベルクソンにはないように思われる。しかし相互主観的行為を説明するために，マルセルはベルクソンの「開くこと」という考えを参照して，次のように言う。「相互主観性は本質的に開くことである。ベルクソンが『道徳と宗教の二源泉』で導入した『開いていること』と『閉じていること』の区別は，おそらく彼が自分で考えていた以上の重要な意味を持っているのだ，と私はしばしば言った」(PI, 188)。ベルクソンはこの区別を魂，社会，道徳，宗教に関して語った。開いている魂は，ベルクソンが「愛の躍動」(MR,98,1057) と呼ぶ行為である。

　それ故，ベルクソンとマルセルは愛において一致している。なぜな

---

　*) 私たちはベルクソンにおいて共感の観念と愛の観念をそれらの次元の違いのゆえに区別した。というのは，共感は動物の本能のような低次元の認識と同時に，人間固有の高次元の認識，つまり直観を指し示すからである。これに対して，愛は哲学的直観さえも超える直接的認識の最も高い次元である。それ故，最も高次の共感とそれにブレーキをかけ妨げるものとの間に中間の状態の共感がある。

ら，愛は相互主観性の現れであり，さらに相互主観性が完全な時，それは愛の同意語だからである。ベルクソンが相互主観性について語らないとしても，彼の共感の考えは相互主観性に対応しているように思われる。事実ベルクソンは共感を分析，つまり推論的認識，外からの把握，つまり非人称的認識，「無関心な傍観者」(R, 4/389) に対立させる。同様にマルセルは認識の相互主観的行為と対象的認識，つまり人を数え上げられる性格をもったある対象と同一視する認識とを対立させる。この対象は，いわゆる経験，つまり常識が持っていると思い，「その常識の名の下に『人は…』の形を取って一般的判断が表明される」(HV, 65) 経験に基づいて構成される。この認識はまったく外面的であり，「他人を私の外部にある一種の機械のように見なす」(*Ibid.*)。

　ベルクソンによれば，共感は，愛が「他者」である神と一体化するように，他の人間と，「その独自なところ，したがって表現できないところ」(PM, 181/1395)，また「予測できないところ」と一体化する。マルセルにとって愛は，「一種の言葉では言い難い一体化」(ME I, 194) であり，他者の「定義できない何かあるもの，予見できない何かあるもの」(HV, 63) に達することである。それ故，共感，愛，相互主観性という三つの実在――というより恐らく態度，経験と言った方がいいだろうが――は，認識方法としては類似している。しかしながらそれらを深く掘り下げると，それらの相違が明らかになる。

I　ベルクソンにおける共感と愛の観念

　ベルクソンにおいては，広義での共感と愛の語は人間とそれ以外のもの，つまり人間とその同類または自然との関係を指す[1]。『道徳と宗教の二源泉』の中で，彼は「他のすべての魂とまた全自然とさえ共感する」（MR, 50/1019）ことを語る。ベルクソンはまた自然が暗示する美的あるいは共感的感情についても語る。さらに「本能は共感である」（EC, 177/645）ということを示す。しかしながら彼は，神秘家という特権的人間と神との間の関係を示すにあたっては，愛という語も用いている[2]。

　愛は，ベルクソンにおいて存在の性質に属する。なぜなら愛ほど「すべての人間が卓越した本質に等しく参与するという，日常の経験にこれ程合っていない原理」（MR, 247/1173-1174）はないからである。しかしこの特権的な愛とは別に，道徳的感情における堕落したさまざまな形の共感も存在する。つまり，共感は，愛や芸術的創造から，孤独にあってさえ社会生活の要求から逃れられない人間の基本的状況にまで及ぶ。これらの社会生活の要求は，エゴイズム，虚栄，嫉妬，ねたみ，自己愛などによって他者と真の関係を持つことができないという事態をもたらす。

　ここからは他者との直接的関係において現れるような共感と愛につい

---

　　1)　このテーマはすでに前章で一部展開した。それ故，ここでは人間と自然との間の共感をよく示しているベルクソンの他のテキストを引用しよう。「芸術は，感情を表現するというよりは，感情を私たちのうちに呼び起こすことを目指す。芸術は感情を暗示し，さらに効果的な手段が見つかるなら，喜んで自然の模倣なしで済ます。自然も，芸術と同じく暗示によって事を行うが，リズムは用いない。その代りに，自然の場合には，自然と私たちとの間の互いに影響を受け合う共同体が作り出したあの長い間の仲間関係によって〔リズムの〕埋め合わせが行われ，そのおかげで，ちょうど慣れた被催眠者が催眠術師の身振りに従うように，ほんの少しの感情が示されても，私たちは自然に対して共感するようになる」（DI, 12/14-15）。

　　2)　愛の語の他の意味に関しては198ページ以下を参照のこと。

て見よう。それによって，ベルクソンの共感，愛とマルセルの相互主観性の共通点が分かるであろう。

A 他者と自己の存在

　合理主義や古典的経験論と同様に実利的で実践的認識を批判することによって，ベルクソンはこれらの認識が他者の非人称的なものにしか到達しないということを示す。すなわち，それらの認識は，あらかじめ存在し，あらゆる人間に共通の言語を用いる分析と外的な記述によって，他者の特異で独自のものを逃してしまう。それが『思考と運動』の次の文の意味である。「切り離された心理状態の集合，これらの自我の影の集合が，経験論者にとってはその人の等価物であったが，合理論者はこれらの状態，これらの影に，さらにもっと非実在的な何か，これらの影がその中で動く空虚，いわば影の場を付け加え，その人の個性を再構成しようとする。この『形式』は，本当は一定の形をもたないのであるから，それが生きて活動している具体的な人の個性の特徴を表し，ピエールをポールから区別することがどうやってできるだろうか」（PM, 195/1407）。反対に，ベルクソンによれば，私たちの知覚，またさらに共感は，私たちの意識において自己意識と他者意識が不可分であることを明らかにするだけではなく，他者を知るのに実利的認識，合理論，経験論に共通の非人称的分析以外のもうひとつの直接的な方法があることをも明らかにする。

　このことを示すために，まずベルクソンが『二源泉』で，意識的行為は，自己意識と自己意識が知覚するあらゆるものと不可分であるということを示している箇所を読んでみよう。「人間は普通与えられていると考えているようなわずかな場所を占めているだけなのではない。——もっともパスカルその人でさえ，『考える葦』を物質的には一本の葦にすぎないとしたとき，その小さな場所に甘んじてはいたが。なぜなら，私たちの身体とは私たちの意識がそこに張り付いている物質であるとすれば，この身体は私たちの意識と同じ広がりをもち，私たちが知覚するいっさいのものを包み，星にまで達するからである」（MR, 274/1194）。

第2章　ベルクソンの共感と愛およびマルセルの相互主観性

　しかし，この宇宙的認識の他に，ベルクソンは共感による，他者の直接的認識，つまり個性的意識としての他者に達する可能性を肯定する。共感によって，他者の「内部に身を置き，その人の持つユニークなところ，したがって表現できないところと一致する」（PM, 181/1395），つまり「その人がもつ特殊なカラー」（PM, 190/1403），「気質を色づけ，私の気質とあなたの気質とを区別する表現不可能なニュアンス」（Ibid.）と一致する。共感と愛によって，私たちは他者の「絶対的なもの」（PM, 179-180/1394-1395），独自で置き換えられないもの，〔神である〕「他者」の「表現できないもの」（MR, 267/1189）に触れる。

　ベルクソンにおける他者認識において特徴的なことは，さまざまな身体の分離という見かけの障害を乗り越えられることである。「自分の意識と他者の意識との分離は，自分の身体と他者の身体との分離ほど明確ではない。なぜなら，区分を鮮明に作り出すのは空間だからである。非反省的な共感や反感は，しばしば先見の明を備えているものであるが，それらは諸々の人間意識の相互浸透が可能であることのあらわれである。それゆえ，心理的浸透現象があるであろう」（PM, 28/1273）。このようにベルクソンはテレパシーの可能性を認めているように思われる。実際テレパシーはさまざまな意識が「目に見えるものを介さずに」（ES, 64/863）交流する現象である。ベルクソンがマルセル以前にもったこの確信は，相互主観性あるいは共感へのアプローチに関して，興味深く思われる。

　その上，本章のはじめで触れたように，本来の意味でのベルクソンの共感は他者への「開き」である。ましてや愛は，無私無欲で，例外的に無償であるので，優れて「開き」である。愛は「与えたいという欲求から湧き上がるものであって，対象の美から湧き上がるものではない」[3]。このようにマルセルと同様にベルクソンは，愛である開く行為が，ユニークで具体的であるというその独創性において他者の真の認識であると考えるということを私たちは確認する。

　しかしながら，ベルクソンがマルセルと異なるのは，ベルクソンにとって他者認識が第一のものではなく，自己認識がより確かなものであ

---

[3]　M. Barthéléy-Madaule, *Bergson, op. cit,* p. 53.

るからである。「私たちは他のどんなものとも知的に、あるいはむしろ精神的に共感することができない。しかし、私たちは確かに自分自身とは共感する」(PM, 182/1396)。「私たちは自分たちの中におり、自分の個性は私たちが一番よく知っているものである」(PM, 41/1248)。

B　共感と愛のさまざまなレベル

　ベルクソンの共感と愛が達するレベルは人間が他者に対して取るさまざまな態度に由来する。それらの態度は反対方向に向かい、一方は個人あるいはグループの自己閉鎖の方向、もう一方は開きへと向かう。これらの二つの傾向の対立は利害と隣人愛に対応している。例えば閉じた社会とは、その成員が自分たちの利害によって結びついていて、「そのほかの人々に対しては無関心で、たえず他を攻撃するか、自らを防衛するかの態勢にある社会、要するに成員が戦闘態勢を強いられている」(MR, 283/1201) 社会である。これに対して開かれた魂は、全人類を愛するほうへと向かう。言い換えれば、閉じた社会では、個人は「社会的圧力」(MR, 98/1057) に屈する。開いた社会では、個人は創造することを切望する。ベルクソンの考えの特徴は、共感や愛の傾向さえも「生命進化の歴史」、つまり宇宙における生命の発生に基づいて研究する点にある。この研究は彼の時代の生物学を組み入れている。というのはベルクソンにとっては、「あらゆる道徳は生物学的な本質に属するものである」(MR, 103/1061) からである。
　共感の堕落した形態から検討しよう。ベルクソンにとっては、生命力の印は運動あるいは運動性であり、その反対は停止あるいは休息である。彼は共感と愛のさまざまなレベルをこの印に応じて表現する。「このように動く用意のできた魂は他のすべての魂と、さらに全自然とさえ共感する傾向をより強く持っていよう。この開いた魂の存在については、自然が人間種という閉じた社会で旋回運動をしている比較的不動な魂を造ったその同じ働きそのものによって、また人類を他とは異なった個性豊かな持ち主へと細分もしたというこの事実に基づいていたのでなければ、人は意外に思うであろう」(MR, 50/1019)。

閉じた社会のこうした制限はその社会を構成する個人の魂の閉鎖の原因であり，この閉鎖はさまざまな錯覚を引き起こす[4]。ベルクソンによ

---

4) 第一に，閉じた社会の人は，自分を取り巻く世界の現実から自分の注意をそらし，社会的義務を果たす限りにおいて，つまり社会的連帯を保持する限りにおいて安心感を与えてくれる小さな共同体にしがみつき，穏やかな意識で生きることに甘んじている。言い換えれば，閉じた魂は，愛あるいは人間の友愛を社会的連帯と混同している。なぜならその見方が限られており，一面的であるから。

第二に，他者に対する態度において矛盾を犯している。つまり，閉じた魂は，他者が自分と同じ社会に属しているかいないかによって他者を二つの正反対の仕方で見なす。「人間は人間に対して神であるというのと人間は人間に対して狼であると言うのと，この正反対の格言を折り合わせることは難しくない。第一の格言が述べられる場合には，同国人のことが，そして第二の格言の場合には，外国人のことが考えられているのである」(MR, 305/1219)。

第三に，閉じた魂は，自分が所属する社会において他人をどれほど厳しく裁いているつもりでも，実は自分の心の底に同じ弱さを見出しているから他者を裁くのであり，他の人たちを自分よりましだろうと思う錯覚に陥っているので，社会生活が成り立っているのである(Cf. MR, 4/983)。その上，閉じた社会の起源には，社会的人間には支配者と被支配者という二種のタイプがあり，あたかも「世襲の特権があるからには，生まれつき優れたところがあった」(MR, 71/1035) かのように思い込むのである。「規律ある社会を望んでいた自然は，人間がこういう錯覚を抱くような傾向を与えた」(Ibid.)。

第四に，閉じた魂は，知性的人間としてもっぱら理性の要求に従って生きていると思っているが，実は，社会の起源あるいは基礎にある社会的圧力に従っているにすぎない。その社会的圧力は理性より本能に近い (Cf. MR, 27,48-/1001,1017)。

第五に，閉じた魂は，孤独に耐えられず，孤独を有罪判決のように感じる。状況によってこの孤独状態で生きなければならないとしたら，閉じた魂は，孤島のロビンソン・クルーソーのように，自分が慣れ親しんでおり，自分がそこで生まれた「社会のイメージ」(MR, 11/989) を自分と一緒に孤独状態へ持っていく。「巣から離れると蜂は衰弱して死ぬ〔ように，〕社会から孤立し，社会の仕事に十分参加できないでいると，人間も蜂の巣から離れた蜂に似た病気——現在のところ，まだあまり研究がすすんでいないが——にかかるが，それは退屈と呼ばれている。この孤立が長引くと，例えば拘禁状態などの場合に見られる，特徴のある精神障害がはっきりあらわれてくる」(MR, 109/1064)。世界から孤立している時，自分の内に「深い内的生活のよりどころ」(MR, 9//987) を見出せないからである。

第六に，閉じた社会では，まじめささえも実際は自己の社会的圧力への執着を表現しているにすぎず，つまり閉じた魂の表れだ，ということをベルクソンは示す。つまりまじめな人とは育ちがよく，規律正しく，自分が所属しているグループの習慣を反映しており，その人自身に固有の態度を反映しているわけではないということである。それ故，そういう人の存在のあり方は，非人称的である (Cf. MR, 100/1058)。その上，まじめな人がそれに合致している「自己尊重」という考えは，ベルクソンによれば，尊敬する自己とされる自己の隠された二元性を表している。そして例えば，「まじめな人は，自分は自己尊重によって，また人間の尊厳の感情によって行動していると言うだろう」(MR, 65/1031) とき，その断言は実は一貫してはいない。なぜなら，「その人がこのように言えるのは，明らかに彼自身が二つの人格へ，すなわち彼が思い通りにしている場合の人格と，意志によって自らを高めた場合の人格とへ，まず二つに自己分裂していればこそである。尊敬する自己とされる自己とは，決して同じ自我ではない」(Ibid.)。尊敬される自我は，社会的自我であり，尊敬する自己は個人的自我である。このように，「自己尊重が集団の誇りと一体になるのが見て」(MR, 66/1031) 取

れば、生命の躍動(エラン・ヴィタル)の原理と一致する感動(エモーション)によって突き動かされた真の愛の経験をしない限り、他者への尊敬はもろい基盤に基づいている[5]。

さらに言えることは、共感の質の低下は、人間が互いを道具として扱うということから生じる。そしてその道具化は、物質的利益を得るためであり、人間はその利益の奴隷となっているのである。そして必要な場合には、それらの人間たちは互いを滅ぼすことをためらわない。

このように、共感の堕落した形は、矛盾し錯覚を生むことが明らかになることを見たが、これらの形態は認識主観と認識される対象の二元性を意味する。それらは主観が執着する少数集団と全世界との間に空間が置く柵を乗り越えることができない。なぜならそれらの形態は、「実は各人が意志一般の口実の下に〔個人的〕責任を逃れる結託にすぎない偽の連帯」（BFM, 232）しか望んでいないからである。

「自然的」共感は社会的圧力のもとに真ではなく、不十分な経験にしか達しない。このことを確証するには理性によってはできない。というのはベルクソンが指摘するように、論理的論証では不十分であるからである。「理性にできることは、理由を挙げることだけであり、しかもこうした理由には、いつでも他のさまざまな理由を対抗させることができると思われる」（MR 68/1033）。そのことは、たとえ理性が集団の団結と個人の利益をめざす社会的結束の不十分さを明らかにするだろうとしても変わらない。またこの理性がたとえ普遍性へのあこがれにより合致

れる。しかし、家族愛、祖国愛は、ベルクソンにとっては共感の実在全体を表してはいない（Cf. MR, 34-35/1007）。結局のところ、自己尊重が真の意味で人間の尊厳となるのは、それを超えるものに基づいた時、つまり、「人間性を神的なものとした」（MR, 68/1033）神秘家たちという特権的な個人の経験によって示された証を受け取った時に限られる。

5)「実際、他人の生命や財産を尊重する義務は社会生活の基本的要求だと、私たちは言うが、この場合、私たちはいったいどういう社会のことを言っているのだろうか。これに答えるためには、戦時にどういうことが行われるかを考えてみれば十分である。殺人や略奪は、裏切り、詐欺、嘘と同様に合法とされるだけではなく、それらは何と手柄なのである。戦争の当事者は『マクベス』の魔女たちのように、良いは悪い、悪いは良い、と言うだろう」（MR, 26/1000）。「戦争の起源は、個人のであれ、集団のであれ、その所有権であり、そして人類は所有権をどうしても持たざるをえないようにその構造上、宿命づけられているのだから、戦争は自然だと言える。闘争本能というものは極めて強いものであって、文明の表面をひっかいて再び自然を見出すときには、第一番に現れる」（MR, 303/1217）。要するに、「自己の殻に閉じこもること、強固な団結、階級制、首長の絶対的権威というこうしたものすべては規律、戦争精神を意味している」（MR, 302/1216）。

したものとして友愛，あるいは人類愛を要請するだろうとしても，理性は思弁のレベルにとどまっており，行動のレベルには至らない[6]。

このことを意識することが，たとえ第一歩，つまり「実行の始まりで，閉じた円がついには破られる望み」（MR, 50/1019）を作り出すとしても，この意識だけでは十分ではない。「進むべき方向はこれだということを，私たちの知性が納得するとしても，事実は知性の思うようには運ばない」（MR, 50/1019）。それ故この円から出ることを可能にするのは，「哲学者たちが，すべての人間は生まれながら同じ本質を持っていると論じつつ，理性の名のもとに勧めてきた友愛ではない。私たちはこうした高尚な理想の前にうやうやしく身を屈めるではあろう。またこの理想が個人にとっても共同体にとっても煩わしすぎない限り，私たちはこの理想の実現に努めもしよう。けれども，この理想に情熱的に身をささげることはしないだろう」（MR, 247/1173）。理想あるいは知的価値としての「利他主義」は単なる一般的表現に堕してしまい，エゴイズムや利益に打ち勝てない。「高潔で自己を捧げる熱意に燃えている魂が，自分が『人類のために』働こうとするのだ，と考えた途端に，その熱がさめることさえある」（MR, 32/1005）。

理性と経験の道は同じではなく，それ故，理性を超えて進み，経験つまり生きられているもののうちにもう一つ別の次元のもの，すなわち「超知性的」（MR, 41/1012）愛の次元を見つけなければならない。この愛，あるいはこの友愛については「規則どおりの証明などする必要はない。この優越性は思い浮かべられる前に体験されるからであり，またまず感じられているのでなければ，後から証明することもできないだろうからである」（MR, 57/1024）。この超知性的な愛は限りのない隣人愛にある。

しかし感動の卓越したレベルにある愛は，感動や感情や感性の道を通じて意志にその影響を及ぼすのだろうか。「思想を生み出す感動(エモーション)がある。

---

6) ベルクソンが『二源泉』で言うように，「どんな思弁からも責務やそれに近いものも作り出せないだろう。理論が美しいか美しくないかは，大した問題ではない。理論の形がどんなにきれいでも，その理論を自分は受け入れないといつでも言うことができる。たとえその理論を受け入れるとしても，どういう行動を取ろうと私の勝手だと言うことができる」（MR 45/1015）。

また発明は知性の領域に属するとしても、感性を実質として持つことがあり得る」(MR, 40/1011)。

このように愛と、その愛が広げ私たちの奥底に反響を呼び起こす喜びが出現すると、閉じた魂が執着している満足感や快楽は「なお消えずに残ってはいるとしても、生気のない、色あせたものとなっていよう。なぜなら、快楽の強さとは、もともと私たちがそこへ集中していた注意以外のものではなかったから。快楽は、朝日に照らされた電球の光のように色あせるだろう」(MR, 338/1245)。なぜなら「感激の喜びのうちには満ち足りた快適感以上のものがあり、この快適感はその歓喜を含んでいないのに、歓喜の方は快適感を含んでおり、自分のうちに吸収してしまいさえする。私たちはそれを感じとっている」(MR, 49/1018)。

そしてまた「愛」という語は、家族愛、祖国愛、人類愛に解されなければならないが、家族愛、祖国愛と人類愛との間には、「性質の違いがある。前者は選択を、したがってまた排他を含み、争いに向かわせることもありうるし、憎しみを退けない。人類愛は、ひたすらに愛である。家族愛、祖国愛は自分を惹きつける対象へまっしぐらに進んでゆき、そこに腰をすえる。人類愛は対象の魅力には屈しない。これはもともと対象というものを目指していたのではない。それはもっと遠くへ突き進み、人類に達したのは、人類を超えることによってだった」(MR, 35/1007)。真の直接経験は、私たちには神秘家の愛において知られるが、集団の利己愛の場合には、この直接経験は隠され、私たちは社会的表象のところで立ち止まる。

カリウによれば、ベルクソンにおける直接経験は、対象化されない存在の統一の中で生きられ、愛によって存在の充溢の中で再び見つけられる。「神秘経験を明らかにするのは、存在それ自体の認識であり、それが可能となるのは、主観を対象の外に置いておく一種の距離のある見方ではなく、完全な意志の疎通によってでしかない。というのは、ここでは対象自体が主観となり、さらに主観は超越的主観となる。あらゆる対象化は、それ自体によって、認識することの実存条件を打ち破ってしまう。神秘家が『絶対者』を知るのは、まさにその人がその『絶対者』の内に生き、また『絶対者』がその人の内に生きるに応じてである」(BFM, 148-149)。

さらに真の経験としての愛が何であるかを明らかにしよう。閉じた魂に対立するものは，神秘家の魂[7]である開いた魂である。この愛の条件は，小さな空間の中に閉じこもってしまうことを拒否することであり，限りなく開くことである。神秘家たちの開いた魂は，他の人々に呼びかけ，彼らに創造的感動(エモーション)や，神秘家たちの魂の後に続き，それらの魂のように自己を開くことへの熱望を伝達することである。自己を開くこと，すなわちすべての人間と神の内に存在するすべてのものを愛すること，そうすることで，自己を開く人間は，自己の人格を大きくし，自己創造を行い，自由になる。

　神秘家の魂はまず神に対して自己を開き，神を通してすべての人間へと自己を開く。神に自らを開くことによって，神秘家の魂は愛である神に全面的に結びつくのを感じ，無限の「愛の躍動」(MR, 97-98/1056-1057) に満たされる。それ故，「神秘家を焼き尽くす愛は，単に一人の人間の神に対する愛ではなく，すべての人間に対する神の愛である。神を通して，また神によって，彼は全人類を神の愛で愛する」(MR, 247/1173)。それ故，神秘家の魂が自らを捧げる人類愛は単なる人間愛を超える。なぜなら，神秘家の魂は自分の愛の躍動を生命力の溢れる源から汲んでいるからである。「真の神秘家は，自分に押し寄せる波にただ自分を開くだけである。彼らは自己の内部に自己自身より優れたものを感じているから自己に自信があり，偉大な行動の人として自らを示し，神秘主義を見神や恍惚や忘我(ヴィジョン)としか見ない人たちを驚かすのである。神秘家たちが自分の内部に流れ込むままにさせたもの，それは彼らを通って他の人々にまで達することを願いつつ，高みから下って来た流れである。すなわち神秘家たちは受け入れたものをさらに自分の周囲へと広げる欲求を愛の躍動として感じ取っている。その愛は，そこに神秘家一人一人の独自な個性が刻印されている愛である。愛は，神秘家一人一人においてまったく新しい感動(エモーション)であり，人間生活を別の生き方に移すことができる。愛は，このように神秘家一人一人が個人として愛される

---

[7]　ベルクソンは十字架の聖ヨハネ，聖パウロ，聖テレジア，シエナの聖カタリナ，聖フランシスコ，ジャンヌ・ダルクたちに関する読書をしたことを明かし，彼らの名を挙げる。(Cf. MR, 241/1168.) J. Chevalier, *Entretiens avec Bergson*, Paris, Plon, 1959, pp. 33,87, 248-249, 264-265 etc.

と同時に，彼を通して，また彼がいるために，他の人々も自分たちの魂を人類愛へと開かせるようにする」（MR, 101-102/1059）[8]。

　愛が普遍的であると同時に特異なものであるということを示すために，ベルクソンは，神秘家が愛において経験する感動を，私たちが音楽によって経験する感動にたとえる。音楽は，普遍的であると同時に特異なものであるが，音楽の特異性はその独創性の源であり，その特異性によって表現方法の一般性を超え，音楽が私たちに暗示する感情を引き起こす。「音楽が泣いているときは，全人類が一緒に泣いている。（…）喜び，悲しみ，哀れさ，共感などは，音楽が実感させるものを言い表すために頼らなければならない一般的なものを表現する語であるが，（…）どの新しい音楽にも新しい感情が密着しており，これらの感情は，この音楽によって，この音楽のうちに創られたものであり，メロディあるいは交響曲のその主題独自の構成によって決定され，限定されている」（MR, 36-37/1008-1009）。同様に神秘家は，その独自な姿のうちに人類愛を具現し，その現存と模範を示すことによって，その神秘家を真似る人たちに同じ躍動を創りだす。

　それ故，他者に対する愛は，非人称的な匿名の愛ではない。神秘家は惜しみなく愛を与える人としての個性を反映しているばかりではなく，また他者をも独自な人として愛する。神秘家が生きている愛は伝わりやすく，私たちのうちに眠っている神秘家を呼び起こす。しかしここで指摘しなければならないのは，人間同士の関係に関しては，ベルクソンは，相互性よりも一方的な献身，自己贈与，犠牲的精神，隣人愛を強調するように思われることである。確かに相互性は，次のような表現，「愛し愛してもらうことができる人間」（MR, 271/1192），あるいはまた「愛し愛されるために存在へと呼ばれた人々」（MR, 273/1194）などに

---

　[8]　この神秘家の神との出会いはいくつもの段階で行われる。神は，まず神秘家とは異なった他者として現れ，神秘家は「超人間的な愛」（BFM, 133）によって神に自己を開く。第二段階では，神秘家の魂は見神（ヴィジョン）の忘我によって部分的に神と一致する。「愛するものと愛されるものとの間にはもはや根本的分離はない。神は現存しており，限りない喜びがある」（MR, 244/1171）。第三段階では，「忘我，恍惚は消えて魂は再び孤独となり，ときには悲嘆にくれる」（MR, 245/1171）。魂は「闇夜」（Ibid.）を経験する。第四段階では，合一は全面的であり，そのとき神秘家の意志と自由は神の働きと一致する。合一の瞬間に，魂は「自ら働くと同時に〔神による〕『働きを受ける』」（MR, 246/1171）。この合一の後，魂は，「神に対しては受け身，人々に対しては能動的」（MR, 246/1173）になる。

見られる。しかしながら，究極の愛は「誰に対する愛でもない。(…)愛が愛と言えるのはその本質によってであり，その対象によってではない」(MR, 270/1191-1192)とベルクソンは断言する。神秘家はこの模範を体現している。つまり神秘家は，神がなしうるように，つまりその光を放射する太陽のように愛を広げる。

このように愛の真の経験は，ベルクソンにとっては，神に根づいているが，その愛は，人間の相互主観性を経ずに，神へと至る。彼は，「神の元へ直接赴き，人間に帰る。つまり，「私たちが他の人々を愛するのは，神においてである」(MR, 51/1019)。

ベルクソンにおけるさまざまなレベルの共感と愛を「社会的」共感から神秘家の愛に至るまでたどった後，残されているのは，これまで少し触れただけであった点，つまりベルクソンがさまざまな共感をどのように「生命の躍動(エラン・ヴィタル)」あるいは創造的進化という彼の考え方の中に位置づけるかということである[9]。

『創造的進化』において，ベルクソンは，生命現象の中に創造があるということを認める。そしてその後，「創造の努力は種の進化と人間の人格の形成によって続けられる」(M, 964)と述べているが，『創造的進化』の段階では，人格の問題は素描にすぎなかった。さらにその後の『二源泉』において，彼は道徳的現象の探求に取り組むことになり，開いた道徳の原理である愛が「創造的努力の本質そのもの」(MR, 97/1056)を表しているように思われることを示す。言い換えれば，神秘家の愛は人間種に至る進化の線上での「生命の躍動(エラン・ヴィタル)を増強したもの」(BFM, 140)を意味しているように思われるのに対して，共感は生命の躍動(エラン・ヴィタル)の有限性を表しているように彼には思われる。「躍動は有限であり，一回限り与えられたものである。この躍動はすべての障害を乗り越えることができるわけではない」(EC, 254/710)。

他方，ベルクソンは，生命進化のあらゆる段階，つまり有機体の最も低い段階である微生物から進化の主要な線上でその先端にある人間に至

---

9) 「生命の躍動(エラン・ヴィタル)」あるいは創造的進化という彼の考え方に行き着いたのは，彼の時代の生物学的事実を研究することによってである。というのは，生物学は人間科学に正確な諸事実を提供するのであり，したがって生命の躍動(エラン・ヴィタル)と創造的進化の観念は優れて経験的事実として現れる，と彼は考えたからである。

るまでの共通した傾向として，個別化と集団化という二重の方向を本質的なものとして観察する。つまり人間において見られるのは，「個別的で社会的な人間の心理の進化」(MR, 313/1225) である。道徳においてもまた同様に，この二重の傾向がある。ベルクソンは「社会的道徳と人類道徳」(MR, 31/1004) を区別する。社会的連帯の根底にある共感は社会的道徳に対応しており，愛や直観[10]は人類道徳に対応している。後者が生命の躍動(エラン・ヴィタル)の進む道を保証しているように彼には思われる。その道は神秘家が生きている愛の道である。

それ故，ベルクソンは神秘家の愛は生命の躍動(エラン・ヴィタル)の方向を開花させると考える。神秘家の愛は「神の業に対する愛，つまり万物を創造した愛と一つになっており，創造の秘密を尋ねる仕方を知っている人にはそれを明かすであろう」(MR, 248/1174)。神秘家が哲学者に対して明らかにするこの秘密は次のようなものである。人類と宇宙は互いに愛し合うために創られたのであり，それらの存在理由は愛の行為のみである。ベルクソンが「創造するエネルギー」(MR, 272-273/1193-1194) と呼ぶものは，彼の哲学的直観の表現であり，その直観を拡大し，彼がその実在[11]を疑わない神秘的直観と一致するに至るのである。「創造するエネ

---

10) ベルクソンは直観と道徳との関係について『精神的エネルギー』の中で次のように言っている。「人間探求家(モラリスト)の立場はもっと高いものである。(…) 道徳上の偉人，とくに独創的で純真な英雄的行為によって徳へと達する新しい道を切り開いた人々は，形而上学的真理の啓示者である。(…) 私たちが，直観の働きによって生命の原理そのものにまで入り込もうとするなら，これらの人々を注意深く見詰めて，彼らが感じることに共感するように努めよう」(ES, 25/833)。

11) もっと正確にいえば，神秘家が真理であるとして自分の行為や表明，また「ただそこにいるだけという自分の現存自体」(MR, 51/1019) によって示すことは，「神は愛であり，愛の対象であり，神秘主義がもたらすもののすべてはそこにある」(MR, 267/1189) ということである。すなわち，神の本質は愛であり，神は「その本質自体に，恐らく愛によってしか達することができないだろう」(BFM, 139)。この愛を見て取ることは，哲学的直観が生命の意味の探求を通して発見した真理である創造を見て取ることに対応しているように，ベルクソンには思われる。事実ベルクソンの見解では，愛と創造は感動(エモーション)において合流する。ただ確かにベルクソンは二種のレベルの異なる感動を区別する。一つは知性以下のレベルのものであり，もう一つは知性以上のものである。前者は「表面の動揺」(MR, 40/1011) にすぎない。後者は「深部からの湧き上がり」(Ibid.) である。それら二つの感動が共通するのは，感覚とは区別される魂の感情状態だということ，また感覚のように物理的刺激の心理的変換物へと還元できないという点だけである」(Ibid.)。ここで問題になっている感動(エモーション)は，後者の深い意味にしか解されないことは言うまでもない。ベルクソンが，感動(エモーション)の感情的性格を特に強調することを指摘しよう。後者の場合，愛の真の性格を特徴づける感動(エモーション)は，「創造的行為

ルギーは愛として定義されるべきものである以上，愛し愛されるように定められていた人間が存在へと呼ばれたのである。人間はこの創造するエネルギーそのものである神とは区別され，ある宇宙にしか出現できなかった。それこそ宇宙が出現した理由である」(MR, 273/1194)。

　結局のところ，ベルクソンは共感の諸段階の違いを，創造的進化の学説に基づいて考察する。彼は堕落した共感と愛との間の違いを確認する。彼はそこに「起源の二元性」(MR, 98/1057) を確認するが，またこの二元性が高次の共感の統一の中に吸収されることと，低次の共感が高次の共感と愛によって変貌することをも認める。というのは，『社会的圧力』と『愛の躍動』は，生命の相補い合う二つの表れに過ぎず，生命は，普通は起源から人間種を特徴づけていた社会的形態をおおよそ保存することに専念しているが，例外的には，個人たちのお陰で社会形態を変貌させることもできるのである。そしてこの個人とは，その一人一人があたかも新しい種を出現させたかのように，創造的進化の努力を代表しているのである」(MR, 98-99/1057)。

　ここでベルクソンにおける共感と本能との関係を明確にすることが残っている。「共感は本能である」とベルクソンが明言したのを私たちはすでに取り上げた。それは「表象されるより生きられる」(EC, 177-178/644) という意味で，直観の能力はその起源において動物の本能と同じ方向に進むということを説明するためであった。確かにベルクソンは『創造的進化』でそのことを示す。「感情の諸現象において，つまり反省されない共感や反感において，私たちは，はるかに漠然としていて，しかもあまりにも知性の浸透し過ぎた形ではあるが，本能によって行動す

に類似している」(MR, 51/1019)。なぜなら，「感動(エモーション)は思考を生み出すものとなりうる」(MR, 41/1012)，つまり感動(エモーション)は創造的であるからである。そのことを納得するために，感動(エモーション)と創造のつながりを通して，愛が創造的行為であることを見てみよう。ベルクソンは，神秘家の愛の感動(エモーション)に関して，文学・芸術・科学における感動(エモーション)との比較や「類比(アナロジー)」(BFM, 151) を行い，文学的，芸術的あるいは科学的創造は，ある感動(エモーション)から生まれた，ということを認める。しかしカリウは，「そのような仮説は興味深く思われる」(Ibid.) がそこにとどまるべきではないと考える。すなわち，ベルクソンの哲学的直観は，単なる類比よりさらに先に進むのである。「神秘主義が形而上学の延長上にあることを認めるために，〔ベルクソンの〕形而上学は神秘主義にいわば足を踏み入れたに違いなかった」(Ibid.)。この意味で，カリウは，ベルクソンにとっては，「哲学的体系において示されている反省的形而上学の起源には，神秘的性質を持った生きられる形而上学あるいは少なくとも前神秘主義がある」(BFM, 154) と考える。

る昆虫の意識の中で生じるはずのものに似たものを，私たち自身のうちに体験する」（EC, 176/644）。

『創造的進化』より後の『思想と動くもの』では，この本能的共感は，類比(アナロジー)によって，「人間の意識の相互浸透が可能であること」（PM, 289/1273）を示していることが分かる。しかしながら，すでに見たように道徳の領域では直観はもはや本能ではないので，また本能的共感に似通ったこの共感はときには反感を伴うものであるので，またベルクソンは，高次の本質に属する厳密な意味での共感[12]と同一視はしない。この高次の共感は，「人間の人間に対する生まれつき備わった共感が強度を強めただけのもの」（MR, 248/1174）でさえない。その上ベルクソンは「このような〔低次の〕共感的本能については，哲学者の空想のうちにしか存在しないもの[13]，つまり，体系を均衡のとれたものにするという理由から作り出されたものにすぎないのではないかどうかという問いを発することができる」（Ibid.）とまで言うに至る。

生まれつき，あるいは自然の共感は，本能的共感にたとえられる。その共感が社交性を表現することに限られるなら，つまりそれが「他人に対する気兼ね」（MR, 91/1051）を意味するのであれば，それは厳密な意味での共感，つまり他者に対する愛ではなく，「自己愛」と呼ばれているもの，さらに嫉妬や羨望の中にさえ含まれているものにすぎない。実際，「完璧なエゴイズムを行おうとする人なら，自分自身のうちに閉じこもり，もはや隣人のことなど眼中になく，隣人を嫉妬したり羨んだりもしないだろう。憎悪のうちにも幾らかの共感が入っており，社会の中で生きる人間の悪徳のうちにさえ幾らかの多少の徳を含まずにはおかないのである。すなわちすべての人が虚栄心に満ちている。そして虚栄心が意味しているのは，何よりもまず，社交性である。だからまして

---

12) 高次の共感にとっては「行動へと駆り立てられる〔神秘家などの〕魂が，他のすべての魂と，また全自然とさえ共感する傾向をより強く持っているだろう」（MR, 50/1019）。

13) ベルクソンは，アダム・スミスが道徳意識の成立の根底には社会における他者に対する共感の感情があり，この共感者は自他の行為の「公正な観察者」であるとする主張に対して，満足しない。なぜなら，道徳をただ社会生活の中で観察して見つかる共感は，必ずしも公正な観察者でも「道徳的良心」でもないからである。ベルクソンは，「道徳的感情の源泉はもっと深いところにある」（MR, 10/988）とする。つまり神秘家が体現するような神の愛から来るのである。

や，名誉や共感や憐れみといった感情から道徳を引き出せることとなろう。こうした傾向の一つ一つは，社会生活を営む人間においては，社会道徳がその社会にあらかじめ降ろしておいたものを背負っている」(MR, 91-92/1051)。それ故，自然的あるいは本能的共感は人間にあっては，劣った社会における社会感情にすぎない。

II　マルセルにおける相互主観性

　マルセルにおける相互主観性の観念は，常に相互行為を意味しているが，一義的ではない。主な用法は以下のとおりである。
　1）相互主観性の語は，人間とそれ以外のもの，つまり，自然との関係をも意味する。「人間とそれを取り巻く自然との間にはある相互主観性がある」(CD, 390) のである。そしてマルセルは人間精神に対して「自然は生まれつつある精神として現れるのであり，そのために相互主観性が可能になるのである」(*Ibid.*)。それ故，前章で検討した感じること自体やまた自然の美しさが私たちにもたらしてくれる喜びを相互主観的なものとして見なすことができる。さらに，人間と神との間に例えば祈りにおける相互主観性があるとさえ考えることができる。
　2）人間主観間の相互行為が厳密な意味での相互主観性を表している。つまりそれは人間主観間のあらゆる関係を基礎づける存在論的土壌であり，さまざまな段階を含む。「相互主観性は，『私たち』，現存，一致，愛，〔祈り〕という成功例を意味するだけではなく〔この場合，『純粋な相互主観性』[14]という表現をマルセルは時々用いる〕，人が絶対的な孤独であることが不可能な根源的状況をも示すように思われる。(…) 相互主観性という語は，一般に『他者と共にいること』という成功例を指すが，さらに人間の根源的状況が含む進展や悪化の可能性にも当てはまる」(VPGM, 314,n2)。つまり「相互主観性は『世界内存在』であり，『状況内存在』である」(CBN, 285)，とパラン＝ヴィアルは言う。
　さてこれからマルセルの第二の反省を用いて，まず私たちの実存が他者の実存と切り離せないことばかりではなく，また意識の発展において他者との関係が自己認識に先立つということ，さらに，「相互主観的つながり」(ME II,14) は直接経験であり，その直接経験は実存つまり私

---

[14]　Préface de G. Marcel, R. Aron et J. C. Renard, *Mors et vita,* Paris, Plon, 1951, p. 13.

たちの世界内存在の直接経験である，ということを示そうと思う。

それ故，私の意識と他者の認識が可能になるのは「相互主観的つながり」に基づいてのことである。

A　他者と自己の存在

ここでは厳密な意味での他者と自己の相互主観性を考察する。第一の反省において構成された世界の表象においては，他者たちは，主観が彼らを意識する前に存在すると考える対象である。究極的には彼らの実在を疑うことさえあり得る。ところが，第二の反省は，同時に他のものの意識でないような自己意識は存在しないということを示す。つまり，「一つの意識にとって，存在するということは，恐らく必然的に自分以外の他の意識と関係をもつことである」(JM, 235)[15]。

第二の反省によってマルセルは，実存的確信が他者と自己の存在に分かちがたく関わっていると述べるように導かれた。「ある力強く奥深く秘められた何かが，次のように私を確信させる。『もし他者が存在しないなら，私も存在しない』，と。すなわち他者が持たないような実存を私は自分に与えることができない，と。ここで私はできないとは，その権利を私は持たない，といったことを意味するのではなく，むしろ『現

---

15) マルセルがこれを書いたのは1922年のことである。したがってフッサールに言及して次のように書くのはその後のことである。「ここで従うべき道はむしろフッサールの現象学によって切り開かれた道である」(ME I, 60-61)。そしてフッサールの表現を取り上げながら次のように言う。「そこで私は，これから先，原理として立てたいと思うが，意識は何よりもまず，それ自身より以外の何ものかについての意識である」(*Ibid.*)。細かい点には立ち入らないが，マルセルはフッサールとは，その歩みと方向性を異にすると言っておこう。「フッサールの歩みは，コギト，つまり，一種の独我論から出発し，他者を見出そうとするが，それは，他者の存在が第一であるとするマルセルの歩みとは相反するであろう」(EAGM, 75)。彼らの哲学の方向性に関しては，確かにフッサールもマルセルも「他者の疑う余地のない現存から出発しなければ，決してその現存に至らないということを認める。フッサールが他者を『間接呈示すること』〔他者は，私とは違うが同じような主観を持っていることを類比によって間接的に把握すること〕が意味することを記述するのは，ある意味で他者の現存を認めているのである。しかし彼がそうして他者の現存から出発するのは，自我における基礎づけの方向に向かっている哲学の流れに反して行っているのである」(EAGM, 65)。というのは彼にとって『私』という唯一の経験が本来的であり，他者の経験は派生的である」(*Ibid.*) から，とリクールは「G・マルセルと現象学」についての発表の中で解説する。

実にそれは私には不可能だ』ということである。もし他者の存在が私から逃れ去るなら，私の存在もまた私自身から逃れ去ってしまう。というのは，私の実体は他者によって作られているからである」(PI, 22)。

さらに，「私は考える」の優先性を肯定せず，マルセルは次のように言う。「私たちが自己意識と呼ぶものは，反対に，一つの派生的行為であり，しかもその本質が不確実である。なぜなら，自己という語によって私たちが理解しているところのものを直接に見分けることはきわめて困難であるからである。(…) 私が知っていると思い込んでいるこの現状の私がそれ以上のものとなることなしには，私は私を知ることができず，また単に私を知るための努力をすることさえできない。この自己を超えることは意識の特徴として現れる。この考えは，すでに前章でみた『意識-鏡』の説，つまり意識状態は自己の身体の状態を鏡に映してみた状態にすぎないという心身並行論に属する説の誤りを明らかにするのに十分である」(ME I, 61)。それ故，マルセルにとっては，意識は「自分自身との関係では決してなく，反対に，思考は本質的に自己超越である」(EA, 40/29)[16]。

この相互主観的実在は，テレパシーのような超心理的現象をよりよく理解する助けとなる性質を持っているようにマルセルには思われた。「すでに〔米の心理学者〕カリントンも完全に認めたように，テレパシーというものは，『あなた自身』と『自分自身』という語が互いに別々に合図を発する (…) 二つの核を示すのではない領域があることを認めざるを得ない」(ME I, 197-198)。したがって，テレパシーは，電信局間の信号の交換のような合図による単なる交信現象にはとどまらない。

相互主観的実在に関してさらに述べるなら，心理学的に見てさえ，子

---

16) マルセルは「この〔自己超越の〕点で私はトマス主義に結びつく」(EA, 40/28-29) と断言する。その上，考えるという「自己超越」の行為がマルセルにとって根本的行為であるなら，この点について，マルセルは，フッサールの観念論よりトマス形而上学の実在論に近いと言えるだろう。というのは，トマス主義とフッサールによって「志向性」として定義される意識のこの基本的構造は〔マルセルはこの用語を用いないが〕，フッサールにとっては「主観の構造，つまり主観の『第一の行為』の特徴が問題となる〔のに対してトマス主義にとっては，〕志向性は，この志向的な構造が（二次的な行為として）現実化する方法である」(J. P. Bagot, *Connaissance et Amour,* Beauchesne et ses fils, Paris, 1958, p. 129, n°8)。

供が少しずつ自我を意識するのは家族関係から出発してのことにすぎないことは自明に思われる。この意識をマルセルは「感嘆する意識」と呼び，また「幼い子供の場合，叫び声や飛び跳ねによって表現される」（ME I, 106）とする。また，子供が感嘆によって自己の存在の疑い得ない肯定を表す時，この肯定は他者の存在を含むことも考えられる。というのは子供が求めるのは他者によって認められることであるから，ということはすでに第１部（63-64ページ）で述べた。

それ故，実存は相互主観性として経験される。したがってマルセルにとって「実存することは共に実存することである」（PI, 162）。つまり相互主観性は，意識という語が，実際，共に知ること〔con-science（cum scire）〕という構造を示しているように，意識自体の基本的意味である」[17]。このことをマルセルは「あらゆる誕生は共に生まれること」であると彼の『詩学』[18]で言ったクローデルを引用して言うのである。

これに反して，観念論は，「自己を自己意識によって定義し」（EA, 151/74），人間の実存の相互主観的な性質を尊重しない。マルセルは観念論を次のように批判する。「他者が他者についての私の思考内容，他者についての観念でしかないということを認めると，最初に自分の周りに張り巡らした輪を破ることは，絶対に不可能になる。もし主観と対象という関係，またはそのカテゴリーを優先的なものとするなら，あるいは主観がいわば自分自身の中にさまざまな対象を置く行為を優先的なものとするなら，他者の存在は，どんな種類の存在であろうと考えられなくなる」（EA, 152/74）。マルセルは自己意識の哲学に関して次のように付け加える。「そこでは他者は実際，私が自分自身で作っている一つの輪の外側におかれる。この観点からすると，私が他者たちと交わることは不可能である。交わりという考えそのものが不可能なのである。だから，この主観意識の内部で他者たちが実在性を持つことは，まったく神秘的で決して把握できない未知数Xの出現と見なす他はないことになろう」（*Ibid.*）。

マルセルは自己認識に対し他者認識は優先的であることを認める傾向

---

17) «Le primat de l'existentiel: Sa portée éthique et religieuse», *Actas del primer congreso nacional de filosofia,* Mendoza, Argentina,1949, Universidad Nacional de Cuyo, 1950, t. 1, p. 415.

18) P. Claudel, *Œuvre poétique*, Coll. La pléiade, Paris, Gallimard, 1957, p. 149.

にさえある。「他者の存在を肯定する権利が私たちにある，などというどころではない。むしろ存在は他者に対してしか与えられないと主張したいと思う。私が自分自身を存在するものとして考えることができるのも，自分を他の人々でないものとして，つまり彼らにとって他者として考える限りであると主張したいと思う。さらに進んで，存在するとは他者の本質に属するとまで，私は言おう。存在するものとしてでなければ，他者を他者として考えることはできない。他者の存在に対する疑いが生ずるのは，いわばその他者性が私の精神において弱まる場合のことでしかない」(EA, 150-151/73-74)。このように実存するという私たちの経験の相互主観的性格と，また同様に私が他者の実在を打ち立てる行為は，自己が自己として構成される行為より優先しているということをマルセルは明確に示した。

　それ故，相互主観性は存在論的次元をもっており，相互主観的つながりの直接経験は，パラン=ヴィアルの言うように，「人間は社会的動物であり，一人でいると（狼に育てられた子のように）明らかに言語を習得できないし，人間という名にふさわしい存在になることもできない」というようなありきたりの主張と混同されるべきではない。それ以上に，見捨てられた子供は生きることさえできなくて死ぬのである。社会生活は最小限の連帯性を要求するのであるが，相互主観性は連帯，つまりあらかじめ存在する人間間のサービスや利益の交換ではない。もっとも連帯は，あらゆる人間同士の絆のように『相互主観的つながり』に基づいてしか可能にならないのであるが」(CBN, 283)。

　この相互主観的つながり，この直接経験は，同じ一つのものではなく，定義できる所与ではない。経験によって，堕落した実存から，この世で私たちが愛の中に時として予感する存在の充溢に至る，相互主観的一貫性あるいは統一のさまざまな段階が，私たちに明らかになる。完全な相互主観性は，『共存在』，存在の本質そのものである愛である。実存は，堕落した相互主観性である。私たちの実存においては，「相互主観性がその本質の完全性において生きられることはまれであり，一つの関係が結ばれ始める偶然の出会い〔の戸口〕から充溢へと開花する親しい交わりに至るまで無数のレベルを示す」(CBN, 269)とプルルドは言う。

B　相互主観性のさまざまなレベル

　さまざまなレベルの相互主観性を堕落した形態から検討しよう。それらは「紛争，戦争，嘘，誤解などである。これらも確かに相互主観性の形態である。というのは，それらによって私たちは心の底で苦しむからであり，それらは私たちの行為を方向づけるからである。コミュニケーションすることを拒んだり，それが不可能な孤独に陥ったりすることも，ある意味ではまだ相互主観性であるとさえ言えよう。というのは，その場合，意識は相互主観性の欠如によって苦しんでいるからである。実際，ある人の不在は，無ではなく，最も低い段階の『共にいること』である。（…）紛争も確かに相互主観的現象である。なぜなら前述したように，紛争によって私たちは苦しむだけではなく，私たちや他者に自分たちとは何かを明らかにする行為であるから。紛争はこの世では不可避的に起こる。というのは，生きるために，私たちは食料，お金，権力などのさまざまな富を必要とするからである。精神的財産でさえもその一部はそれらの富に依存している。芸術作品や科学的知識に関しても，そのことは明らかである」(CBN, 285) とパラン＝ヴィアルは説明する。

　以上のように，最も貧弱で最も苦しい人間関係でさえも，マルセルは，相互主観的であると見なした。反対に，連帯から共感へ，次いで愛，交わり，祈りへと移行するにしたがって相互主観性はますます完全になって行くことが明らかになる。相互主観性は，充溢し完全で現存しているという感情において開花する。相互主観性のレベルは人が他者たちに対して取る態度と相関的である。これらの態度は人間に提示される二つの反対方向の運動，つまり，所有の方向か存在の方向かによって決められうる。所有の方向において私たちは対象化し，存在の方向において私たちは創造する。これらの所有と存在の方向の対立は，所有愛と「献身愛」[19]の対立に対応する。所有の関係，所有への方向[20]は，他

---

19)　マルセルによれば，所有愛と「献身愛」のこの区別は，ジュネーブの精神分析医ストッカー博士によって導入された（Cf. PI, 186）。
20)　所有する者は，自分の所有物の変わらない所有を保証されていない。他方，そ

者の対象化，それ故，相互主観的つながりの堕落を含む。対象化と所有は生きるために必要であるということは確かであるが，対象化は，相互主観的つながりを堕落させ，それを覆い隠す。というのは，対象化は，生きられる統一を，認識する主観と認識される対象の二元性にひそかに置き換えるからである。したがって，マルセルにとって，直接経験は生きられるものであり，直観的な認識によってさえもとらえられないのである。直接経験は，愛によるその充溢において，いわば取り戻されるもの，再び見出されるものである。

堕落した相互主観性のこれまでの分析において興味深いのは，その分析が，マルセルが「相互主観的つながり」と呼ぶ直接経験を明らかにしている点である。確かにこの直接経験を語るために私たちは他者や紛争関係を対象化する[21]。しかし重大なことは，現実において相互主観性の

れらの所有物は傷つき，紛失し，盗まれる危険性があり，心配や恐れの元となる（Cf. EA, 235/116）。

21）マルセルにとって，対象化することは，生きており自由な人間を固定した性格を示すものと見なし，そのようなものとして扱うこと，特にその人が自分たちに役立つところ，例えば自分たちにある情報を与えてくれる能力しか見ないことである。『存在論的神秘の提起とそれへの具体的な接近』の中で，人間を対象化し，機能の合計に還元する現代社会の傾向に対して，マルセルは抗議した。「現代の特色は，機能という観念のすりかえと恐らく言えることのうちにあると思われる。ここで私は機能という言葉をまったく一般的な意味で，つまり生命機能と同時に，社会的な機能を含む意味で使っているのである。

人は，自分自身にも，他者にも，単なる機能の束のように見られがちである。私たちが恐らくまだその一部しか明らかにしていないきわめて深い歴史的な原因によって，人は次第に自分自身を，さまざまな機能の寄せ集めのように，それぞれの機能間の上下関係ははっきりせず，互いに最も矛盾するような解釈を許したままで，扱われるように仕向けられてきた。まず生命的機能について言えば，一方では史的唯物論が，他方ではフロイト主義が，人間を生命的な機能に還元することに果たした役割については，改めて言うまでもないだろう。他方，社会的機能とは，消費機能，生産機能，市民としての機能などである。（…）その人自身も他の人もすべてが一致して，その人と，その人が果たしている機能――単に会社員，組合員，選挙人としての機能だけではなく，その人の生命機能も含めて――とを同一視しようとしていることを認めざるを得ない。時間割という，考えてみればかなり忌まわしい言葉が，ぴったりこのことを言い当てている。あまりにも多くの時間が，そういう機能の遂行のために捧げられているのだ。（…）死について言えば，対象化した，機能的な見方からすれば，死とは用済み，不要なものへの転落，純粋な廃棄物のように思われる」（GM, 123-124, PST, 29-31）。マルセルは，また対象化と現存の欠如について，次のような指摘をする。「私が他者を第三者として決めてかかれば，私は他者を本質的にいないものとして扱っている。私が他者を対象化し，特定のある性質やある本質について推論すると同じように，彼について推論できるのは，この不在のためである。しかし現存していても，不在であるというあり方もある。私はある人の面前で，あたかもその人がいないかのように振る舞うこともできる」（RI,

第 2 章　ベルクソンの共感と愛およびマルセルの相互主観性　　209

　堕落は，人間が互いをいろいろな対象として，つまり利己的に利用し，破壊してしまう対象として扱うことから生じる。しかしながらどんなにわずかでも相互主観性は存在する。というのは，人は知っているものしか利用し，憎み，破壊できないのであり，他者の感覚的で時間的な実在は，一つの現れとして自分と共に直接に生きられ，他者が一つの意識であるということを明らかにするからである。それだからと言って，他者の意識が完全に知られるわけではない。ただ他者の存在だけが疑い得ないもので，その把握の内容は，現れる表示を通じて直接把握されるが，その表示は，常に限られていて，曖昧なものである。私たちが他者を対象化するのは，この現れを解釈することによってである。より不完全ではない相互主観性に近づくには私たちが対象化を拒否することが要求されることは明らかである。

　それ故，相互主観性である直接経験をよりよく理解するためには，私たちがこの世で到達することができる最も不完全ではない形態，つまり愛と創造を分析しよう。相互主観性の優れた形態の条件は，前述したように，対象化することを拒否することであるが，そうするには努力を要する。さらに，他者に対してもはや自らを閉ざさないばかりではなく，相手を受け入れるようになり[22]，私たちの態度によって他者の真に自由

――――――――――
48/55)。
　22)「受け入れる人とは，私がその人を必要とするとき，全面的に私と共にいることができる人である」(GM, 138)。その人は私にとって現存である。「現存は，主観と対象，または主観と対象として見られた主観とのあらゆる関係からは恐らく排除されてしまう相互性を含んでいるのである」(Ibid.)。「受け入れないということは，単に自己に夢中になっているばかりではなく，自分のことで頭が一杯になって，他を入れる余地をなくしてしまうことである。自分の心をとらえてしまう目先の対象はいくらでもある。私は自分自身のことに夢中になることも，財産や愛に夢中になることもあるし，自己の内的完成にさえ夢中になってしまうことさえあるのである」(GM,139)。自己を開くということは自己を与えることであり，「歓待すること，他者に自己の内の何ものかを真に伝えること」(RI, 123/141) である。それはまた他者をあるがまま受け入れることであり，自己のうちに外からくる他人を受け入れることである (Cf. RI, 122/140)。「私たち各人は，自己の成長と呼べるものをもたらすために，自己とは違う他者に自らを開き，他者を迎え入れるべきであるが，だからと言って，他者によって自らを消したり，殺したりすることなく，その人たちを迎え入れることができるようになるべきということを認めなければならない」(PST, 68)。マルセルは，自己の他者へのこの開きがなければ，他者は存在さえしないと考える。「私にとって他者が本当の意味で他者として存在するのは，ただ私がその人に対して自己を開き〔つまりその人があなたになる〕限りにおいてである。とはいえ，私がその人に対して自己を開いているのは，私が自分自身で一種の輪を作り上げ，その内部に他者を，あるいはむしろ他者の観念を宿らせることを止

な表現と創造力を促し，また他者が現存[23]し，その人が私たちを受け入れることによって私たち自身が自己創造するような力を他者が持つようになることである。

　また創造するということは，芸術作品を作り，技術や科学理論を発明するだけのことではなく，人々が自分を開花させ，自己自身になることでもあることをもまた明確にしておこう。「創造の観念はただ単に芸術家，哲学者，音楽家たちだけに適用されるのではない。例えばただ愛の面でだけいわば創造者という名称が与えられる人々もいる。隣人の意味に従って生きている人々，私たちが感嘆という意味で呼ぶものに従って生きている感嘆することができる人々も創造者である。これらの人々はすべて，いかにつつましくても，それは紛れもなくよくあることだが，一種の計り知れない創造に貢献しているのであり，そのことは，結局，人間世界にある意味を真に与えうる唯一のことである」(EAGM, 263)。

　あらゆる形態の創造に共通していることは，実際，愛となる受容性であるが，それは正確にはどんな愛であろうか。他者に対する瞬間的な現在における愛ではないし，科学者の把握しようとする感覚的事実に対する愛でも，あるいは芸術家の意のままになる音と色の素材に対する愛でもなく，本質に対する愛である。本質とは，人間を介して時間の中で現れるはずのものであるが，永遠のものである。したがって，マルセルは愛について次のような素晴らしい定義を与えることができる。「ある人を愛することは，定義できない何かあるもの，予見できない何かあるも

める限りにおいてである。というのも，この輪に関係づけられることによって，他者は他者の観念に堕してしまうが，他者の観念というものはもはや真の意味での他者ではないからである。それは私に関係づけられた限りでの他者，分解され，ばらばらにされ，あるいは，ばらばらにされつつある他者にすぎない」(EA, 155/75, RI, 99/113)。

　23)「ある人が現存として，または存在として（それは結局同じことになる。なぜなら，私にとって現存でないような存在はないから）私に与えられたということは，ただ私の前に置かれたものとして私はその人を扱うことができないということを意味する。その人と私との間に，私がその人に対して持ちうる意識をある意味で超えるような関係が結ばれるのである。もはやその人は，単に私の前にいるのではなく，私の内にもいるのである。あるいはもっと正確にいえば，この前とか内とかいうような範疇は乗り越えられて，もはや意味がなくなってしまうのである」(GM, 137)。言い換えれば，「現存はそこにいるということにとどまらない。現存は与えられているのではなく，むしろ明かされると言えるだろう。ここで私たちの助けとなるのは，またベルクソン哲学である。ある人が現存するのはその人が私たちに自己を開くときである」(EMGM, 57)。

のを相手に期待することである。また同時に，何らかのやり方で，この期待に答える手段を相手に与えることである。いかに逆説的めいて聞こえようとも，期待することは，何らかのやり方で与えることである。だがこの逆もまた真である。もう何も期待しないことは，自己がもはや何も期待していない人に不毛の烙印を押すことに協力することであり，したがって何らかの方法で，前もってその相手から，何かを発明するか創造する可能性を奪い取り，取り上げてしまうことではないだろうか。あらゆる点から考えて，希望について語ることができるのは，与える者と受ける者との間のこの相互作用，あらゆる精神生活の印としてのこの交換が存在する場合に限られることになろう」(HV, 63)。

これによって，なぜマルセルが愛を特徴づけるのに「創造的誠実」という表現を用いたのかが理解される。この表現には驚かされるかもしれない。というのは，誠実さをある感情が変らないことと混同する傾向が私たちにはあるが，そのことは馬鹿げたことだからである。なぜなら，私たちがこの感情を感じる相手も不可避的に変わるからである。誠実であるということは，そのような変化にもかかわらず，愛する人とますます深まって行く統一を実現することである。「私が愛する人は，私にとっては最小限にしか第三者ではない。同時にその人は私自身を発見させてくれる。私が外に向かって構えた防御は，私を他者から隔てる壁が崩れ落ちると同時に消滅してしまう。私が愛する人は次第に，私が作る輪の中に入ってくるのであり，その輪の外に『他人』である第三者がいる。さらに私はこのことを次のように言おう。私は他者と心を通わせるほど，つまり他者が私にとって『あなた』となるに従ってはじめて，自分自身とも実際に交わる。なぜならば，他人のこの変化は，私が自己にしがみつき，それと同時に自己を歪める一種のこわばりに終止符を打つ内的な緊張緩和の動きによってのみ実現されうるからである」(RI, 49-50/56)。

それ故，愛することは，「私たち」，つまり真の「共存在」を実現することである。こうして愛することによって，マルセルが『存在の神秘』の終わりで非常に美しいイメージで描いた次のような存在の合唱的統一が見出される。「ここで音楽との比較の一例を取り上げてみよう。(…)音楽というこうした見えないものの浸透に身をゆだねるそのときから，

恐らくはじめは未熟なのに気取ったソリストにすぎなかった私たちが，やがて徐々に一つのオーケストラの友情に満ちた素晴らしいメンバーになっていき，そのオーケストラの中では，私たちが軽はずみに死者と呼ぶものは，恐らく私たちよりも一層，交響曲である『その人』に近いのである。『その人』は交響曲の指揮者であるというべきではなく，その深い叡智的統一の中において交響曲そのものである。私たちがこの統一に近づくことを希望できるのは，個人的試練を通して感じ取れないほどゆっくりとでしかなく，その統一の全体は私たち各人には予知できないが，それにもかかわらず，この統一は，一人一人固有の使命から切り離せないのである」(ME II, 188)。

反対に，あらゆる形の所有愛に共通なことは，自己中心的な自我は，「自分自身のことで精一杯で，自己意識と他者との間に遮断幕をおろしてしまう」(DH, 136)。なぜなら「私は自分を私の世界の中心としてしまう異論の余地のない特権を与えられたものと見なしてしまうからであり，それと同時に，私は他の人々を打ち負かすか回避すべき障害として，あるいは私の生来の自己満足を助長するために反響を拡大させるものと見なしてしまうからである」(HV, 23)。

完全な相互主観性について語るために，マルセルはもう一つのイメージ，つまり光のイメージを用いた。「相互主観性は，光の中に共にいることであると言えよう」(PI, 189)。光は，マルセルにとって，真理であり，神の愛であり，それらは同じことである。それ故，人間愛は神に根付いており[24]，神へと私たちを導くということが分かる。そのことを彼はまた『哲学的遺書』の中でも表現する。「諸々の本質は，聖ヨハネが語るように，この世に来たすべての人を照らす光の諸々のあり方であるが，その光とは『光』であることが喜びである『光』である。このような表現が意味するものを取り出そうとするなら，その光は，それが呼び

---

24)「肝心なのは，神聖さにおいて考えられた神への信仰を，互いに愛し合っており，また互いに相手の中に生き，相手によって生きる人々によって作られる相互主観的統一の運命についてのあらゆる肯定から徹底的に切り離すことができるかどうかを知ることである。実際，真に大切なのは，人間同士のこの相互主観的統一であって，孤立して自分に閉じこもってしまった一つの観念的な存在の運命などではない。私たちが個人の不滅性への信仰を肯定するときに多少とも明白に目指すのは，人間同士のこの相互主観的統一である」(ME II, 156)。

起こす数限りない人々を前提としているが，その人々を照らすためにだけではなく，それらの人々が，今度は自分たちが照らすものとなるためでもあることに気づかされる」(GM I, 130-131)。

　この観点からすると，この世で「私たち」を実現することによって，人間は一つの本質，つまりこの「私たち」の本質の呼びかけに答えるのであり，それを超えて，生命であり永遠である「存在」のある呼びかけに答えるということが分かる。この呼びかけが何であるかが良く分かるなら，同時に芸術や科学における創造的インスピレーションが何であるかが分かるであろう。愛がその本質，つまり「私たち」の呼びかけであるように，芸術的インスピレーションは芸術家が明らかにすることになるある本質の呼びかけである。マルセルは音楽におけるさまざまな本質について大変強調した。芸術作品は，宇宙法則の科学的発見と同様に，いわゆる創造的な想像から生じるものではない。キリスト教的用語でいえば，愛である「私たち」やあるいは音楽的観念，あるいは科学によって発見される宇宙の法則は，私たちがそれに参与している神のさまざまな観念，さまざまな思考であると言うことができるだろう。

　相互主観性のさまざまなレベルについてのこの簡潔な分析で興味深いのは，マルセルにおける直接経験の性質を明らかにするという点である。その性質の四点について強調して述べよう。

　第一に，感覚においてであれ，他者認識においてであれ，直接経験は，時間的な意味で直接的に，つまりすぐには意識に与えられない。直接経験は，第一の反省によって獲得される知識によって覆われており，第二の反省によって再び見つけ出されるはずのものである。

　第二に，直接的認識は，常に限りがあり，不完全なものであるが，その原因は私たちの注意の限界にあり，そのために私たちの知識が実在の直接的な現存に取って代わるのである。

　第三に，より不完全さの少ない直接的認識に近づくには，言い換えれば，私たちが自分のうちに呼びかけ[25]を感じる「存在」にますます参与

---

25)　「存在」の呼びかけは，マルセルにとっては，私たちの使命，あるいは私たちが恵みとして受け取ったものを自覚することを通して認められる（Cf. ME Ⅰ,192.HV, 80 etc.）。ベルクソンにとっては，呼びかけは神秘家たちのように特権的な人間を介して投げかけられる。

するには，私たちの愛する注意の努力次第である。この呼びかけによって私たちの実存は，亡命のようなものであるということを私たちは感じる。ということは，私たちのうちには創造する力，つまり愛があるが，それは，私たちの実存が存在にますます豊かに参与するという意味においてである。すなわち，ますます数多くの人間や自然の美しさと心の交わりを実現し，また科学によってその自然の秩序を把握するという意味においてである。『哲学的遺書』の用語を再び取り上げるなら，私たちはますますさまざまな本質に参与するということができる。このようにさまざまな人間愛は愛である神のうちにそれらの原理と目的をもつ。

　第四に，交わりや相互主観性は，感覚のように共通行為であり，存在的には最初のものである。たとえ時間の中において出会いが互いに出会う個人の存在より後のように思われても，である。「私たち」の本質は永遠である。「あなた方は生涯のうちで，限りなく深い影響を与えられるような出会いをしている。誰でも出会いが精神面で意義のある経験を時にはしたはずである。(…) こうした出会いも，しようと思えば毎回ある〔客観的に分析できる現象として扱える〕『問題』として立てることができることは明らかである。しかしそういう問題の解決，が唯一の重要な問いの手前にとどまっていることも，また私たちには極めて明らかに分かる。例えば人が，『あなたがある人とある場所で会ったのは，あなたと同じ風景を好きだったり，その人の健康が，あなた自身が受けているのと同じ治療を受ける必要があったりするからだ』と言う場合，(…) そうした趣味や病気から推測される一致は，言葉の真の意味で私たちを近づけるものではない。それはここで重要であるような，独特な意味で，親密に通じ合うことと何の関係もない。他方，この親近感自体を原因と見立てて，『私たちを出会わせたのはまさしくこの親近感だ』と言えば，あの有効性を基準とする推理で到達しうる限界を超えてしまうだろう。したがって，私は一つの神秘の現存に触れるのである。(…)〔しかしそれを〕単なる幸運な偶然の出会いにすぎないと言って，推理の限界を超える困難を避けるのだろうか。私が私自身の中心で感じた何かをそのような空虚な形式論や無益な否定で葬り去ってしまうことに対するある抗議が直ちに私自身の奥底から湧き上がってくる。つまりこの出会いの意味や可能性を自分に問う私は，その出会いの外や前に自

分を置くことができない。私はその出会いに参加しており、それに属し、いわばそれのうちにあるのである。そしてその出会いは私を包み、私を含んでいるのである。たとえ私がそのことを理解していなくても。したがって、『結局、そんなことはないも同然だ。私は依然として元通りの私であり、今のままの私だろうから』というように言うことは、一種の自己否定であり、裏切りである。しかしまた、私はある外的な原因によって変わるのと同じように、その出会いによって変わったということもできない。そうではなく、出会いは私を内から発展させ、私自身の内的原理として、私に働きかけたのである」(GM, 129)。それ故、出会いは共同行為である。出会いにおいては、行為という語が重要である。つまり他者の直接的認識は、受動的なものではなく、あらかじめ与えられたある対象が鏡の中に映るようなものではない。出会いによって明らかになる存在は、先にオーケストラのイメージで示したように、「充溢」(DH, 121)[26]である。

　黙想、信仰、祈りも人間愛を基礎づける充溢した統一を私たちに予感させてくれる。それなのに、マルセルが、神が直接的に与えられるそれ以上の神秘的経験についてあまり語らなかったことは奇妙に思われるかもしれない。確かに1973年のディジョンの学会では、この経験は宗教に関わりなく、すべての真の神秘家において同じであることを彼は述べた。「私がよくよりどころにする経験は、本質的には聖人の経験である。真のキリスト教の経験は、聖人の経験であり、しかも十字架の聖ヨハネや聖ヴァンサン・ド・ポールのような経験でもある。それは主観の範囲に閉じ込められていることができる限り少ない経験であり、それどころか現実に深く浸透し、現実を方向づけ、それを変える経験である。そこで、重要なことは、私が今述べたようなキリスト教的経験と他の教義（ここではまだ教義という語に私は全面的に同意しているわけではないが）に属している別の性質の宗教経験、例えば仏教のような経験との間にどの

---

　26)　「希望はある悲劇的なものに結びついているだろう。希望するとは、自分の現在の耐えがたい状況〔例えば愛する人の死やはっきりした心の交流がないことなど〕は決定的なものではなく、ある開きへと向かっているという、自分のうちに内的確信をもつことである」(ME II, 161)。それ故、「希望は存在である充溢において私たちが再び集まり、再会するはずのものであるということを要請している」(DH, 121)。

ような形の対話を打ち立てることができるかを知ることである。そのことはなお確かに非常に困難であろうが。(…) さまざまな矛盾を回避するために, 〜主義という領域にとどまって, まったく抽象的な用語で諸問題を提示する限り, それらの矛盾は乗り越えられないだろうと思われる。重要なことは, 実際, 出会いを重んじることである。これらの出会いが可能で, 望ましいものであり, 出会いは過去に知ったどんな形の交流より豊かで, 恐らく時にはさらに深いものでさえあるということを, 私は深く信じている。ただこれらの出会いを, こう言ってよければ, 教義化しようとするなら, 先ほど触れた困難に再び陥るのではないかと懸念する」(CD, 348-349)。

マルセルが神秘的経験についてあまり語らなかったのは, 恐らく彼の考察がむしろもっと頻繁な経験である信仰に向けられたからであろう。信仰は, ある呼びかけと応答を前提とするが, 厳密な意味では直接的認識[27]には思われない。なお, 祈りが向けられる絶対的な「あなた」は, 一種の現存ではあるが。ただし信仰を分析するとなると, もう一つ別の論を展開することが必要となろう。

ここからはベルクソンにおける共感とは何であるかを見よう。次いで, その共感と相互主観性について比較しよう。

---

27) 確かに広義では, 信仰は, 高度なレベルの直接的認識である。なぜなら,「信仰は知識となりうるようなものの不完全な近似物ではない」(RI, 193-194/222) からである。すなわち信仰は客観的知識に還元されない。「神の現存は明白に信仰において認められる」(GMVE, 75)。この意味で, マルセルは次のように言う。「形而上学的問題は, 思考により, さらに思考を超えて, 新しい確実さ, 新しい直接経験を再発見することにあるのだから, 信仰は〔直接経験である〕感覚の性質を帯びるはずである」(JM, 131, RI, 219/252)。しかしながら, 神の直接的認識は, 神秘経験によってしか可能ではない。そして信仰は, 「存在」との充溢した出会いの予感にすぎない。

Ⅲ　ベルクソンとマルセルにおける直接経験

　ここでベルクソンにおける共感と愛の観念とマルセルにおける相互主観性の比較をしよう。そのためにマルセルの直接経験の四つの性格（213 −215 ページ参照）を再び取り上げよう。

　第一と第二の性格について両哲学者は一致している，とすでに述べた。第一の性格に関しては，両者にとって，直接経験〔l'immédiat〕は，すぐには〔immédiatement という語の時間的な意味で〕，与えられていないということである。直接経験は，ベルクソンにおいては社会的なもの，つまり知性によって構築されるさまざまな意見によって覆われている。マルセルにとっては，この直接経験は，第一の反省によって構成される表象によって覆われている。この表象は，両哲学者にとって，主観と対象，私と他者との対立を含む。したがって直接経験が再び見つけられなければならないのは，ベルクソンにとっては哲学的直観によってであり，マルセルにとっては経験によってであり，その経験を気づかせてくれるのは，第二の反省である。

　直接経験の第二の性格に関しては，両哲学者は，直接的認識が，私たちの注意の限界のゆえに，常に限りがあり不完全なものであるということを十分に分かっている。そしてこれらの限界は，私たちの習慣や先入観によって強められるのである。

　しかしマルセルは，ベルクソンよりこれらの限界を強調するように思われる。というのは，マルセルは，その限界は人間の有限性によると考えるのに対し，ベルクソンは，その限界のかなりの部分は私たちの意志にかかっていると考えるからである[28]。したがって，他者の全面的

28）「人類は今，自らが成し遂げた進歩の重圧に半ば押しつぶされて呻いている。しかも人類の未来が自分次第であることが十分に自覚されていない。まず，今後とも生き続けようと望んでいるのかどうか，それを確かめる責任は人類にある。次にまた，人類はただ生きているということだけを望んでいるのか，それともその上さらに反抗的な私たちの地球上に

で絶対的な認識が可能である（Cf. PM, 179/1394）。これに対して，マルセルにとっては，色々な限界は必ずしも意志によらず，「堕落した被造物」（EA, 255/125）としての人間の実存条件の「不可避的な有限性」（GMVE, 182）によるものである。「この堕落の状態においては，意志が欠けているのか，人間の不可避的な有限性によるのかを区別することは難しい。有限性とは，身体的・精神的構造により，やむを得ず，私たちは他者を対象化し，他者認識に関して偏見やさまざまな意見を受け入れざるを得ないことである」（GMVE, 182）と，パラン＝ヴィアルは説明する。確かにベルクソンも，私たちの実存構造によって，ある程度私たちの注意能力が決定されると考える。しかし彼はその限界を超えることを可能だと考えていると，私たちには思われる[29]。

マルセルにおける直接経験の第三番目の性格，つまり，直接的認識をより豊かにする可能性に関しては，一見するとベルクソンも認めているように思われる。すなわち，私たちが注意を払って愛する努力をすることによって，私たちの内にその呼びかけを感じ取る「存在」にますます完全に参与すると，ベルクソンもマルセルのように考える。このように注意を払って努力することによって，また私たちの人格の高まりという形を取る「かけがえのないより一層の存在」に私たちがなる結果をも実際生む。ベルクソンとマルセルは，私たちの創造の努力が愛，つまり他の人間たちや自然とのより強くより豊かな一致の可能性に結びついていると考える[30]。また両者にとって人間愛の原理と目的は愛である神のうちにある。

しかしながら，両哲学者は，直接経験の現象学的分析に関してではな

おいてまでも，（神秘家のような）神々を生み出す機械というべき宇宙の本質的働きが成し遂げられるために必要な努力を惜しまない意志があるかどうかを自らに問いかけるのも，人類の責任なのである」（MR, 338/1245）。

29） このことは例えば次の文に見られる。「人類は自分を変える気にならなければ，変わらないだろう。だが恐らく，人類は自らを改革する手段をすでに準備したに違いない。恐らく人類は自分が予想する以上に目標に近づいているかもしれない」（MR, 311/1223）。

30） ベルクソンはマルセルより人間愛について語ることがはるかに少なかった。ベルクソンが人間愛について語ったのは，特に閉じられているものと開かれているものを対立させるときであった。さらに彼は，動物においてさえある母性について少し語った（Cf. MR, 42/1012, n°1）。反対に，神秘思想，したがって神秘家の愛についてはマルセルより多く語った。

く，経験を説明しようとする存在論の考え方に関して相違するように思われる。つまり異なるのは，存在と特に神の「存在」についての考え方であろう。

マルセルにとっては，すでに述べたが，存在は充溢しているものであり，さまざまな行為の一体化であり，存在の仕方には高低の序列がある。存在はベルクソン同様，静的なものではないが，ベルクソンのように創造的進化ではない。永遠〔完全なもの〕は，時間の終わりにあるものではない，つまりある進歩の開花と充溢ではなく，時間的存在の目的と原理である。

カリウの表現によれば，「ベルクソン的直観が初めから終わりまで一貫した語で言い表す「『極めて単純な点』は，思考と生命の一致点である。そして生命と思考のこの一致によって，人類が，生物学的宇宙論の起源と終わりの生命原理としての『絶対的なもの』に再び結びつくことができるのである」(BFM, 146)。このように，直観と共感によって人間が創造的進化と一致するとベルクソンが考えるとき，彼はマルセルとは別れる。存在論におけるこの違いは次の二つの違いをもたらす。

a) ベルクソンは進歩の哲学を，マルセルは実存を存在の亡命と考える堕落の哲学を作ろうとする。

b) ベルクソンは，彼の時代の生物学的知識を彼の形而上学に組み入れようと試みる。つまり，科学的見地から見た生物学的生命と，社会的，道徳的，精神的なさまざまな意味を伴った「生命」との間にいかなる溝も見ようとはしない。

第一の相違を取り上げよう。ベルクソンはマルセルと違って，「存在」の呼びかけが私たちの実存を，ある亡命として私たちに感じさせるとは考えない。つまり，ベルクソンは実存を「存在の欠陥」[31]と見なさない。というのは，私たちが持続する限り，私たちの実存の性質は堕落しないからである。逆にベルクソンにとっての堕落は，不動性，非時間性にある。グイエは次のように言う。「人間に歴史性を強いるのは，堕落ではなく，抗しがたい上昇するという意志である。上昇する方法が分か

---

31) ベルクソンは，プロティノスとの間に「親近性を感じる」(E. Bréhier, EB II, 107.) にもかかわらず，「感性的なものを叡智的なものの堕落」(EC, 211/673, n° 1) とするプロティノスの考えを受け入れない。

らなければ，失われた楽園ではなく，失うことになる楽園がある。すなわち，人間は天国を思い出す失墜した神のような存在ではなく，この地上を忘れることができるだろう時には，神になるであろう」(Chr. Ev, 162/116-117)。したがって，ベルクソンの神は，マルセルの神と異なるように思われる。確かにベルクソンは，人間の実存の有限性を認めているし，無限のエネルギーの源としての神と，この源から出て「その各々が一つの世界を形作る」(M, 766) 有限な躍動とを根本的に区別する。しかしながらグイエが指摘するように，「有限性は被造物の事実であるということ，をベルクソンは発見しなかった」(Chr. Ev, 133/95)[32]。確かにグイエは，ベルクソンにおいて創造者と被造物の関係という観念がある程度あることを認める。しかし，彼によれば，この区別は伝統的な唯心論者の行うような区別ではなく，有限な宇宙論的躍動とその無限の源である神との区別である。

　ベルクソンにおける神がマルセル的な意味で創造者として現れないなら，その神はまた「人格神」ではないということも懸念される。この点について解釈者の見解は一致していない。

　グイエは『創造的進化』の神は，「完全に宇宙論的神」(Chr. Ev, 145/105)[33]にすぎないと考える。ユードは，『創造的進化』の神が「至

---

[32]　「伝統的唯心論は，被造物の状態とその有限性を決定する存在への依存を，ある受動性に結びつける。これに対して，新しい哲学は，宇宙論がその進化を描く創造的能力の有限性を確認することによって，被造物の状態を決定する存在への依存を認める。つまり，被造物と創造者の違いは，有限なエネルギーと尽きないエネルギーの源の違いである。それ以上でもそれ以下でもない。神を生命の躍動と混同することに固執する人々は，ベルクソンの考え以下のことを言う。なぜなら，ベルクソンの言葉を繰り返しながら，ひそかにベルクソンの意図以上のものを入れるからである」(Chr Ev, 133-134/96)。ユードは，ベルクソンが『創造的進化』の神を人格的創造者と見なすことを強調し，次のように言う。「生命の躍動の根源に遡ると，進化的なものは何も見つからず，存在と生を与える「創造者」の行為のみが見られる（…）知性的で創造者の神の存在が，宇宙と生物の静的な構造と動的な構造から現れている」(B I, 45)。確かに『二源泉』では，人間に関して，「一つの種であるこの被造物は，（…）定義上，ある停止である」(MR,249/1174) とベルクソンは言う。しかしこの断言は，存在の欠陥としての実存の次元での被造物としての人間の有限性ではないと思われる。この断言は，むしろ宇宙論の次元にとどまっている。というのは，確認された停止は，「内的経験によってその性質が私たちに明らかにされ，生物学がその歴史を語る生命の躍動」(Chr. Ev, 132/94)の進化運動の停止であるからである。

[33]　生命の躍動と神との関係についてはもう一つの解釈がある。ヴィオレットは，彼の著作『ベルクソンの霊性』の中で，グイエの次のような解釈に異議を申し立てる。すなわちグイエは，「ベルクソンが『創造的進化』の中で〔すでに〕神の経験の問題を自分に課し，

高に人格的で，至高に自由で全能である」（B II, 143）と断言する。確かにグイエは，『二源泉』の神は超越的で自由であるということを認めている（Chr. Ev, 187/133）[34]。しかし彼は特に，ベルクソンにとって『創造的進化』が明示する「自由で創造者である神」（M, 964）が，超越的な人格神と，必らずしも同一視されれない，ということを強調する。少なくともグイエとユードの二人の解釈者は，『創造的進化』においてさえ，「神は進化中である」（B II, 142）ということをベルクソンが否定する[35]ことで一致する。

確かにベルクソンが神秘的直観と超越的「存在」の一致を認めるとしても，それは条件付きによってでしかない。すなわち，人間の直観は，この一致に直接的に，つまり一挙には達しえないが，魂の注意の転換によって，直観が拡大されるか引き延ばされるなら，その一致が可能になると彼は信じる[36]。人間は「存在」に参与しているが，神との合一は，

その著書によって彼はその問題を検討するようにさえ促された」（*La Spiritualité de Bergson, op.cit.*, p.466）と断言する。ヴィオレットによれば，「それほど間違っていることはない。（…）『創造的進化』の形而上学によってベルクソンが探すことを促されたものは，生命の躍動（エラン・ヴィタル）の証人たちである。神については，『創造的進化』の体系自体が，神を直観することができた人たちを探し求めることをその著者に禁じていた。つまり，私たちの宇宙は，神から引き離され，切り離されており，したがって，神と私たちの宇宙との間にそれだけが直観を可能にする実体の連続性は存在しない。ベルクソンが神秘家たちのうちに『神の証人』を見るように導かれたとしたら，それは偉大な神秘家たち自身が繰り返す断言によって，『創造的進化』にもかかわらず，彼がそこへと導かれざるを得なかったからである。（…）『二源泉』の人格的で超越的な神は，1907年にベルクソンがそれに神の名を与える〔生命の躍動（エラン・ヴィタル）の〕単に自由で『連続的なほとばしり』とは，非常に漠然とした類比（アナロジー）しかなかった。恐らくベルクソンは，『二源泉』で神秘家たちを哲学のために役に立てたかったのではないか」（*Ibid.*）。ヴィオレットによれば，『創造的進化』の時期には，ベルクソンの生命の躍動の理論は，新プラトン哲学の「流出論的汎神論」（*Ibid.*, 558）に近かったが，『二源泉』では，ベルクソンは，「隣人愛の次元における創造は，私たちを神に似せたものとし，私たちを神的な存在とし，私たちを「神格化する」（*Ibid.* 468）という彼の発見によって，ある乗り越えを示す。それ故，「流出論的汎神論とキリスト教的人格主義の対立」（*Ibid.*, 560）の後，彼は前者から離れ，後者を見出すのである。

34）モッセ＝バスティッドは次のグイエの考えにほぼ近い。「『二源泉』の神は，もはや『創造的進化』が語っていた『絶対的なものの漸進的発展』ではなく，まったく完全な愛であるので，その愛を増したり変えたりすることももはやできない。その行動が人々を魅了し，輝かしい模範となる偉人たちにあっては，彼らの情熱は探求することではなく，充溢を示している」（R-M. Mossé-Bastide, *Bergson et Plotin*, PUF, 1959, p. 40）。

35）この点について，ベルクソンが進化の観念に付け加える「創造的」という形容詞は，神ではなく，被造物の創造性を示していると，ユードは明確に説明する（Cf. B I 39）。

36）さらにカリウが指摘するように，「神秘主義における神との合一は，常に有限性の

神秘家である例外的な人々を除いてはない。

　この点について，マルセルは，『創造的進化』のベルクソンの神に対しては，グイエやユードほど好意的ではない。マルセルは，『創造的進化』は，ベルクソンが汎神論に直面しているのかいないのかを，読者に不確かなままにしているのではないかと危惧する[37]。言い換えれば，ベルクソンには人間を創造的進化に内在するものと見なし，創造的進化と「存在」とを同一視する傾向があるのではないかと，マルセルは危惧する。またこの傾向は創造的進化の観念の曖昧さ，つまり生命の観念の曖昧さの結果から生じるのではないかと危惧する。生命は，まず進化する生物学的生命であり，ベルクソンが私たちの創造する力とその力の源にある「存在」を発見するのは，この生物学的という科学的な意味での生命進化においてである。彼が人間の努力を特別なものとするのは，人間の生命の躍動(エラン・ヴィタル)が他の生物の躍動(エラン)より強いと彼には思われるからである。しかし力の違い，つまり，創造力を強めることは，生物学的生と精神的生との真の異質性や，また例えば芸術的創造のような有限な人間たちの創造と最高度の「創造的エネルギー」(MR, 273/1194) である神の創造の真の異質性を作りだすのに十分であろうか。

　そこから，つまり生物学的生と精神の生，人間の創造と神の創造の異質性に対する考え方から，マルセルとベルクソンとの間に二つ目の違いが見つかる。ベルクソンは，生命について彼の時代の生物学者たちが獲

意識によって条件づけられており，その有限性の意識は，絶対者と自己の関係によってしかそのようなものとして把握されないのであり，絶対者を自己の根拠で存在理由と断言することは可能である」(BFM, 150) と，ベルクソンは恐らくまた認めるであろう。

37) Cf. «Qu'est-ce que le bergsonisme ?» *Temps présent*, 30-6-1939, p. 5. マルセルは，「彼の哲学は汎神論にしか行き着かない」(H IV, 545) と考えるトンケデクほど厳しくはないが，「この点について，矛盾したさまざまな解釈が，長い間互いに対立していた」(*op. cit.*) ということは無視できないと考える。マルセルのこの疑問を呈する態度は，この点に関して1912年にベルクソンが行った次のような答えと明確化の後にでさえ表明されていることを指摘しよう。「『創造的進化』〔の考察〕は，創造を一つの事実として示している。そのことから，創造者で自由であり生命と物質を同時に生み出す神という考えと，その神の創造の努力は，生命の側で，さまざまな種の進化と人間の人格の形成によって続けられるという考えが，明らかに引き出される。したがって，これらのことから，一元論と一般的な汎神論に対する反論が引き出される」(M, 964)。一元論と汎神論という理由でベルクソンに向けられた批判に関しては，グイエによれば，「もちろん哲学者ベルクソンの真正さを疑うことはないが，ある人たちはベルクソンの意図より以上に学説の論理を推し進めて批判したし，今も批判している」(Chr. Ev, 132/ 94)。

得した知識の延長上に一つの存在論を作ろうとする。あるいは少なくとも当時の生物学者たちの知識を彼の形而上学に組み入れようとする。マルセルが異論を唱えるのは，生物学と存在論の総合のこの試みである。彼には，この試みは「最も差し迫った意識の要求に真っ向から対立する」[38]ように思われる。その意識は，「キリスト教的な意識だけでなく，世界の神的本質に同意する意識でもある」(Ibid.)。

確かにマルセルは，生物学という語がベルクソンの用語では非常に広義にわたっていることを考慮に入れている。つまりベルクソンが，私たちの生やその目的に関して，生物学が行うように価値に関するあらゆる考察を除外する[39]とは主張しない，ということを彼は認める。すなわち，物理化学的次元の研究としての生物学は，厳密に客観的な方法で生命機能の研究を対象とする。しかしながら，マルセルは，「あらゆる道徳は，圧力の道徳であれ熱望の道徳であれ，生物学的本質のものである」(MR, 104/1061)ということを認めるベルクソンの表明については，全面的には賛成しない。というのは，マルセルにとっては，これまで見たように，私たちの神聖な本質は，「神の刻印が押されていて，不滅の運命へと呼ばれている」(GM I, 130)からである。彼はまた宇宙の聖なる意味[40]についても強調する。マルセルは，ベルクソンの生命の躍動(エラン・ヴィタル)の考えと，ベルクソン的経験論に対して厳しい対応を示して言う。「ベルクソン氏が生命の躍動(エラン・ヴィタル)に至高の形而上学的尊厳，つまり絶対的な精神的要因である尊厳を与える努力をどれほどするにしても，生命の躍動(エラン・ヴィタル)を超自然化するために，彼は自分の体系の生物学的前提に囚われたままであるとまで私は言おう」[41]と。ベルクソンの経験論については，マルセルは，経験の検証に基づいた客観的諸科学においてしか正当化されないと考え

---

38) «Les Lettres», Nouvelles Revues des Jeunes, 15 avril 1932, p. 418.

39) それ故，狭義の生物学は，「『生』が良いか悪いかという問いだけではなく，さらに突っ込んで，この問いに何らかの意味があるかどうかという問いは未解決のままにしておく」(PST, 154-155) ことを主張する。

40) 「マルセルのいくつものテキストは，自然が彼に吹き込む聖なる感情について強調するか，宇宙の神聖さという意味を持つさまざまの異教を認める」(GMVE, 136, n8. Cf. H V，283 etc. PVA, 419, PST, 150, 171, 174, CD, 390)。ティリエットは，「G・マルセルのキリスト教的オルフェウス教」という論文の中で，マルセルのオルフェウス教的要素を指摘する (X. Tilliette, «L'orphisme chrétien de G. Marcel», Questions, 1974, n° 2, pp.76-80)。

41) «Henri Bergson et le problème de Dieu», L'Europe nouvelle, 30 avril, 1932, p.558.

る。検証性の要求は，色々な存在を客観的に研究するときは正当であるが，反対に，客観化できず，検証不可能な，超感覚的な「存在」への接近を妨げる。この理由で，マルセルは，「神秘主義は，神の存在と性質の問題について，いわば経験的に取り組む手段を与えるはずだ」(MR, 255/1179) と，ベルクソンのように断定をすることは受け入れがたいと考える。「ベルクソン氏は，この問題を哲学が別な方法でどのように取り組むのかは分からないということを認める。というのは，彼にとって存在するものは，実際であれ，可能であれ，経験に与えられているからである。この種の経験論が必ず要請する重大な条件については，ここでは私は強調しないでおこう。ただ，ついでに言うなら，神秘的経験が存在するとすれば，この経験は，それについて記述できる特定のある物事を対象としているとは言えないと考える道理がある。ここでは経験の範疇はまったく異なっている」[42]。ここでベルクソンが考えているように思われること，つまり「哲学的直観は，かなり不正確ではあるが神秘的経験と呼ばれるものとの一致へとあっさり導かれる」[43]いうことは認められる。この観点で，マルセルは，ベルクソンの経験論は，神秘家が受け取った啓示と理性の関係を説明していないと判断する。したがって，ベルクソンが神秘的経験について「生物学あるいはもっと正確には超生物学の言語で」(Ibid.) 行う解釈は，「不可避的に一種の神知学の方へ向かい，そこから超越的という意味がすべて，初めから排除されてしまっているのではないだろうか」(Ibid.)[44]。

確かなことは，〔そしてここで両哲学者の最も重要な相違に至るのであるが，〕マルセルは科学と形而上学の総合を行おうとするベルクソンの意志に困惑していることである。というのは，客観的で科学的態度は，知る主観と知られる対象の分離を含むからである。確かにカリウは，ベルクソンの経験を擁護して，この方法は，実験的で科学的であるばかりではなく，私たちがマルセル的と考える意味で，「経験そのもの」

---

42) «Qu'est-ce que le bergsonnisme ?», op. cit., p. 5.
43) «Henri Bergson et le problème de Dieu» op. cit., p. 559.
44) なぜなら「内在性と超越性という用語は，恐らくそれらを空間性で損なわれたもの〔つまり空間的な区別にすぎない〕と見なすベルクソン氏の用語とは一般的に無縁である」(Ibid.) からである。

第2章　ベルクソンの共感と愛およびマルセルの相互主観性　　225

に至ると断言して次のように述べる。「神秘家の魂の状態を『共感的に
経験』しようとすることによって，ベルクソン哲学は，生命の原理その
ものとの一致の『頂点』に到達するための努力となる」(BMF, 154)。

　直観や一致という語さえも主観と客観の初めからの分離を含んでいる
ように思われるが，重大なのは，いわゆる対象が神であるときである。
神は絶対に対象化できないのであるから。つまり「私たちが神について
話す時，私たちが話しているのは，もはや神ではないということを知っ
ておこう」(JM, 158)，とマルセルは言うのである。この主観と対象と
の分離の感情は，宇宙が，進化し，発展するものと考えられるに応じて
強まる。というのは，宇宙の進化が向かう方向にある神が，この宇宙を
超越しているのか宇宙に内在しているのかを私たちは自分に問うことが
できるからである。

　以上のことは，マルセルが「回想録」で表現しているためらいを説明
している。実際，彼は，ベルクソンが「存在の哲学を事象の哲学として
考える」(EX.CH, 318) ことに貢献し，「存在」を物化したのではない
かと危惧する。もっともマルセル自身もこのように考え，そしてそれ
故，彼が哲学の道を歩み始めた頃，存在の哲学から離れようとする傾向
があったことを認めている。

　しかしながら，マルセルはベルクソン哲学の中に，この経験論を乗り
越える何かがある，ということを理解する。例えば，ベルクソンが創造
を，互いに愛し合い，創造するように呼びかける人間への神の愛の行
為であると定義する箇所では，マルセルは，「神は，ここでは『人格者』
として考えられており，生物学的カテゴリーは確かに乗り越えられてい
るように思われる。〔しかし〕そのカテゴリーが実際には乗り越えられ
ているのか，あるいは，ベルクソン氏自身がその生物学的カテゴリーを
打ち破ったという意識を持っているかどうかは疑わしいのであるが。し
かし，この哲学を駆け抜けている息吹はさらに高くさらに遠くから来て
いるということを，考えざるを得ない」[45] と述べている。

---

45)　«Les Lettres.», *op. cit.*, p. 422. さらにカリウはベルクソンの経験論に関して，次のよ
うに言う。「ベルクソンの次のような表明からすれば，哲学者は，自分が何らかの仕方で参与
していない経験を解釈することができるだろう，と考えることはできない。『神秘主義は，そ
れを何ほどか実感したことのない人にとっては，意味の分からないもの，まったく何も分か

マルセルのこの主張は，ベルクソンに対する多くの賞賛点に付け加えられたものであり，両哲学者の存在論は，生物進化に関するベルクソンの関心を考慮に入れないなら，思ったほど違ってはいないと考えたくなる。両哲学者に宿る神への深い関心の他に，特に『思考と動くもの』と『二源泉』においては，直接経験の観念に関してベルクソンのマルセルとの一致が見られる。確かに，すでに述べたが，マルセルの存在論は，プラトン哲学に近く，進化という考えを排除する[46]。反対に，ベルクソ

らないものである』（MR, 25 1/1177）。それ故，哲学的直観が，神秘主義の探求という点で神秘的直観にならないとしたら，神秘主義は，哲学者にとってまったく分からないものであろう。形而上学が直観を方法とすることを認めるなら，そしてまた直観がとらえる糸を究極までたどって行くことを認めるなら，まさしく人は神秘主義に到達し，形而上的経験は偉大な神秘家たちの経験に結びつく。それ故，神秘主義は確かに哲学の完成である」（BFM, 154-155)。

　46）マルセルとプラトン哲学とのつながりに関しては，マルセルは参与や想起というようなプラトン的響きをもった観念を用いるばかりではなく，一人一人の具体的でユニークな人間存在は，「存在」のあり方であるさまざまな普遍的な本質を通じて，超越的「存在」に参与していると考える。「マルセルにおいて，創造は，（美的創造であれ，他のものであれ）想起に類似している。創造は，私たちが自分の力だけで実現する無から作り出すことではなく，ある『恵み』に対しての開きであり，ある『現存』を認めることであり，能動的な受容性であることを意味することを認めることである」（GMVE, 93, n16）。マルセル自身，プラトンを参照していることをはっきり示す。「普遍的なものとは，精神である。そして精神は愛である。この点で，他の多くの点と同様に，私たちが立ち帰らなければならないのはプラトンにである」（HH, 12/17）。そして彼の著書が呼びかけるのは，「抽象的または無名の知性に対してではなく，一人一人の個人に対してであり，その人たちに対して，深い反省を行う生活を呼び覚まさなければならないのである。その反省は，ソクラテス的，プラトン的な意味での真の想起によって行われる。それ故，本書『存在の神秘』は，ソクラテスとプラトンの旗印の下におきたい。もっともそれは，実存主義という恐るべき名称が，著者の場合に生じさせた嘆かわしい混同に対して，最も明確な仕方で抗議するためでしかないであろう」（ME I, 5）。実存と「存在」の関係を，相互主観的行為の性質を通して理解を求めるパラン＝ヴィアルの分析がはっきりと次のように述べているのは，このことである。「1）マルセルのすべての探求が向かい，また，それなくしてはこれらの探求が不可能であるような存在は，（…）目に見えない『現存』である。私たちはその『現存』について直観はできないが，交わりとして，また具体的で普遍的なものとして予感する。つまり『私たちがこの世で知ったものとは違う仕方で』，私たち人間は，存在において，つまりそこでは私たちが『すべての人が一つになる』真の充溢した統一（DH, 184）において交わるであろう。2）この一致が理解できるのは，『存在』がその本質において行為である限りにおいてである。行為だけが互いを結びつけることができるのであるから（オーケストラの隠喩）。3）『存在』が行為であるということから，他方，自分たちが互いに結びつく部分的な交わりの存在があることを理解できる。つまり，その部分的一致の存在は，有限な行為から個々の人間存在へと向かい，次いで，あらゆる種類のさまざまな普遍的本質〔真・善・美など〕へと向かい，さらに『宇宙霊魂』（あるいは『実在の中心』）へ向かい，神にまで至る序列の存在である。けれどもすべての段階に現存

第2章　ベルクソンの共感と愛およびマルセルの相互主観性　　　227

ンによれば，宇宙と生物は計り知れない進歩に突き動かされ，その目的は神秘的経験に現存する神の愛である。しかし，この神は，また神秘的経験の中に確かに現れる原理であるように，宇宙と生物の原理としての神でもあるのではないのだろうか。

　持続や共感，愛，哲学的直観，また特に，神秘的経験といった経験においてベルクソンによって発見された直接経験は，言葉に表現できないものである。したがって，読者は言葉で理解しようとすると，行為を言葉によって固定してしまい，行為を物として扱いがちである。用語の落とし穴を避けるなら，——この点でマルセルはベルクソンより意識的であるが——，両哲学者は，同じ経験，実在との同じ接触を語ろうとしていると考えられないだろうか。しかもそれらは，両者にとって検証されない[47]何かあるものではないだろうか。ベルクソンが強調する動くものや共感や愛は，マルセルが完全な相互主観性で表現しようとしたものに当てはまるように思われる。

　他方，ベルクソンが用いてマルセルが用いないだろう「一致」という語は，マルセルが不満足ながらも用いる「参与」という語で表現しようとしたことに当てはまらないだろうか。ベルクソン的「一致」は，全面的ではない。ましてや一体化することでもない。さらにベルクソンは「神秘家と創造的努力との部分的一致」（MR, 233/1162）を語るが，その創造的努力は，「神自身ではないとしても，神から来るものである」（MR, *Ibid.*）と彼は言う。またベルクソンが「一致する」よりその頻度

しているのは，統一する『光』（神）である」（GMVE, 136）。
　47）　ベルクソンも同様に，「私たち」の経験はすべての人の経験ではないと考える。しかし彼は，それだからといって神秘的経験の真実性を否定しない。音楽の例を参考にして，彼は言う。「確かに，神秘的経験がまったく分からず，実感も想像も全然できない人たちもいるだろう。音楽の場合でも同様で，騒音でしかないと思う人々にお目にかかることがある。こうした人たちのうちにもやはり，同じような怒り，同じような恨みがましい口調で，音楽家についてあれこれ言いたてる人がいる。だがそこから音楽否定の論証を引き出す人は誰もいないだろう。だからこの種の否定は意に介さないでおこう。そして神秘的経験を最も表面的に検討してみただけで，この経験が真実であることを示すのに好都合な推定を生み出さないか，見てみよう」（MR, 261/1184）。新カント主義的観念論によって打ち立てられた「私たち一人一人に固有なものと，すべての人々に共通のものの根本的な区別」（PI, 24）は，マルセルには意味のないものに思われる。つまり，その区別は合理的で，客観的であり，構成されたもので，相互主観性を尊重しないという性格を示す。

は低いが,「参与する」[48)]という動詞をマルセルと同じ意味で用いていると思われる箇所が見られる。「諸事物の根源にあって私たちの眼下で続けられている偉大な創造の業に,自分自身を創るものとしての私たちも参与していると感じるだろう」(PM, 116/1345)。ユードがベルクソンの用いる「参与する」の動詞を取り上げて行う説明は,私たちの解釈を一層裏づけてくれる。「人間に神の創造と同じ創造の力を与えることはできないが,それに『参与する』(MR, 116/1345) に必要な何らかのものを与えるべきである。つまり,人間はある『行動力』によって神の創造力に参与し,それによって自分をまた一人の主(あるじ)とするのである。それは,自己を創るその業によって至高の『創造者』に参与することであるが,神が私たちの内にその行動能力を創るとき,その業は私たち人間に力を貸し,私たちに『喜びを与えて強め』(PM, 116/1344) てくれる。それが『よく生きること』(PM, 116/1345) である」(B II, 134)。私たちがこの解釈を受け入れるなら,ベルクソンがいつも用いる「一致」という表現と,彼がこの語に与える意味,つまり「直接的な見方」はベルクソンの直観を正確に伝えないように思われる。しかしながら,「一致」の観念は,ある曖昧さを含んでいるように思われる。この曖昧さは,特にベルクソンが信仰に対して取る立場に際立っている。つまり彼が信仰を直接経験であると認めるのは,神との接触あるいは合一,直観的「啓示」[49)]である神秘的経験においてのみであるからである。熱意に欠ける平凡な信仰は,このような接触をじかに望むことはできないが,神秘家たちの信仰によって,また彼らの信仰を燃え立たせることはできる。さらにベルクソンは,教条主義的宗教の枠の中で展開する信仰に異議を唱える。そうした宗教の教義と知性面は,真の神秘家的な熱意を冷ましたり消したりすることしかできないからである。マルセルは,神との関係の次元においては,神秘的経験のみが厳密な意味で直接的であると考える点で,ベルクソンと一致する。しかしながら,彼は,ベルクソンとは

---

48) 参与という語は,ここで取り上げている『思想と動くもの』の他には,『二源泉』で一回だけしか見つからない。「高みへと身を置こう。そうすれば私たちは他の種類の経験をするであろう。つまり神秘的直観である。この直観は神の本質に参与することであろう」(MR, 281/1200)。

49) 「信仰が『直観的』であるといってもいいのは,神は信仰の対象でしかありえないということを,信仰がまさに一挙にとらえることによってである」(BMF, 172)。

逆に，ある程度不確実に生きられる信仰でさえも，「存在」への参与の予感であるということを認める。自分の生き方に不満足であることに悩む人間は，希望と信仰を持つが，その希望と信仰は，感覚的実在や人間愛や神秘的経験に関して私たちが用いる意味では直接経験ではないが，それでも神秘家に啓示される神の愛の予感である。

　ベルクソンが，マルセルと，そう考えられているほど違わないもう一つの点がある。それは『二源泉』でベルクソンが，神はすべての創造の行為の統一である（Cf. MR, 251/1176）と明言し，マルセルも同様に「アリストテレスからヘーゲルに至る最も偉大な精神は，上のものが下のものを説明するのであって，その逆ではない」（PST, 173）と述べている点である。しかしながら，ベルクソンが神を存在的に最初の統一として発見するとしても，彼が行った科学的検証と歴史的生物学によって集めた実証的事実の分析という回り道は，彼が神秘的経験において直接的に感じ，おそらく哲学的直観においてすでに予感し神を最初の統一として見出すことを遅らせたように思われる。ともかくも，この生物学による迂回が一つの誤解を引き起こす危険をはらんでいる。すでに述べたように，神は創造的進化である進歩の原理であるということを私たちはまったく認めないわけではないが，ベルクソンが，「存在」と永遠を事象のように扱うべきではないということを彼の読者に理解させることができたかどうかを問うことはできる。また実際，直観という語は危険である。その語は主観が対象から分離しており，その対象の直観がその対象を映し出しているということを前提としているように思われる。この危険を退けるためには，主観と対象の持続する時間の中で動く性格を強調するだけで十分であろうか。ユードはベルクソンを擁護して次のように説明する。「人間の精神は，無限の人格である『神』の『絶対性』に向かって，回心と反省によって，常に発展し，再創造され，動く。そのために人間の精神は動くのである。その動きは，砂や渦巻きとしてではなく，絶えず『第一原理』の動きを受け取っているものとして，その『第一原理』を熱望し，あらゆる行動とあらゆる思考においてそこへと向かうのである。したがって，人間の精神は，実際この世では動くもの，つまりはるか昔から永遠へと向かう，通行人，旅人としてしか存在できず，認識されないのである」（B II, 171）。とは言え，私たちも主

観と対象の区別という考えに関してベルクソンの次の二つの説明を読めば，その区別の観念は恐らく緩和されるであろう。直観あるいは「私たちの意識はその原理と同じ方向に確かに進む」(EC, 238/696)。「哲学は，精神の自己自身への復帰であるだけではなく，さらに人間の意識と意識がそこから出てくる生命原理との一致であり，創造的努力との接触である」(EC, 368-369/807)。

さらに両哲学者の違いで重要に思われる指摘が残っており，それはプラトン哲学に対する立場に関するものである。ベルクソンは，プラトンとの対立を強調して，次のように言う。「永遠は，〔プラトンの考えるように〕一つの抽象として時間から超然としているのではもはやなく，一つの実在として時間を根拠づける」(EC, 317/763)。ベルクソンにはさまざまな本質の場がない。というのは，彼はプラトンの弁証法と「イデア」論を退けたからである (Cf. B I, 175, nº141)。彼はプラトンの「感覚界を超えたところで，『善のイデア』という，諸『イデア』の中のこの『イデア』に支配されるさまざまな『イデア』の階層序列」(MR, 257/1181) は，抽象概念の総体[50]にすぎないと考えた。ベルクソンは本質の観念を批判しているので，彼にあっては存在の序列はなく，ただ進歩の時間的段階を吸収するだろう永遠へと向かう進歩があるのみだ，と考えられるかもしれない。反対に，マルセルは，初めはプラトンについての誤った解釈によって彼から遠ざかっていたにもかかわらず，プラトンのように，さまざまな本質は実在自体である，と見なすに至る。というのは，キリスト教的表現で，諸本質は神の諸「思考」（イデア）であるといえるだろうから。感覚的諸実在が真であるのは，それらが諸本質に参与して

---

[50] 確かに，ユードは，ベルクソンが『クレルモン＝フェランでの道徳学講義』では，「善」のイデアを参照していることを指摘する。なぜなら，道徳的諸事実は，「あるもの（『善の』イデアを含んだ判断）を前提にしている」(B II, 152) からである。それ故，ユードによれば，ベルクソンは，善が快楽や実利，共感，人間の完成でさえ「よりも以上の何か」であることを認めている。彼によれば，「この善が『他の道徳感情以上の何か』という問題に対してベルクソンは明白な解決を提示しないが，それでも彼が示す論破できない結論は，「『善』はこの世のものではまったくないということである。(…) 善はその根底では，神自身でしかありえないのである」(Ibid.)。以上のことと，セルティヤンジュ神父との対話でベルクソンがプラトンの言語哲学は抽象的言語に基づき過ぎていると批判する発言とを考慮すると，彼は彼なりに神的本質を認めていると考えうるであろう。ただ彼は，プラトン哲学におけるより神秘主義において，人間と神とのはるかに直接的な関係があると考える。(Cf. A. D.-Sertillanges, *Avec Henri Bergson*, Paris, Gallimard, 1941, pp. 33, 45-46.)

いるからである。『哲学的遺言』でマルセルは次のように述べる。「〔信仰が一つの実在であることを「敷居の哲学」の立場で示そうと試みていた〕状況の中で，哲学面で私に課された問題は，宗教的表明がよりどころにするさまざまな本質に当然あると認められる実在のタイプを決めるというより，把握することであった。その宗教的表明は，恐らく何よりも私たちが神の印を押され，不滅の運命に呼ばれている状況にあるという表明である。その上，今しがた本質という混乱を招きやすい語を用いたことに後悔がないわけではないことは認める。私の考えでは，さまざまな本質は，(…) 聖ヨハネが語るように，『この世に生まれたすべての人間を照らす光のあり方』であるが，それは『光』であるという喜びの『光』のことであると，すぐに付け加える必要がある。この表現が含むものを取り出そうとするなら，この光は，それが呼び起こす無限に多数の存在を前提としているが，その『光』はそれらの人間を照らすためだけではなく，今度は彼らが照らすものとなるためにあるのだということに気づく。私の思想のこの面は，常に過小評価されてきたし，少なくとも私の思想の実存的性格をもっぱら強調し過ぎた人々によって十分に評価されない恐れがあった」(GM I, 130-131)。

　本質はある進化の終わりにある充溢ではない。本質は永遠であり，すなわち事物や生命あるものの空間的で継起的な面の原理と目的であり，統一の源である。マルセルにおいて一層重要なことは，「プラトン的な意味と考えられうるほど本質的には違わない意味で，対話による上昇的弁証法(ディアレクティク)がある」(EA, 247/121) と彼が考えることである。この上昇的弁証法(ディアレクティク)によって，私たちは，「存在」あるいは「真理」や諸本質に導かれるだけではなく，人間同士の愛から，それらの人間愛が明らかにする神への愛へと移行する。反対に，ベルクソンは，神秘家たちのように，神を見出すためにまず被造物から離脱し，次いで被造物である人間を愛さなければならないが，神を通して愛さなければならないと考える。しかしながら，他方ユードのように，ベルクソンには存在の序列という考えがあると認めることもできる。なぜなら，「生物の完成度の序列とこの序列の段階をますます高く昇って行くことにある生物の歴史をベルクソンが考えている」(B II, 94) からである。また，ベルクソンが哲学的直観で予感し，マルセルが愛の経験で予感するものは，同

じ真理, 同じ存在, 同じ直接経験であるということも期待できる。つまり, 彼らの真の違いは言葉の中にしかないということを期待できる。すべての神秘家たちは, そしてまたすべての愛し合う人間たちさえも, 彼らの経験が, 美の経験と同様またそれ以上に言葉に尽くせないものであると明言した。しかしながら, 検討が残されているのは, 両哲学者がそれによって永遠を予感した存在のこのような深い経験について同じ面を強調しなかったという点についてである。ベルクソンは動くものについて強調し, マルセルは充溢した性格について強調する。そこに対立というより補完性を見ることは恐らく可能であろう。確かなことは, 両哲学者にとっての直接的認識の重要性であり, それだけがどんなレベルにおいても真で疑い得ないものである, ということである。同様に確かなことは, 彼らの概念を論じることによっては, ベルクソンもマルセルも理解できないということである。彼らを理解し彼らに近づくためには, 経験, つまり直接経験を再び見出そうと試みなければならない。両哲学者が私たちに呼びかけようとするのは, この経験を生きるために必要な反省と純化の努力である。彼らは道を示しながら, 私たちがその努力をする手助けをする。それ故, 彼らの哲学は, 単なる精神の遊びとは別物であり, 反省することを真に学ぶことであるが, それこそが, この世での知恵と死後の永遠の愛へと私たちを導くに違いないだろう。

　したがって, 結論として, 直接経験についての考察によって, 両哲学者は, 神の不在とその存在の要求から, その遍在の予感へと至るが, また恐らくベルクソンにとっては, 神秘的経験における神の現存へと至ると言えるだろう。確かにこれまで見たように, マルセルは神秘的経験とベルクソンの哲学的直観とを同一視することを嫌った。しかしながら, ベルクソンが人類の歴史において神秘家たちの重要性を強調したということによって, この直観という語が, カリウが示唆しているように, 神秘的経験に非常に近いベルクソンの経験を正確に伝えないのではないかと問う余地がある。

　いずれにせよ, 人間にとって主要なことに関して, つまり人間の生の意味である神と永遠に関して主要なことに関しては, ベルクソンとマルセルは, 彼らの語彙と客観的科学に対する彼らの立場の違いによって異なると考えられる以上に, 遥かに近い。

全体の結論

　本比較研究の終わりにあたって，私たちが獲得したものを要約してみよう。
　第一に，二人の哲学者において注目に値するものは，直接経験へ立ち帰ろうとする意志である。この意志は20世紀初頭の哲学の特徴であるように思われる。直接経験は，前述語的で，主観と対象との対立を含む判断以前の経験であり，それ故に，実在に密着している経験において達せられる。ベルクソンとマルセルは，この経験に忠実であろうとする。そして彼らはこの具体的な認識を，それを覆っている言語や抽象的概念を超えて，その独自性において再発見しようと試みた。この認識は主観と対象の分離を超える経験である。この認識を見出すには，方法が必要である。
　この方法は，ベルクソンにおいては開く態度を前提とし，マルセルにおいてもまた心の開きである受容性を前提とする。実際，両者とも，観念論が「思惟一般」と呼び，古典的経験論が受動的な主観と見なす，閉じて個性を失った主観に実在を閉じ込めない。
　ところで，直接経験へ立ち帰ろうとする同じ意志は，フッサールにおいても見られる。パラン＝ヴィアルは次のように指摘する。「マルセルの方法〔そしてこの方法はベルクソンに対しても当てはまると私たちは考えるが〕は，フッサールの括弧に入れる方法と同一ではないにしても，本質的に似ている（GMVE, 33）。この類似性は，ベルクソンもマルセルもドイツ現象学の影響を受けなかったにもかかわらず，である[1]。

---

　1) ドイツ現象学とマルセルの研究との関係に関して，リクールは次のように指摘している。「マルセルの業績は，〔ヤスパースの業績と共に〕現象学の創設者による現象学の観

しかし両哲学者がドイツ現象学と一線を画するのは，テヴェナが言うように，ドイツ現象学にとっては，「何が存在するのか，どんな実在を私は確信しているのかということも，根本的で第一の実在は何かと問うことも重要ではない点[2]であるように思われる。反対に，ベルクソンとマルセルが自らに問いかけるのは，これらの問題である。両哲学者にとって，私たちが直接的に把握するのは，私たちの直接経験，つまり感覚から美的経験，共感，愛に至る経験に固有の存在のさまざまなあり方である。直接経験は，両哲学者にとって，主観と対象の対立を超えて，自己以外のものを私たちに明らかにしてくれる開かれた行為である。感覚に関してフッサールとマルセルの関心の違いは，リクールによれば，「マルセルの問題は〔さらにベルクソンの問題と私たちは付け加えよう〕，経験によって私たちがどのように「意味を作りだす」のかを知ることではなく，この意味が正にどのような仕方で私たちから逃れるかを知ることである。なぜならこの意味は私たちに先立つからである。そのためにマルセル〔とベルクソン〕は，『感覚でとらえられるもの (le sensible)』，あるいは感覚でとらえられるものの意味より，『感じる行為 (le sentir)』についてはるかに考察をめぐらすのである」(EAGM, 76)。その上，ベルクソンとマルセルの現象学がドイツ現象学と顕著に異なるのは，彼らの現象学が，価値論的考察，さらに適切に言えば，感覚から精神的実在〔例えば芸術家の知覚，ベルクソンにおいては共感と愛，マルセルにおいては存在の神秘[3]である感覚と愛の真実性〕に至る，実在の異なったレベルの把握と切り離せないという点である。
　第二に，両哲学者において同様に顕著なことは，彼らの並外れた知的誠実さであり，その誠実さが彼らを哲学的考察によって「真理」の探究へと突き動かし，神へと導いたということである。私たちは空間的時間

念論的な解釈とフランスにおける実存的な再解釈との間の主要なつながりを形成している」(P. Ricoeur, *Tendances principales de la recherché dans les sciences sociales et humaines*, Paris, Mouton, Unesco, 1978, t. II, p.1513.)。

　2) P. Thévenaz, *De Husserl à Merleau-Ponty, Qu'est-ce que la phénoménologie ?* Neuchâtel, Ed. de la Bacconière, 1971, p.59.

　3) 「認識の神秘があるように，愛の神秘がある。(…) そして愛の神秘は，実のところ身体性 (incarnation) の神秘であり，その愛の神秘は，それ自体無限に特定化して現れる」(HH, 69/62)。「神秘の観念は存在の充溢を明らかにするばかりではなく，また存在の欠如をも明らかにする」(J. Parain-Vial, VPGM, 372)。

と破壊的時間という考えを持つが，その根底には，ある持続があることを彼らは示した。さらに両哲学者は，私たちの注意の行為が拡張するとき，私たちは一層集中した持続を生きることができることを示した。例えば私たちがある交響曲あるいは講演の一節ばかりではなく，それらの全体を一挙に把握することができるように。こうした私たちの持続の極限にあるのが，永遠であり，また愛である神である。さらに，永遠は私たちの持続を超越する。なぜなら，神は私たちの時間的存在の原理であり目的であるからである。確かにマルセルの思索は，初めから感覚と相互主観性と同時に，信仰へと向けられている。しかし，彼が人間の存在あるいは本質に根拠を与える神に出会うのは，感覚，信仰，相互主観性の性質を深く掘り下げることによってである。ベルクソンが神を見出すのは，彼の思索の終わりにおいてでしかなく，すべての生物に共通の「原理」を深く掘り下げることによって，である。しかしながら，両哲学者の歩みは類似しており，両者とも，具体的な実在の直接経験から出発し，その経験を可能な限り正確に分析し，記述した。そして彼らは，「愛」である「真理」，すなわち「神」に到達した。

　第三に，直接経験から神に至る道を辿るためには，この世での私たちの実存であるいわば亡命状態[4]から脱出しなければならないという点である。そのためにベルクソンは，空間的時間，既成のもの，社会的宗教を糾弾しなければならないし，マルセルは，直接経験を覆っている表象や対象化を，また大勢順応主義をも糾弾しなければならないと考える。

　これらの根本的な一致を述べた後では，相違が何であるかを見てみよう。第一に，ベルクソンは哲学的反省によって得られるものと，彼の時代の科学的知識[5]を両立させる世界観を作り上げることを試みた。この

---

4) すでに述べたように，亡命という語は，正確にはベルクソン的ではないのであるが。

5) 『物質と記憶』では，ベルクソンは，彼の時代の物理学によって練り上げられた知識に裏打ちされた認識を示す。同様に，「直接的広がり〔延長〕」という適切には表現できない観念を表現するために，ベルクソンは物理の成果とその専門用語を用いる。同様に，精神と物質との関係を説明するために，心理学，生理学，医学の成果をよりどころとしている。『創造的進化』においても同様で，そこでは彼は生物学を研究し，さまざまな進化論説を批判し，揺るぎない基盤の上に彼の唯心論と発生学に基づいた彼の「真の進化論」（スピリチュアリズム）（EC, 369/807）を打ち立てようとする。「生物の進化も，胚の進化と同様に，持続が絶えず記録されており，過去が現在のなかに存続することを含んでいる。したがって，その進化には，少なくとも有機的記憶というようなものが含まれている」（EC, 19/510）。

ように，ベルクソンは，方法として現象学に近い分析を行うのみではなく，また直接経験に接近するために実証的な知識をも利用する（B II, 186）[6]。ベルクソンが科学に支えを求める目的は，真で最も根本的な認識である「直観を準備する」（BC, 100-101）ためであり，また「その直観を吟味するためであり」（EC, 239/697），最終的には，哲学的認識において，科学におけるのと同じタイプの正確さと明証性を獲得するためである。つまり「実証科学によって収集した観察と経験の全体」（PM, 226/1432）が不可欠である，と彼は述べる。こうして彼の哲学，さらに彼の「実証的」[7]形而上学が作り上げられる。

これに反して，マルセルの現象学的方法は，科学的認識を人間経験の分析の中に取り入れようとしない。彼は，これらの科学的認識は世界の対象化された表象に基づいており，どんな観察者によっても検証できる非常に興味深い仮説にしか到達しないと考える。さらに付け加えるなら，これらの仮説は，他の学説に取って代わられる。というのは，検証可能なものは，反証可能であるからである[8]。これに対して，人間とりわけ哲学者が欲するのは，絶対的な「真理」と「愛」であり，すなわち「神」である。ところで，この認識は，科学的諸真理とは別の次元に属する。それにもかかわらず，マルセルの方法は，検証不可能なさまざまな真理の探究において，正確さを目指すのである。マルセルが探求する諸真理とは，まさしく私が感じること，私が他人に抱く感情，神への信仰などである。そしてこの方法は，明証性の探求ではない。なぜならば，人間にとって「真理」は明白なものではなく，この世に生きている限りそれを予感することしかできないからである[9]。

---

[6]　「方法に関しては，ベルクソンの野心は，以下のように要約できる。第一に，彼は，形而上学を科学の確実な道へと入れることであった。第二に，そのために，彼は，真に直接的に与えられたものを得る手段として実証主義と現象学を活用した。第三に，カントの『批判』を哲学的に批判することによって，ベルクソンは，直接的に与えられたものと『物自体』の対応を明らかにし，それによって，真に直接的に与えられているものに基づいて形而上学を作りあげることを可能にする」（B II, 186）。

[7]　「生命の意味が，ますます正確で完全な仕方で，経験的に明確にされうるなら，実証的，すなわち，異論のない，無限に直線的に進歩しうる形而上学が可能となる」（M, 464）。「ベルクソンの問題の立て方は，（…）まず直接経験に出会うことであり，次いで実証的宇宙論として表現されることである」（BE, 138）。

[8]　Cf. Popper, *La logique de la découverte scientifique*, Paris, Payot, 1973, pp. 68-69.

[9]　マルセルと同じ意図で，エドシックはベルクソンの思想の科学的明証性を別の次元

その上，マルセルによれば，私たちは，直接経験を説明することは不可能である。それ故，直接経験に到達するためには，科学が例えば感覚について行う疑似的説明に異議を唱え，それを乗り越えなければならない（Cf. JM, 185, RI, 37-39/42-44）。
　また諸科学に対する態度の違いがベルクソンの唯心論(スピリチュアリズム)とマルセルの唯心論(スピリチュアリズム)の違いをもたらしているのではないかと問うことができる。確かに両哲学者とも，「精神の働きを生命の働きから切り離すことの不可能性」（ME I, 227）について強調する。しかし生命の働きは両者にとって同じものを意味するのだろうか。確かにグイエは，19世紀フランスの唯心論(スピリチュアリズム)の運動に二つの傾向を見る。第一の傾向では，「精神性は，生命の働き〔生物学的な意味で〕の内面性と一致する」（Chr. Ev, 20/24）。第二の傾向では，「精神性は，〔ベルクソン的，つまり，すべての生物に浸透している生命の躍動という意味での〕生命の働きとは根本的に異なる主観性によって規定される[10]。メーヌ・ド・ビランの人間論は，この第二の伝統を創始した。ベルクソン哲学は，第一傾向の開花である」（Ibid.）。グイエはマルセルの実存哲学を第二の運動に位置づける。「ビランの人間学の核心と心理学と生物学の二元論と共に再発見するためには，恐らくモーリス・ブロンデルの初期の著書『行為』とマルセル哲学のような現代実存哲学を待たなければならないだろう」（Ibid.）。グイエが指摘する相違がいかに適切なものであったとしても，それにニュアンスを持たせなければならない。まず，ベルクソン哲学における諸科学に関して，彼の直観的方法の目的は，実証科学の本性とは『別の本性』に

の真理にも求めようとするこの不十分さを指摘する。「ベルクソン哲学は，（…）心理学と道徳，実証主義と唯心論(スピリチュアリズム)，『自然哲学』（全自然についての問題提起と言ったほうが適切に思われる）と『精神哲学』との間の結合点を見出すのに困難を覚えている」（BE, 128）。しかしながら，他方，エドシックは，ベルクソン哲学が「コンコルディスム，つまり科学と哲学の偏った一致という先入観に囚われている」（BE, 105）いう非難に対して，当然のことながらベルクソンを弁護する。
　10）　ベルクソンによれば，唯心論(スピリチュアリズム)の大きな誤りは，精神生活を他のすべてのものから孤立させ，地上からできる限り高く空中に吊るし，そうすることによって精神生活をあらゆる攻撃から守ることができたと信じたことであった」（EC, 268/722）。反対にベルクソンは，精神の真の本性を知るためには，生命科学や生命の歴史が，幻想を抱かずに教えてくれることを無視できないと考えた。それらが私たちの理解を助けてくれるのは，「意識生活と脳の活動との連帯関係」と「漸進的進化による種の発生であり，それによって人間を動物性の中に再び組み入れるように見える」（EC, 269/723）ことである。

属することである」(M, 268/722) と彼が明言しているからである[11]。

ベルクソンが目指す実証的形而上学は,「個々の科学の総合ではない」

---

11) ベルクソンの「実証主義的」形而上学は,オーギュスト・コントの実証主義とは一線を画する。ベルクソンは,コントのように人間の起源と人間の最終的な運命について問うことを差し控えることはないし,また理性批判を企てるのを差し控えることもない。彼はまた「心理学的観念連合説と連携する実証主義からも,またある種の機械論的唯物論からも距離を置く。後者は,物理‐化学的体系において互いに結びつく諸要素の結合に似た実在と思われる姿を人間の姿として提示する」(M. Bartélémy-Madaule, *op.cit.*, p.14)。この意味で,すなわち,狭義の実証主義とは対立する精神的実在への関心において,そしてまた「諸事実」の創造的な解釈において,ベルクソンの実証主義は,部分的にはマルセルの非実証主義に近づくように思われる。マルセルは,「反省における光〔真理〕の存在」について考察し,「どんな事実であろうと,私たちが事実と呼ぶものを私の外に置かれているものとして取り扱うこと」(ME I, 75-76) は不合理であると考える。外に,というのは,マルセルによれば,「ある物体がそれ自体,私自身の身体の外にあって,私の身体から計測可能な距離に置かれているという意味である。私たちが直接戦わなければならないのは,この外という観念である。ためらわずに明言しなければならないが,事実の整合性はそれがどんなものであっても,主観自身によってしか与えられ得ない。それ故,当然こう想定しなければならないが,この事実または与えられたものの全体が,(…) 不思議な放射力をもっているなら,それがその不思議な力の発光力を借りているのはなお主観からである。このような発光力が本質的に事実または与えられているものの全体に備わっているわけではない。そんなことはまたしても不合理である。しかしこのように考えてくると,私たちは,抜けだせない混乱に陥ったように思われる。私自身が一つの主観である限り,先ほど見たように,厳密には諸事実から発する光ではなく,私自身がこれらの事実に不思議な光を放つ力を与えた光に対して,どうして自分を閉ざすことができるのだろうか。このような事情なら,私たちが事実と呼ぶものは,中立的で,生気のない一要素でしかないが,実際には,すべてが実際私と私自身の間で起こるということを認めなければならない。ただここでもう一度,私たちは私自身という語の両義性,その根本的非同一性を認めないわけにはいかない。つまり今後私が反射力と呼ぶものを事実に対して与える私は,この反射力によって浸透されることを拒む私と同一でありうるようには思われない」(ME I, 75-76)。さらにベルクソンの以下の文は,ベルクソンとマルセルの哲学の目標がどこまで一致していて,どこから別れるのかをよく示しているように思われる。「<u>私たちはどこから来たのか。この世で何をするのか。私たちはどこへ行くのか。もし本当に哲学がこれらの重大な問題に何も答えられないとすれば</u>,あるいは生物学や歴史の問題が解明されるように,これらの問題を哲学が徐々に解明していくことができないなら,<u>もし次第に深められた経験や次第に研ぎ澄まされた実在の見方を,哲学がこれらの重大な問題を解くのに役立てることができないなら,もし哲学が魂や身体の本質の仮説から引き出した根拠によって,魂の不滅を主張する人たちと否定する人たちとを果てしなく論争させることしかできないとすれば</u>,パスカルの言葉の本来の意味からそれるが,その表現を借りて,すべての哲学は一時間の骨折りにも値しないと言ってもほとんど差し支えないだろう。確かに,不滅性そのものを経験的に証明することはできない。あらゆる経験は,限られた持続についてのものだからである。また宗教が不滅性を語るときには,啓示に頼るからである。しかし,<u>経験の地盤の上に</u>,Xという時間の間生き残る<u>可能性</u>やさらに確実性さえ<u>立てることができるなら,それはかなりのことであり,大きなことであろう</u>。この場合,その時間が無限であるか否かという問題は,哲学の領域外に置かれているだろう」(ES, 58/859)。〔マルセルの思想と一致していると思われる箇所に下線を引いた。〕

（PM, 136/1360）。カリウはベルクソンの実証主義の非常に独創的な性格について強調し，次の事実に私たちが注意を払うよう促す。「ベルクソンは，哲学が科学の付属物であるという主張を非難した第一人者であったこと，実践したわけではないので実際は知らないことを，理解できると決め込んで語る形而上学の無駄話を非難した第一人者でもあったこと，個々の科学に対して哲学が疑似総合をする役割を拒否した第一人者であったことを人はあまりにも忘れすぎていた。重要なのは科学者の見解を聞くことであり，彼らの代わりに彼らの論理を作り上げようとすることではない。科学者とは，もっと広い意味での『専門家』を指し，法律家，歴史家，芸術家，神秘家たちをも含む。ベルクソンは，真の専門家による厳密な，つまり厳密に分化した認識論である科学哲学を参考にするが，それは哲学のすべてではない」（BFM, 237）。それ故，科学あるいは実証的知識は，「新しいタイプの科学性」（BFM, 239）を指すだけではなく，とりわけベルクソンにとって，哲学は，「あらゆる点で科学に追従すべきでもないし，科学を無視すべきでもないが，彼固有の超物理学，超生物学，超心理学，超社会学の問題を自らに問うことである。そのために哲学は，まず科学を知り，科学者たちと緊密に連携協力して研究することが必要である。しかし哲学的直観の特殊性が，諸科学の現状ではまだ達しているとは限らない種々の発見を告げ，問題提起の口火を切ることを可能にする。というのは，影響関係の説や，歴史社会学のデータのような諸科学の現状は，哲学を部分的で形式的にしか規定しない。哲学は至る所でそれがよりどころとするさまざまな支えと着想の源を超えるのである」（BFM, 237-238）。

　ヴォルムスは，マルセルと同様「すべての道徳は生物学的本質に属する」というベルクソンの主張を取り上げ，生物学という語を哲学的に広い意味でとらえ，人間の生命の二方向，つまり道徳や宗教における閉じたものと開かれたものは，前者は生物学的進化と適応という「自然化」の方法によって厳密な意味で科学的説明がなされるが，後者は形而上学という方法によって説明されると考える。そしてこの二つの方向を統一するのはもはや科学的ではない神秘家の経験であるが，生物学という語を広い意味でとらえた場合，私たちの生命に形而上学的意味を付与する前にすべての様相を科学的に研究しなければならないという点で，カリ

ウの見解に類似している[12]。

　さらにエドシックは，ベルクソンにおける哲学的直観と物質の科学との関係を次のように説明する。「ベルクソンの方法は，（…）直観を明るみに出すので，科学と哲学の一致主義ではない。科学は存在するが，哲学は科学に異論を唱えることも科学を無視することもできない。しかし概念的な科学に対して，ベルクソンは，プラディヌが言ったように，『極めて冷たくあしらって』，直観の道を開く。そして一種の『魂の護教論』によって，科学の傍らに，科学を補う形而上学を示す。（…）科学者と一緒に座標軸を生気のない物質の中に位置づけることを止め，意識の中，つまり魂の成長と持続の中に位置づける。（…）それ故，ベルクソンは主要な科学に法則の確立を任せる。しかし彼は哲学の権利は，宇宙論，つまり物質の発生理論を『意識あるいは超意識』（EC, 261/ 716）に基づいて打ち立てることにあると主張する」（BE, 105）。

　次いで，「精神性の生命活動への内在」と「生命を超越した『神』の主観性」を対立させるグイエの主張は恐らく妥当ではないだろう。というのは，精神性を創造的進化の内部に位置づけてしまうことによって，ベルクソンの思想を空間化し，曲げて伝えることになるからである。その上，『二源泉』でベルクソンは，創造的進化という用語に含まれている神の創造と生物学的進化という両義性を退けたように思われる[13]。それにもかかわらず，ベルクソンは，人間の精神の方向を生物学的生命の延長または開花に位置づける。マルセルはそのような宇宙論的見解の必要性を感じない。彼の考察は，確かに「身体的な存在」としての人間から出発するが，それは彼が確認する一つの事実であり，彼はまた人間の内に「超越的な存在」である絶対的な「あなた」の呼びかけを確認する。

　私たちに言えることは，両哲学者は，人間の生の意味と目的に関して全面的に一致していると思われることである。すなわち，その目的と意味は，それを受け入れる恵みを持つ者にとって，神秘的経験がその第一歩となる神を見ることである。

---

　12) F. Worms, *Bergson ou les deux sens de la vie*, Paris, PUF, 2004, pp. 341-343.
　13) ベルクソン自身「私は（…）『創造的進化』の結論を恐らく乗り越えている」（MR, 272/1193）と言っている。

では，両者の存在の性質へと論を移し，私たちがその性質について知る方法をまず明確にしよう。ベルクソンの見解では，私たちは，空間的表象を取り除いたとき，存在の性質の直観を持つ。ベルクソンの直観は，存在の直接的認識であり，存在との一致である。マルセルは，直観という語を，対象の明証性を連想させるがゆえに，警戒する。また直観という語は，マルセルには，存在を映すだけにとどまる意識の受動的態度を含むように思われる。マルセルが直観という語を用いる時，彼は「盲目にされている」という品質形容詞を付け加える。それ故，彼は厳密な意味での存在の直観があるということを否認する。さらに，マルセルは，ベルクソンの思想を特徴づける「一致」という語をも受け入れないであろう。というのはこの一致という語は完全な認識，つまり私たちが知っているものとの一体化を意味するからである。それ故，マルセルは「存在への参与」，「存在の確信」，「存在の呼びかけ」，「予感」について語るが，このような表現によって，私たちの認識の不完全さを強調する。また私たちの認識は，ある呼びかけへの応答であり，また私たちを存在へと統合する行為であることを強調するのである。直観あるいは参与において予感される存在の性質に関しては，両哲学者は，存在の創造的性格という点で一致する。しかしマルセルは，「存在は共存在である」という存在の相互主観的性格について強調する。マルセルがベルクソンより一層強調するのは，私たちが注意を傾けるという行為によって近づく交わりであり，その交わりはこの世では常に不完全であるが，それでも直接経験である。この直接経験を，私たちは感覚の次元，次いで人間の相互主観性の次元で検討した。

　ところで，ベルクソンの思想を正確には伝えないのは，創造的進化という言葉自体であると思われる。というのは，ベルクソンは，創造的進化が神的エネルギーであることには確かに異論を唱えないだろう。他方マルセルは，愛あるいはインスピレーションから生じるあらゆる人間の創造は，最終的にはあらゆる愛と光の源である神の存在に由来することに異論を唱えないであろう。ベルクソンもまた，ロビネが，「絶対的な意識の欲求としての」ベルクソンの直観は，「有限な意識の特性においてしかとらえられない」[14]と指摘することに異論を唱えないであろう。その上，絶対という語をベルクソンは，相対性，表層，「認識の不可能

性」(M, 774)に対立させるために用いる。したがって，直観と生命原理である「存在」との一致は，ベルクソンが「生命原理の何ものかとの一致」(EC, 238/696)と言うように，部分的で，限られた一致でしかない。さらに，人間がその創造力により神的な力に参与するという考えをユードが強調するのを，私たちは見た[15]。それ故，一致は，マルセル的な意味での参与とほとんど同義であると見なすことができる。したがって一致という語がベルクソンの意図しようとしていることを正しく伝えないと指摘することは，当を得ていると思われる。さらにベルクソンの直観は知性と本能との対立を超えるということ，そしてそれ故，直観は，ベルクソン的な意味での知性が，認識される対象と対置するようには対置しない，ということをもう一度思い起こそう。

　結局のところ，ベルクソンは，認識における思考の能動性を強調する。彼は「緊張した注意」(PM, 261/1284)や「形而上学的直観の本質的に能動的な性格」(PM, 206/ 1416)について語る。直観は，自己の排他的な観察ではない。「羊飼いがまどろみながら水の流れるのを見るように，単に自分が生きているのを眺める」(Ibid.)ことではなく「自分自身を乗り越えようとする」(PM, 210/1419)「激しく苦しい努力」(EC, 238/696)[16]である。「物の根底にある動き」(PM, 95-96/1328)に対する

---

14) A. Robinet, *Bergson et les métamorphoses de la durée,* Paris, Seghers, 1965, p.100.
15) Cf. 第2部，第二章，228 ページ。
16) 「私が科学と並べて位置づける形而上学は，〔物質と精神とを同時に包括することによって，物質面ではあいまいになり，精神面ではほとんど空虚になる形而上学とは〕非常に異なったものである。科学に対しては，知性の力のみによって物質を究明する能力を認めながらも，この形而上学は，精神を究明の対象として自分に取っておく。自己の固有のこの領域において，この形而上学は思考の新しい働きを展開しようとする。周知のように，自己認識において前進することは，外界の認識において前進することより困難である。自己の外では，学ぶ努力は自然であって，その努力はますます容易に行われ，諸規則が適用される。自己の内部では，注意は緊張したままでいなければならず，進むことは次第に苦しいものとなる。自然的傾向に逆らって登る思いがすることであろう」(PM, 40-41/1284)。「しかし形而上学が直観によってなされなければならず，直観が持続の動きを対象とし，そして持続が心理的本質に属するならば，私たちは，哲学者を排他的な自己観察の中に閉じ込めようとしているのではないか。哲学は，『羊飼いがまどろみながら水の流れを眺めるように』単に生きている自分を眺めることになってしまわないか。そのように言うことは，この研究の初めから私が絶えず指摘してきた誤りに戻ることになろう。それは持続の特異な本性を誤解し，同時に形而上学的直観の本質的に能動的な性格を誤解することになろう」(PM, 206/ 1416)。「私たちの意識がその原理の何かと一致しうるためには，私たちの意識は，でき上がったものから離れて，でき つつあるものに結びつかなければならないであろう。見る能力が，振り向い

注意としての直観は,「精神の弛緩」(*Ibid.*)ではなく,「実在を生み出す行為と一致する動的な認識行為」(M, 773)[17]である。ベルクソンがマルセルと同様に拒否するのは,注意の能動的な性格ではなく,先験的な人間の自我による実在の構成である。したがって,ベルクソンは,マルセルと同様,実在論者である。

このことから,「ベルクソンは,概念と言い表しがたいものとの間を知らない,直観の神秘の中に迷い込んだ」(EB I, 183) とジルソンが言うことを支持するのは困難に思われる。そうではなく,ユードの次の解釈により,ベルクソンの直観は,マルセルの直接経験を把握し具体的な実在をとらえる注意に近い,と考えるように導かれる。「ベルクソンの直観は,根本的に不明確で融け合ったある統一の中での一種の漠然とした合一ではない。直観は,一方では,あらゆる多様性を統一においてとらえ,それぞれの多様性を,それを統合する一つあるいは複数の統一においてとらえる能力である。他方,直観は,これらの統一を直接に,すなわちありのままにとらえる力である。それは,もはやありのままの性格が存続しない表象においてとらえることではなく,惰性と空間的な広がりがありのままの性格ではないあらゆるものの知覚でさえぎる表象の中で,これらの統一を把握する力である。要するに,多少砕けたイメー

て自分の上に身をよじらせ,意志する働きと一つのものでしかなくなるのでなければならないであろう。これは苦しい努力である。私たちはその努力を手荒く自然を無理強いして行うことができるが,ほんの束の間しかそれを持続させることができない」(EC, 238/696-697)。「私たちの持続の直観も,純粋分析がやるように私たちを空虚の中に宙づりにしておかないで,持続のあらゆる連続性と接触させてくれるのであり,私たちはそれを下方か上方へたどろうと試みなければならないのである。どちらの場合でも私たちはますます激しい努力によって自分を際限なく拡張できるし,どちらの場合でも私たちは自分自身を超越する」(PM, 210/1419)。

17) このようにして私は安易さを退ける。私は,ある意味で骨の折れる考え方を勧めている。私は何よりも努力を尊重する。どうしてある人々はこの努力という点を見誤りえたのだろうか。私の『直観』が本能または感情であるとしたがる人の言うようなことは何も言ってはいない。私が書いたものに中にはだだの一行も,そのような解釈を許すものはない。私が書いたもののいっさいは,それとは反対のことが明確に述べられている。私の直観とは反省である。だが私が事物の根底にある動きに対して注意を促したので,人は私が何か分からないが精神の弛緩を奨励していると主張した」(PM, 95-96/ 1328)。「認識は主観に由来し,その認識は客観的であることができないと言うことは,二種の非常に異なった認識の可能性をアプリオリに否定してしまうことである。一つは静的で概念によるもので,実際その認識においては,認識するものと認識されるものの分離があり,もう一つは,動的で直接的直観によるもので,その認識においては,認識行為は実在を生み出す行為と一致する」(M, 773)。

ジで表現するなら,ベルクソンの直観は干からびていない理性にほかならない。理性は柔らかくなっているとしても,ドロドロに分解されてはいない」(B I, 162)[18]。

それ故,私たちはベルクソンの直観説がフランス思想の中で果たした積極的な役割を認めることができる。ジルソンが,上に挙げた批判とは違って,次のように言うのは当を得ている。「ベルクソンがフランス思想にもたらした計り知れない貢献は,フランス思想に具体的感覚を取り戻させたことであり,明晰であろうとする意志は,どんなに正当なものであっても,神秘主義を排除することを許さないことをフランス思想に思い起こさせたことにある」(EB I, 183)[19]。しかし,直接経験を発見するためには,マルセルにおいては,第二の反省が先立って行われなければならないと同様に,ベルクソンの直観は,持続の分析がその典型的な例である哲学的分析の仕事を必要とする。直観が真の認識であり,想像上の産物や幻想との取り違えを免れるのは,この条件においてである。

それにしてもやはり,創造的進化という表現がベルクソン哲学を進歩哲学に近づけるという問題が残されている。これに対して,マルセルにとっては,「存在」〔「愛」〕の統一は,存在論的に第一であり,永遠であるが,それは不動のものとしてではなく,時間的な愛の原理と目的としてである。人間は堕落の状態にあり,失われた統一を再び見出し,実存から存在へと移行しなければならない。存在することをキリスト教的用語で表現するなら,人間はその救いを得ること,あるいはキリストの身体に組み入れられるということであろう。ベルクソンの進化論は確かに悪の「問題」が引き起こす不安を低く見積もった。しかしながらベルクソンの著書の中にも,マルセルのテーマと同じ方向へ向かうテーマが見出される。

---

[18] 上記第一部におけるベルクソンの明言を参照のこと。ペギーもまた,ベルクソンが,こわばった論理や理性に対して,実在の最も近くに迫ろうとする柔軟な論理や理性を置き換え,精神を解放する」ことに貢献したと指摘する (H IV, 585) Cf. «Note sur M. Bergson», *Notes conjointes*, Paris, Gallimard, pp.20-25, 51-53.

[19] この点について,ベルクソンに敬意を表するシュヴァリエによるもう一つの表現がある「宗教的魂,あるいは宗教的不安に敏感な魂は,神秘の意味と精神的実在の意味を,実証主義がそれらを排除しようとした世界に再び導入したことに対して,ベルクソンに感謝の意を表していた」(H IV, 581).

それはまず，ベルクソンが『創造的進化』において「哲学は単に精神が自己自身に帰ることだけではなく，人間の意識とその意識がそこから発生する生命原理と一致し，創造的努力と接触することである」(EC, 368-369/807) と表明するときに見られる。

次に，「『創造的進化』の直後に，神の問題が，彼に，もはやまず征服すべき形而上学的科学の言葉で出されるのではなく，捧げるべき信仰の言葉で出されている」(B II, 185) ことを考慮するなら，ベルクソンの存在論はマルセルの存在論に近づくと言えるだろう。

最後に，ユードが主張するように，「ベルクソンの哲学は，（展開するにつれて）すべてが神の問題に向けられている」(*Ibid.*) ことと，ベルクソンがキリスト教へと向かうことを考慮するなら，ベルクソン哲学の歩みは，私たちが冒頭で述べたように，マルセルの歩みと類似している。

その上，マルセルとベルクソンは，宗教的経験，特にキリスト教的経験を認めるばかりではなく，それらの経験に，直接経験の卓越した面や「真理」の探究の到達点を見る。ベルクソンと同様にマルセルは，「哲学的命題を『神の啓示』から演繹しようとはしないで，「私たちの経験の意味についての反省によって『超越的なもの』を認めるに至る」(GMVE, 218)。マルセルが自らを「敷居の哲学者」(ERM, 82) と見なすなら，ベルクソンもまた同様ではないだろうか。マルセルの思想の発展の根底には，ベルクソンの持続の分析方法の成果がある。マルセルの方法の第二の反省が，ベルクソンの方法より自覚的で厳密であるとしても，ベルクソンの方法も，一般的意見や社会的なものを取り除く方法を用いた。マルセルがベルクソンに対して謝意を表したことはすでに述べたが，なお1941年にもマルセルは次のように書いている。「ベルクソンが亡くなる直前の年に，彼自身は，自分の哲学のすべてを手直しする必要があると明言していた。私の目から見て，彼の天才的な素質の最も輝かしい特徴は，こうした見直し，こうした刷新という特徴であり，その不朽の種が見出されるのは彼においてであろう。最も偉大な哲学者たちとは，実際，彼らを論駁する方法を明らかにする人たちではなく，彼らを乗り越える方法を彼ら自らが，明らかにする人たちである」(GB, 38)。その上マルセル自身も，彼の後継者たちが彼の探求の努力を引き

継いで探求をつづけてくれることを願った。

　本比較研究の終わりに当たって，ベルクソンとマルセルには実在論哲学があることを明言することができるように思われる。しかしその実在論は，どんな次元の人間経験をも見逃さないし，美，信仰，愛という精神的経験や神秘的経験をも見逃さない厳密な探求に由来するものである。それ故，エドシックと共に，次のように言うことができる。「ベルクソンの実在論は，まず神秘主義的実在論をそこに見出さなければ，理解され得ないであろう（たとえベルクソンがその問題を『二源泉』でしか取り組まなかったにもかかわらず，である）。そのことを強調しなければ，人は，ベルクソンの実在論に，純粋で単なる実証主義を見てしまうだろう。そして物質と生命の二元論は説明がつかなくなってしまうだろう」(BE, 140)。

　以上のように，本研究においては，哲学者の使命はあらゆる人間の使命と同様に，「真理」を見出すために反省を行うことであるということを示そうと試みた。しかしこの「真理」は，抽象的なものではないということをも示そうとした。この「真理」は，「存在」あるいは「愛」であり，これらは同義である。「存在」を見出すためには，最も控えめな直接経験，つまり感覚と厚みのある現在の直接経験を見出すことから始め，次第に一層目に見えない直接経験へと上昇し，神と永遠にまで高められることが求められる。

参考文献

1. ベルクソンの著作（本書で引用または参照した邦訳書）

Essai sur les données immédiates de la conscience, Paris, PUF, 1889.（『時間と自由──意識に直接与えられているものについての試論』平井啓之訳，白水社，1990年。『意識に直接与えられているものについての試論』竹内信夫訳，白水社，2010年。）

Matiére et mémoire, Paris, PUF, 1896.（『物質と記憶』田島節夫訳，ベルクソン全集 2，白水社，2007年。『物質と記憶　身体と精神についての試論』竹内信夫訳，白水社，2011年。）

Le Rire, Paris, PUF, 1900.（『笑い』鈴木力衛・仲沢紀雄訳，ベルクソン全集 3，白水社，2009年。）

L'Évolution créatrice, Paris, PUF, 1907.（『創造的進化』松浪信三郎・高橋允昭訳，ベルクソン全集 4，白水社，2010年。『創造的進化』真方敬道訳，岩波書店，1979年。）

L'Énergie spirituelle, Paris, PUF, 1919.（『精神のエネルギー』渡辺秀訳，ベルクソン全集 5，白水社，1968年。）

Les Deux sources de la morale et de la religion, Paris, PUF, 1932.（『道徳と宗教の二つの源泉』森口美都雄訳，世界の名著 53，中央公論社，1972年。『道徳と宗教の二源泉』中村雄二郎訳，ベルクソン全集 6，白水社，2009年。）

La Pensée et le mouvant, Paris, PUF, 1934.（『思想と動くもの』矢内原伊作訳，ベルクソン全集 7，白水社，1965年。）

Œuvres (Introduction: H. Gouhier), Paris, PUF, 1959.

Mélanges (*L'Idée de lieu chez Aristote, Durée et simultanéité*（『持続と同時性』花田圭介・加藤精司訳，ベルクソン全集 3，白水社，2009年。），*Éctits et paroles*（『小論集Ⅰ』花田圭介・加藤精司訳，ベルクソン全集 8，1966年。『小論集Ⅱ』松浪信三郎・掛下栄一訳，ベルクソン全集 9，白水社，1974年。），*Bulletin de la Société française de philosophie*, Correspondances, Pièces diverses, Documents, Textes publiés et annotés par A. Robinet etc.), Paris, PUF, 1972.

Bergson Cours I Leçon de psychologie et de métaphysique, Paris, PUF, 1990.（『ベルクソン講義録Ⅰ　心理学講義，形而上学講義』合田正人・谷口博史訳，法政大学出版局，2002年。）

Bergson Cours II Leçon d'esthétique, Leçon de morale, pscychologie et métaphysique,

Paris, PUF, 1992.（『ベルクソン講義録Ⅱ　美学講義，道徳学・心理学・形而上学講義』合田正人・谷口博史訳，法政大学出版局，2002年。）

Bergson Cours III Leçon d'histoire de la philosophie moderne, Théorie de l'âme, Paris, PUF, 1995.

Bergson Cours IV Cours sur la philosophie greque, Paris, PUF, 2000.

Bergson Correspondances, Textes publiés et annotés par A. Robinet, etc., Paris, PUF, 2002.

2. ベルクソンについての研究書（外国語）

A　個人著作

ADOLPHE Lydie, *La philosophie religieuse de Bergson*, Paris, PUF, 1943.

BARTHÉLEMY - MADAULE Madeleine, *Bergson adversaire de Kant*, Paris, PUF, 1965.

―――, *Bergson*, Paris, Ed. du Seuil, 1967.

CARIOU Marie, *Bergson et le fait mystique*, Paris, Aubier Montaigne, 1976.

CHEVALIER Jacques, *Bergson*, Paris, Plon, 1926.

―――, *Entretiens avec Bergson, sa vie, son oeuvre*, Paris, Plon, 1959.

DELEUZE Gilles, *Le bergsonisme*, Paris, PUF, 1966.

GOUHIER Henri, *Bergson et le Christ des évangiles*, Paris, Fayard, 1961.（Paris, J. Vrin, 1999.）

GUITTON Jean, *La Vocation de Bergson*, Paris, Gallimard, 1960.

HEIDSIECK François, *Henri Bergson et la notion d'espace* Paris, PUF, 1961.

HUDE Henri, *Bergson*, vol. I - II, Paris, Éditions universitaires, 1989, 1990.

HUSSON Léon, *L'Intellectualisme de Bergson*, Paris, PUF, 1947.

JANICAUD Dominique, *Une généalogie du spiritualisme français*, La Haye, M. Nijihoff, 1969.

JANKÉLÉVITCH Vladimir, *Henri Bergson*, Paris, PUF, 1959.

LE ROY Edouard, *La pensée intuitive,* vol. I, *Au-delà du discours*, Paris, Bovin et Cie, 1929.

MERLEAU- PONTY Maurice, *L'Union de l'âme et du corps chez Malebranche, Biran et Bergson*, Paris, J. Vrin, 1968.

MEYER François, *Pour connaître la pensée de Bergson*, Paris, Bordas, 1985.

MOSSÉ-BASTIDE Rose-Marie, *Bergson éducateur*, Paris, PUF, 1955.

―――, *Bergson et Plotin*, Paris, PUF, 1959.

MOULÉLOS Georges, *Bergson et les niveaux de la réalité*, Paris, PUF, 1964.

NAKATA Mitsuo, *Le Rôle de la notion de valeur dans le bergsonisme*, thèse présentée à l'Université de Paris I le 27 juin 1973.

PEGUY Charles, *Notes sur M. Bergson et la philosophie bergsonienne*, Paris, Cahiers de la quinzaine, 1914.

ROBINET André, *Bergson et les métamorphoses de la durée*, Paris, Seghers, 1965.

SERTILLANGES Antonin -Dalmace, *Avec Henri Bergson*, Paris, Gallimard, 1941.
THÉAU Jean, *La Critique bergsonienne du concept*, Toulouse, Edouard Privat, 1968.
TROTIGNON Pierre, *L'Idée de vie chez Bergson et la critique de la métaphysique,*, Paris, PUF, 1968.
VIOLETTE René, *La Spiritualité de Bergson*, Toulouse, E. Privat, 1968.
WORMS Frédéric, *Bergson ou deux sens de la vie*, Paris, PUF, 2004.
YAMAGUCHI Minoru, *The Intuition of Zen and Bergson,* thèse présentée à l'Université de Fribourg, Tokyo, Herder Agency Enderle Bookstore, 1969.

B 論文集
Bulletin de la Société française de philosophie, Bergson et nous, Actes du Xe Congrés des sociétés de philosophie de langue française, vol. I - II, Paris, A.Colin, 1959.
Henri Bergson: Essais et témoignages inédits recueillis par A. Béguin et P. Thévenaz, Neuchâtel la Baconnière, 1949.
Les Études bergsoniennes, Hommage à Henri Bergson, Paris, PUF, 1942.
Les Études bergsoniennes, vol. I, 1948; vol. II, 1949; vol. III, 1952; vol. IV, 1956; Paris, Albin Michel.; vol. V, 1960; vol. VI, 1961; vol. VII,1966; vol. VIII, 1968; vol. IX, 1970; vol. X, 1973; vol. XI, 1976; Paris, PUF.
Au-delà de la philosophie de la vie Les ateliers sur les Deux sources de la morale et de la religion de Bergson,Bulletin of Death and Life Studies, vol. 4, Global COE Program DALS, Graduate School of Humanities and Sociology, The University of Tokyo, 2008.

C 論文
ADOLPHE Lydie, «Bergson et élan vital», *Les Études bergsoniennes*, vol. III, Paris, Albin Michel, 1952, pp. 79-138.
AMADO-LÉVY-VALENSI Éliane, «Bergson et le mal. Y a-t-il un pessimisme bergsonien? » *Bulletin de la Société française de philosophie, Bergson et nous*, Paris, A. Colin, 1959, pp. 7-11.
BAYER Raymon, «L'Ésthétique de Bergson», *Les Études bergsoniennes, Hommages à Henri Bergson*, Paris, PUF, 1942, pp. 126-198.
BRUN Jean, «Bergsonisme et coïncidence», *Les Études bergsoniennes*, vol. XI, Paris, PUF, 1976, pp. 15-33.
BRÉHIER Emile, «Images plotiniennes, images bergsoniennes», *Les Études bergsoniennes*, vol. II, Paris, Albin Michel, 1949, pp. 105-128.
DU BOS Charles, «Pages de Journal», *Journal*, 1921-1923, Paris, Corréa, 1946, pp. 63-68.
GRAPPE André, «Bergson et le symbole», *Bulletin de la Société française de philosophie, Bergson et nous*, Paris, A. Colin, 1959, pp.123-129.
GRÉGOIRE F., «La collaboration de l'intuition et de l'intelligence», *Revue internationale*

de philosophie, n°3, 1949, pp. 392-406.
HAYEN André, «La réflexion est dialogue», *Bulletin de la Société française de philosophie, Bergson et nous*, Paris, A. Colin, 1959, pp. 145-147.
HUISMAN Denis, «Y a-t-il une esthétique bergsonienne?», *Bulletin de la Société française de philosophie, Bergson et nous*, Paris, A. Colin, 1959, pp. 153-155.
JERPHAGON Lucien, «Entre la solitude et la banalité, Philosophie bergsonienne du banal», *Revue de Métaphysique et de Morale*, n°3, 1962, pp. 322-329.
LAVELLE Louis, «La pensée religieuse d'Henri Bergson», *Les Études bergsoniennes, Hommages à Henri Bergson*, Paris, PUF, 1942, pp. 19-54.
LE ROY Georges, «La pensée bergsonienne et le christiansime», *Bulletin de la Société française de philosophie, Bergson et nous*, Paris, A. Colin, 1959, pp. 195-199.
LE SENNE René, «L'intuition morale d'après Bergson», *Les Études bergsoniennes, Hommages à Henri Bergson*, Paris, PUF, 1942, pp. 98-123.
MASSON-OURSEL Paul, «Mystique et logique», *Les Études bergsoniennes, Hommages à Henri Bergson*, Paris, PUF, 1942, pp. 55-61.
MOUTSOPOULOS Evangelos, «La critique du platonisme chez Bergson», *Les Études bergsoniennes*, vol. IX, Paris, PUF, 1970, pp. 123-156.
PARAIN=VIAL Jeanne, «Bergson et la *philosophie perennis*», *Bulletin de la Société française de philosophie, Bergson et nous*, Paris, A. Colin, 1959, pp. 261-266.
PICLIN Michel, «Bergson, la transcendance et le kantisme», *Les Études bergsoniennes*, vol. XI, Paris, PUF, 1976, pp. 87-113.
POLIN Raymond, «Henri Bergson et le mal», *Les Études bergsoniennes*, vol. III, Albin Michel, 1952, Paris, PUF, 1942, pp. 7-40.
—————, «Bergson, philosohe de la création», *Les Études bergsoniennes*, vol. V, PUF, 1960, pp. 191-213.
PRADINE Maurice, «Spiritualisme et psychologie chez Henri Bergson», *Les Études bergsoniennes, Hommages à Henri Bergson*, Paris, PUF, 1942, pp. 62-97.
SAVIOZ Raymond, «Intellectualisme et intuition bergsonienne» *Revue philosophique de la France et de l'étranger*, Avril-juin, 1949, pp. 87-102.
ZAC Sylvain , «Thèmes spinozistes dans la philosophie de Bergson», *Les Études bergsoniennes*, vol. VIII, Paris, PUF, 1968, pp. 121-158.

3 ベルクソンについての研究書（日本語）

澤瀉久敬『科学入門 ベルグソンの立場に立つて』角川新書，1955 年。
澤瀉久敬・坂田徳男共編『ベルクソン研究』勁草書房，1961 年。
澤瀉久敬『ベルグソンの科学論』学芸書房，1968。
澤瀉久敬編著『世界の名著 ベルクソン』中央公論社，1969。
中田光男『ベルクソン哲学――実存と価値』東京大学出版会，1977 年。
石井敏夫『ベルクソンの記憶力理論』理想社，2001 年。

参考文献

伊藤淑子『ベルクソンと自我』晃洋書房, 2003 年。
『生の哲学の彼方　ベルクソン『道徳と宗教の二源泉』再読』シンポジウム報告論集, 東京大学大学院人文社会系研究科　グローバル COE プログラム「死生学の展開と組織化」2008 年。

4　マルセルの著作　（本書で引用または参照した邦訳書）

A　個人著作

Fragments philosophiques 1909-1914, Louvain, Ed. Nauwelaerts; Paris, Béatrice-Nauwelaerts, 1961.
Journal métaphysique, Paris, Gallimard, 1927.（『形而上学的日記』三島唯義訳, マルセル著作集 1, 春秋社, 1973 年。）
Être et avoir, Paris, Aubier,1935. Éditions universitaires, 1991.（『存在と所有』山本信訳, 世界の名著 13　マルセル, 1976 年。渡辺秀・広瀬京一郎・三嶋唯義訳, マルセル著作集 2, 春秋社, 1973 年。）
Du Refus à l'invocation, Paris, Gallimard, 1940. *Essai de philosophie concrète*, Paris, Gallimard, 1967.（『拒絶から祈願へ』竹下敬次・伊藤晃訳, マルセル著作集 3, 春秋社, 1968 年。）
Homo viator, Paris, Aubier, 1944; Paris, Présence de Gabriel Marcel, 1998.（『旅する人間』山崎庸一郎・白井健三郎・伊藤晃訳, マルセル著作集 4, 春秋社, 1977 年。）
La Métaphysique de Royce, Paris, Aubier, 1945.
Le Mystère de l'être, vol. I - II, Paris, Aubier, 1951. *Mystère de l'être*, Paris, Présence de Gabriel Marcel,1997.（『存在の神秘』松浪信三郎・掛下栄一訳, マルセル著作集 5, 春秋社, 1977 年。）
Les Hommes contre l'humain, Paris, La Colombe, 1951; Fayard, 1958; Editions universitaires, 1991.（「人間, それ自らに背くもの」小島威彦訳, マルセル著作集 6, 春秋社, 1976 年。）
Le Déclin de la sagesse, Paris, Plon, 1954.（「知恵の凋落」小島威彦訳, マルセル著作集 6, 春秋社, 1976 年。）
L'Homme problématique, Paris, Aubier, 1955.（『人間, この問われるもの』西村嘉彦・福井芳男訳, マルセル著作集 6, 春秋社, 1976 年。）
Présence et immortalité, Paris, Flammarion.（『現存と不滅』信太正三・渡辺秀・伊藤晃・三島唯義訳, マルセル著作集 2, 春秋社, 1973 年。）
La Dignité humaine et ses assises existentielles, Paris, Aubier, 1964.（『人間の尊厳』三雲夏生, マルセル著作集 8, 春秋社, 1973 年。）
Percées vers un ailleurs, Paris, Fayard, 1973.
En chemin vers quel éveil?, Paris, Gallimard, 1971.（『道程　いかなる目醒めへの』服部英二訳, 理想社, 1976 年。）

B 論文集

Existentialisme chrétien: Gabriel Marsel Paris, Plon, 1947.
Entretiens sur le temps, sous la direction de J. Hersch et R. Poirier, Paris, La Haye, Mouton, 1967.
Entretiens Paul Ricoeur - Gabriel Marcel, Paris, Aubier Montaigne, 1968.
Entretiens autour de Gabriel Marcel, Neuchâtel, La Baconnière, 1976.
Gabriel Marcel interrogé par Pierre Boutang, Paris, J-M. Place, 1977.
Cahiers de l'Association Présence de Gabriel Marcel,
 N° 1, *Gabriel Marcel et la pensée allemande*, Paris, Aubier, 1979.
 N° 2-3, *L'esthétique musicale de Gabriel Marcel*, Paris, Aubier, 1980.
 N° 4, *Gabriel Marcel et l'injustices de ce temps*, Paris, Aubier, 1980.
Colloque de Dijon, Revue de Métaphysique et de Morale, n°3, 1974.

C 論 文

«Les conditions dialectiques de la philosophie de l'intuition», *Revue de Métaphysique et de Morale*, t. 20, n°5, 1912, pp. 638-652.
«Bergsonisme et Musique», *L'Esthétique musicale de Gabriel Marcel, Cahier de l'Association, Présence de G.Marcel,* 2/3, Paris, Aubier, 1980, pp. 33-41.
«Carence de la spiritualité», *Nouvelle Revue française*, mars, 1929, pp. 375-379.
«Note et réflexion; Note sur les limites du spiritualisme bergsonien», *La vie intellectuelle*, novembre 1929, pp. 267-270.
«Henri Bergson et le problème de Dieu», *L'Europe Nouvelle*, avril 1932, pp. 415-422.
«Les Lettres», *Nouvelles Revues des Jeunes,* avril 1932, pp.415-422.
«Qu'est-ce que le bergsonisme?», *Temps présent*, juin 1939, p. 5
«Grandeur de Bergson», *Henri Bergson: Essais et témoignages inédits recueillis,* par A. Béguin et P. Thévenaz, Neuchâtel la Baconnière, 1949.
«Le Primat de l'existence: sa portée éthique et religieuse», *Actas del primer congresso nacional de filosofia*, Mendoza, Argentina, 1949, Mendoza Nacional de Cuyo, 1950, tome I, pp. 408-415.
«Shelling fut-il précurseur de la philosophie de l'existence?», *Revue de Métaphysique et de Morale*, 1957, pp. 72-87.
«Mon temps et moi», *Entretiens sur le temps*, sous la direction de J. Hersch et R. Poirier, Paris, La Haye, Mouton, 1967, pp. 11-19.
«L'antholopologie philosophique de Martin Buber», *Martin Buber L'homme et le philosophe*, Bruxelles, Ed. de l'Institut de Sociologie de l'Université Libre de Bruxelles, 1968, pp. 17-41.

5. マルセルについての研究書（外国語）

A 個人著作

BAGOT Jean-pierre, *Connaissance et amour, essai sur la philosophie de Gabriel Marcel*, Paris, Beauchesne et ses fils, 1958.

DAVY Marie-Madeleine, *Un philosophe itinérant: Gabriel Marcel*, Paris, Flammarion, 1959.

PARAIN=VIAL Jeanne, *Gabriel Marcel Un veilleur et un éveilleur*, Lausanne, L'Age d'Homme, 1989.

―――, *Gabriel Marcel et les niveaux de l'expérience,* Paris, Seghers.

PLOURDE Simone, *Gabriel Marcel Philosophe et témoin de l'espérence,* Montréal, Presses de l'Université Québec, 1975.

PRINI Pietro, *Gabriel Marcel et la méthodologie de l'invérifiable*, Paris, Desclée de Brouwer, 1953.

―――*Gabriel Marcel*, Paris, Ed. Economiea, 1984.

RICŒUR Paul, *Gabriel Marcel et Karl Jaspers*, Paris, Temps présent, 1948.

TROISFONTAINES Roger, *De l'existence à l'être. La philosophie de Gabriel Marcel*, vol. I - II, Louvain et Paris, Nauwelaerts, 1968.

WIDMER Charles, *Gabriel Marcel et le théisme existentiel*, Éd. du Cerf, 1947.

B 論文集

LEVINAS Emmanuel, TILIETTE Xavier, RICOEUR Paul, HERSCH Jeanne, *Jean Wahl et Gabriel Marcel*, Paris, Beauchesne, 1976.

PLOURDE Simone, PARAIN=VIAL Jeanne, BELAY Marcel, DAVIGNON René, RICOEUR Paul, *Vocabulaire philosophique de Gabriel Marcel*, Paris, Éd. du Cerf; Éd. Bellarmin, Montréal, 1985.

PARAIN=VIAL Jeanne, PLOURDE Simone etc., *Colloque organisé par la Bibliothèque Nationale et l'association"Présence de Gabriel Marcel"*, *Bibliothèque Nationale*, Paris, 1989.

C 論文

DEVAUX André-A., «La conjoncture de la raison et de l'amour», *Cahier de l'Association Présence de Gabriel Marcel*, n° 1, *Gabriel Marcel et la pensée allemande*, Paris, Aubier, 1979.

PLOURDE Simone, «L'intersubjectivité: les formes hautes, les formes dégradées», *Colloque organisé par la Bibliothèque Nationale et l'association "Présence de Gabriel Marcel", Bibliothèque Nationale*, Paris, 1989.

PARAIN=VIAL Jeanne, «L'être et le temps chez Gabriel Marcel», *Entretiens autour de Gabriel Marcel*, Neuchâtel, La Baconnière, 1976.

―――, «L'intersubjectivité chez Gabriel Marcel», *Colloque organisé par la*

Bibliothèque Nationale et l'association "Présence de Gabriel Marcel", Bibliothèque Nationale, Paris, 1989.

TILLIETTE Xavier, «Gabriel Marcel ou le socratisme chrétien», *Philosophes contemporains*, Paris, Desclée de Brouwer, 1962.

―――, «L'orphisme chrétien de Gabriel Marcel», *Questions*, 1974, n° 2, pp. 76-80.

IMAMICHI Tomonobu, «La vérité et la vertu», *Colloque organisé par la Bibliothèque Nationale et l'association "Présence de Gabriel Marcel", Bibliothèque Nationale*, Paris, 1989, pp. 171-174.

WADA Machiko, «Gabriel Marcel au Japon», *Colloque organisé par la Bibliothèque Nationale et l'association "Présence de Gabriel Marcel", Bibliothèque Nationale*, Paris, 1989, pp. 52-54.

6 マルセルについての研究書（日本語）

小林敬『存在の光を求めて―――ガブリエル・マルセルの宗教哲学の研究〈1〉』創文社，1997年．

岳野慶作『マルセルの世界　神の死と人間』岳野慶作著作集，第7巻，中央出版社，1974年．

竹下敬次・広瀬京一郎『マルセルの哲学』弘文堂，1964年．

7 その他の参考文献

BACHELARD Gaston, *La Dialectique de la durée,* Paris, PUF, 1963.

CHEVALIER Jacques, *Histoire de la pensée,* vol. IV - *La pensée moderne de Hegel à Bergson*, Paris, Flammarion, 1966.

CLAUDEL Paul, Art poétique , *Œuvre poétique*, coll. La Pléiade, Paris, Gallimard.

DESCARTES, Méditations, *Œuvre de Desacartes*, ed. Adam et Tannery, vol. IX, Paris, J. Vrin, 1973. *Œuvres et Lettres, textes* présentés par André Bridoux, Paris, Gallimard, 1953.

HYPPOLYTE Jean, *Figures de la pensée philosophique*, vol. I – II, Paris, PUF, 1971.

LALANDE André, *Vocabulaire technique et critique de la philosophie*, Paris, PUF, 1972.

LAVELLE Louis, Traité de valeurs, vol. I - II, Paris, PUF, 1950, 1955.

LE ROY Edouard, *La pensée intuitive*, vol. I, *Au-delà du discours*, Paris, Bovin et Cie, 1929.

PARAIN=VIAL Jeanne, *Le Sens du présent*, Paris, J. Vrin, 1932.

―――, *Métaphysique*. vol. IV, Lyon, E. Vitte, 1956.

―――, *La nature du fait dans les sciences humaines*, Paris, PUF, 1966.

―――, *Tendances nouvelles de la philosophie*, Paris, Le Centurion, 1978.

POPPER Karl, *La logique de la découverte scientifique*, Paris, Payot, 1973.

RICŒUR Paul, *Tendancers principalrs de la recherche dans les sciences sociales et*

humaines, vol. I - II, Paris, Mouton, Unesco, 1978.
RODIS-LEVIS Geneviève, *Descartes et le rationalisme*, Paris, PUF, *Que-sais-je?*, 1977.
THÉVÉNAZ Pierre, *De Husserl à Merleau-Ponty, Qu'est-ce que la phénoménologie?*, Neuchâtel, Éd. de la Bacconière, 1971.
WAHL Jean, *Vers le concret*, Paris, J. Vrin, 1932, 2004.

人名索引

アウグスチヌス　175
アダム・スミス　200
アムラン　8
アリストテレス　43, 44, 73, 92, 229
アルチュセール　100
イヴァノフ　158
イポリット　148
ヴァール　6, 7, 181, 182
ヴィオレット　157, 220, 221
ヴォルムス　240
エドシック　80, 85, 114, 122, 123, 127, 152, 158, 236, 237, 240, 246

カリウ　209, 214, 219, 221, 224, 225, 232, 239
カント　3, 8, 14, 30, 46, 57, 98, 116-18, 227, 236
キリスト　148, 155, 157, 174, 198, 200, 221, 223, 230, 244-46
キルケゴール　155
グイエ　145, 146, 177, 219-22, 237, 240
クローデル　190
コロー　90
コンディヤック　57, 111
コント　104, 238

サルトル　148
シェイクスピア　130
シェリング　6, 29
ジャンヌ・ダルク　195
シュヴァリエ　17, 244
十字架の聖ヨハネ　200, 210
ショーペンハウアー　29
ジルソン, エティエンヌ　243, 244
スピノザ　29, 48, 88, 103, 119, 136, 174
スペンサー　6, 14, 22, 71

聖ヴァンサン・ド・ポール　215
聖テレジア　195
聖フランシスコ　195
聖ヨハネ　197, 231
ゼノン　23
セルティヤンジュ神父　230
ソクラテス　57, 226

ターナー　90
ダヴィンチ　92
ティリエット　223
テヴェナ　234
テオ, ジャン　34
デカルト　14, 17, 24, 46, 48, 98, 104, 105, 107, 119, 127
デュ・ボス　14, 23
デルボ　68
ドゥヴォー　4
ドゥルーズ　48
トマス　65, 189
トロワフォンテーヌ　6, 10
トンケデク　177, 222

バイエル　82, 92, 95
ハイデガー　136, 155
バシュラール　146, 147
パスカル　203, 238
パラン＝ヴィアル　66, 100, 111, 137, 139, 140, 142-44, 156, 160, 187, 191
バルテルミ＝マドール　14, 48, 204
ビラン　237
フイエ　30
フィヒテ　6, 29
ブートルー　8
ブタン　54
フッサール　68, 102, 188, 189, 233, 234
ブラッドレー　7

プラディヌ　240
プラトン　43, 44, 48, 66, 112, 113, 182, 221, 226, 230, 231
ブランシュヴィック　68, 70
プリニ　67
プルルド　191
ブレイエ　239
プロティノス　219
ブロンデル　237
ヘーゲル　3, 5-7, 29, 66, 70, 229
ペギー　5, 244
ボザンケ　7
ポパー　236
ポラン　151

ミル　6, 42
ミンコフスキー　109
ムレロ　181
メイエル　96
メーヌ・ド・ビラン　237
メルロ＝ポンティ　108
モッセ＝バスティド　23, 221

ヤスパース　63, 107, 233
ユイスマン　95
ユード　54, 55, 73, 95, 104, 158, 172, 174, 177, 178, 181, 183, 220-22, 228-31, 242, 243, 245

ライプニッツ　83, 85, 88, 107, 119, 151
ラヴェッソン　95
ラヴェル　174
ラランド　vii, 72
リクール　64, 157, 188, 233, 234
ル・ロワ　4
ロイス　4, 171, 175
ロック　71
ロビネ　241

石井敏夫　83
今道友信　xiii
九鬼周造　xi
西田幾多郎　xii
澤瀉久敬　xii

事項索引

ア 行

愛
 ベルクソン　38, 94, 185-87, 190, 194-99, 225, 227, 231, 232, 234, 236, 246
 マルセル　5, 9, 10, 61, 70, 73, 74, 136, 155, 162, 186, 202-15, 231, 232, 234-36, 241, 244, 246
 ――である神　235
 ――の躍動　150, 185, 195, 199
 家族――　194
 神の――　225, 227, 229
 神への――　231
 所有――　207, 212
 祖国――　194
 人間（隣人・友）――　9, 190, 191, 195, 212, 215, 218, 225, 229, 231, 232
悪　6, 38, 104, 136, 149-58, 179, 182, 187, 223, 245
意識
 ベルクソン　17, 19, 23-28, 32, 34, 36, 84, 86-91, 96, 102, 104, 116-25, 127, 142, 147, 149, 150, 154, 155, 159, 161, 164, 170, 172, 173, 177, 183, 188, 191, 200, 221, 230, 237, 241, 243, 245
 マルセル　5, 63, 64, 69-73, 98, 100-02, 133, 155, 163, 167, 180, 182, 202-05, 207, 209, 210, 212, 213, 240, 241
 「――鏡」説　204
 ――状態　43, 71, 120, 204
 ――に直接的に与えられているもの　82, 85, 97
 ――の性質　182
 ――の相互浸透　189
 ――の断絶　144
 集中した――　172, 173
 瞬間的な――　140
 対象化する――　54
 力の――　59
 超――　109, 240
 直接的――　19, 51, 84
 働く――　134
 働かない――（無為の意識）　143
 非時間的な――　136, 138
 物質の中に投げ込まれた――（物質的な枠内への意識の挿入）　40, 49
 傍観者――　87
 有限性の――　221, 241
一元論　177, 222
イデア（観念・「思考」）　27, 111, 112, 230
永遠
 ベルクソン　10, 27, 78, 138-39, 145, 151, 156, 159, 163, 169, 174-78, 182, 183, 229, 230, 232, 235
 マルセル　10, 66, 78, 106, 130, 134, 136, 138-40, 156, 159, 160, 163, 165, 167-72, 174, 175, 179, 183, 210, 213, 214, 219, 231, 232, 235, 236, 241, 244

カ 行

概念の有用性　27
概念批判　4, 9, 10, 17, 18, 20, 22, 26-31, 33-37, 40, 43-45, 72, 84, 114, 115, 132, 146, 176, 230, 232, 233, 240
科学
 ベルクソン　14, 15, 17, 18, 25, 27, 46, 49, 51, 86, 88, 116-19, 138, 150, 164, 179, 181, 199, 219, 222, 224, 229, 232, 235-40, 242, 245
 マルセル　15, 59-61, 66, 70, 71, 74,

87, 97, 100, 101, 105, 107, 110, 111, 122, 137, 210, 213, 214, 223, 224, 232, 237
　生命―― 49, 224, 237
神
　ベルクソン 23, 38, 41, 67, 95, 174, 177-79, 195, 220-22, 224, 225, 227, 228, 235, 240, 241, 246
　マルセル 5, 7, 38, 54, 63, 68, 70, 72, 174, 175, 183, 198-201, 220, 225, 226, 228-32, 235, 236, 241, 246
感覚
　ベルクソン 10, 11, 14, 26-28, 34, 36, 57, 72, 73, 79-81, 83, 84, 86, 89, 91, 96, 114, 115, 117-21, 127, 140, 176, 179, 182, 198, 234
　マルセル 7, 8, 10, 11, 57, 58, 60-64, 68, 69, 71, 72, 74, 85-88, 98-101, 103, 104, 107, 108, 111, 113, 154, 165, 166, 174, 180-81, 183, 185, 209, 210, 213, 214, 216, 229, 230, 234, 235, 237, 241
　超――的（世界） 6, 27, 112, 224
観念論 6, 8, 14, 15, 53, 57, 62, 68-70, 72, 118, 135, 204, 205, 227, 233
　新―― 14, 15, 69
記憶
　ベルクソン 14, 32, 34, 36, 38, 79-85, 88, 89, 96, 102, 114-46, 148, 158-61, 163, 179
　マルセル 128, 142, 160-62
　純粋―― 23, 34, 81, 102, 121, 146, 163, 165, 172, 179, 182, 183
技術 54, 59, 60, 137, 169, 210
過去
　ベルクソン 30, 32, 34, 80, 81, 85, 88, 93, 122, 123, 128, 141-45, 156, 159, 166, 178, 179, 235
　マルセル 132, 134, 153, 160, 162, 165-67, 172, 174
共感 19, 20, 39, 50, 90, 92, 96, 97, 99, 106, 110, 112, 141, 185, 186, 192, 185-90, 196-99, 219, 225, 227, 230, 234
　自然的―― 192, 200, 201

社会的―― 197
本能的―― 200, 201
キリスト教 148, 155, 157, 174, 198, 200, 221, 223, 230, 244-46
空間
　ベルクソン 8-10, 23, 25, 27, 33-35, 63, 77-81, 109, 113-19, 122, 123, 125, 127, 128, 142, 152, 164, 179, 180, 182
　マルセル 8-10, 59, 60, 108, 110-13, 165, 179, 182
　生の―― 133
　生きられる―― 108, 113, 179, 180
　等質（的）―― 80, 114-16, 119, 122, 123, 127
　芸術的―― 89, 90, 92, 93, 95-98
苦しみ（苦悩）
　ベルクソン 78, 148, 150, 154
　マルセル 71, 78, 133, 136, 142, 143, 146, 147, 155, 182, 183
「経験的」哲学 71
経験論（者） 4, 57, 71, 111, 188, 223
芸術 162, 213
　――的見方 95, 181
　　ヴィジョン
決定論 23, 42, 43, 138
言語（言葉）
　ベルクソン 3, 10, 27, 29, 36-39, 41, 44, 45, 68, 109, 121
　マルセル 3, 10, 37-38, 64, 68, 73, 109, 186
現在
　ベルクソン 33, 42, 43, 56, 80, 83, 84, 88, 93, 94, 96, 121, 123, 125, 127, 140, 142, 144, 145, 147, 156, 158-60, 162-65, 169, 175, 178, 180, 235, 246
　マルセル 130, 134-36, 138, 140, 163, 166-68, 171-74, 215, 246
　厚みのある―― 14, 31, 140, 146, 175, 246
　瞬間的な―― 31, 164, 210
現象学 5, 58, 110, 129, 167, 179, 203, 218, 233, 234, 236
現存 8, 10, 58, 62, 63, 65-67, 71, 98,

事項索引 261

107, 148, 160, 166, 172, 177, 183, 202,
203, 207, 208, 210, 211, 213, 226, 227,
232
行為　77
　　共通（共同）――　107, 214, 215
　合理主義　188

サ　行

参与　58, 71, 83, 108, 109, 160, 213, 228,
230, 242
　世界（環境）への――　68, 108
　存在への――　10, 64, 73, 74, 111,
218, 221, 241
　本質への――　187, 228, 241
死
　ベルクソン　149, 150, 182
　マルセル　153, 163, 170, 182
時間
　カレンダーの――　78, 129
　空間化された――・空間的――
14, 73, 78, 79, 114, 116, 117, 119, 122,
128, 129, 133, 137, 139, 182, 183, 234,
235
　数学的――　22, 143
　調整された――　78, 129-32, 136-
38, 170
　日常的――　166
　破壊的――　133, 182, 130, 132,
136-38, 154-56
　持つ――　131, 133-35, 137
　野生の――　130, 143, 170
　予見可能な――　171, 172
　予見不可能な――　173, 174
自己
　――愛　187, 200
　――意識　64, 102, 134, 185, 188,
203-05, 212
　――認識　47, 73, 185, 189, 202, 205,
212, 242
　――の存在　188, 203, 205
　対象としての――　73

自然
　――宗教　150
　――・――との交流　77, 90, 91, 95,
96, 108, 112, 180, 187, 202, 214, 218,
223
　――・――的（なもの）　36, 40, 92,
94, 150-52, 164, 192
　――的概念　30
　――な認識・――発生的
25, 32, 38, 50, 59, 68, 74, 93, 99, 100,
117, 130, 137, 140, 149, 242
　――の秩序　8, 214
持続
　ベルクソン　13, 30, 31, 73, 74, 77,
78, 84, 92, 93, 96, 114, 118, 119, 121,
128, 129, 133, 137-48, 155, 156, 158,
161, 170-80, 183, 219, 227, 229, 235,
238, 240-45
　マルセル　78, 82, 136-43, 147, 155,
158, 159, 161-63, 165, 166, 168, 170-
73, 175, 179, 183, 235, 245
　――の序列（ヒエラルキー）　175
　――の断絶　78, 142
　空間化された――　158, 182
　散乱した――　23
　集中した――　169, 172
　不可分な――　78, 139-41, 143, 148,
156, 159, 182
　分割されていない――　139, 159,
182
　予見不可能な――　159,
実証主義　15, 17, 69, 70, 166, 236-39,
244, 247
実存　3, 9, 10, 61-68, 99, 104, 111, 122,
136, 148, 181, 199, 202, 206, 209, 214,
218-20, 226, 231, 234, 235, 237, 244
実存的確信　61-64, 67, 68, 99, 203
実存主義　148
自由
　ベルクソン　23, 69, 156, 157, 182
　マルセル　69, 143, 157
充溢　7, 59, 130, 156, 163, 166, 172,

174, 179, 182, 183, 206-08, 215, 219, 221, 226, 231, 232, 234
主客の対立（分離）　57, 59, 73, 81, 85, 97, 98, 100, 106, 181, 225, 233, 234
進化　183, 226, 239
　──論　23, 235, 244
心身合一　181, 68
身体
　ベルクソン　34, 105, 164, 181
　マルセル　98, 105, 204
　──性　107
　　主観──（私の──）　62, 101, 103, 105, 107, 108
　　対象──　101
神秘主義・神秘的経験（直観）　210, 213, 214, 216, 221, 224-26, 230, 244, 246
信仰　5, 7, 8, 57, 61, 70, 74, 155, 160, 174, 197, 212, 215, 216, 228-30, 235, 236, 245, 246
スピノザ主義　174
絶対者・絶対的なもの　7, 176, 177, 178, 194, 195, 210, 229, 242
絶対知　5, 7, 53, 70
相互主観性　10, 61, 64, 68, 102, 111-13, 163, 186, 202-09, 217, 227, 235, 241
　　純粋な──　202
相互主観的行為　110
相互主観的つながり　202-08, 197, 226, 241
創造
　ベルクソン　19, 20, 24, 25, 42, 54, 94, 122, 123, 127, 146, 158, 159, 173, 177, 187, 198, 199, 218, 225, 227-30, 242
　マルセル　19, 66, 69, 109, 130, 131, 133, 160, 184, 190, 198, 207, 209, 210, 218, 226
　　科学的──　199
　　芸術的（美的）──　94, 187, 199, 222, 226
　　──するエネルギー　198, 199

　──的（な）持続・持続の──性　25, 69, 92, 136, 170, 174
　──神・──主（者）・神の──　23, 177, 213, 220, 222, 228
　──的感動（エモーション）　195
　──的進化　56, 79, 163, 176-78, 184, 199, 218-22, 229, 240, 241, 244, 245
　──的誠実　211
存在
　ベルクソン　10, 11, 26, 29, 33, 41, 42, 55, 56, 70, 72, 77, 85, 92, 105, 147, 148, 154, 159, 163, 175, 178
　マルセル　7, 9-11, 38, 54, 65-68, 70, 73, 74, 88, 109-11, 113, 128, 130, 134, 136, 137, 154, 156, 159, 162, 212
「存在」　65, 67, 182, 213, 216, 218, 219, 246
　──の欠陥　219
　──の序列（ヒエラルキー）　175-78
　──の性質　178, 187, 241
　──の要求　130, 183
　──への根づき　75
　──論　29, 41, 160, 163, 178, 206
　共──　206, 211, 241
　状況内──　107, 109, 202
　身体的──　240
　世界内──　105, 107, 202
　相互主観的──　10, 108, 113
　超越的──　10, 68, 172, 175
　超感覚的──　224
　人間──　154, 160, 163, 179
　物の──　148, 220-26, 228-32, 234, 235, 238, 240-42, 244, 245, 247

タ・ナ　行

第一の反省　15, 57-61, 68, 72-74, 100, 104, 106, 188, 198, 217
対象化　10, 53-55, 59, 60, 63, 69, 77, 86, 97, 98, 101, 105, 180, 194, 207, 209, 218, 225, 235, 236

事項索引　　　　　　　　　　　　　　　　263

第二の反省　　10, 15, 53, 54, 57, 58, 64, 65, 67, 68, 72-74, 88, 100, 105, 109, 179, 202, 213, 217, 244-46
他者
　——に対する愛　　68, 196
　——に対する気兼ね　　200
　——（の）意識　　188, 189, 209
　——（の直接的）認識　　189, 190, 198, 203, 205, 213, 215, 218
　——の存在（実存）　　64, 188, 194, 203-06, 209, 211
知覚
　ベルクソン　　15, 26-30, 33-36, 57, 81-83, 86, 92, 127, 169, 179
　マルセル　　71
　——の拡大　　28, 32
　純粋——　　79-88, 102, 112, 113, 179
知性
　ベルクソン　　14, 17-26, 28, 33, 36, 38, 39, 41, 43-45, 49-51, 55, 59, 61, 68, 72-74, 123, 145, 150, 193, 198, 208, 217, 242
　マルセル　　53, 60, 137
　——主義　　18
抽象化
　ベルクソン　　9, 20, 26-28, 33, 35, 36, 39, 45, 79, 83, 110, 114-17, 122, 127, 131-33, 139, 155, 182, 230, 233, 246
　マルセル　　4-9, 19, 66, 71, 73, 110, 132, 161, 162, 171, 226, 233, 246
超越　　5, 6, 10, 54, 58, 62, 68, 146, 169, 172, 174-18, 183, 189, 221, 224-26, 235, 240, 245, 246
　自己——　　189, 243
超自然　　165
直観　　18-21, 30, 47-49, 51, 53-56, 63-68, 72-74, 198, 200, 226-32, 241-44
　神秘的——　　198, 221, 226, 228
　盲目にされている——　　10, 58, 61, 64-67, 74
直接経験

ベルクソン　　3-5, 8-10, 14, 30, 60, 61, 63, 68, 71-74, 79, 80, 82-85, 88, 96, 97, 100, 110, 179, 185, 194, 217, 218, 226-28, 231-36, 246
マルセル　　3-10, 54, 55, 57, 58, 63, 64, 67, 68, 71-74, 82, 88, 96, 97, 100, 101, 106, 130, 136, 179, 185, 202, 206, 208, 209, 213, 215-18, 226-29, 231-37, 246
統一　　14, 26, 28, 54, 63, 69, 85, 89, 107, 113, 142, 155, 156, 158, 162, 165, 172, 174, 175, 180, 181, 183, 199, 206, 208, 209, 211, 215, 226, 229, 231, 239, 243, 244
　充溢した——　　215
　相互主観的——　　212
道徳　　239
　——的感情　　187
　社会的——と人類——　　198
トマス主義　　189
努力　　73, 95, 176
　創造的——・創造の——　　218, 227, 230

内的世界と外的世界　　110, 112, 113, 181
二元性　　126, 181, 191, 214
二元論　　11, 24, 62, 88, 89, 97, 99, 101-04, 106, 107, 121, 161, 181, 237, 247

　　　　　ハ　行

汎神論　　177, 221, 222
表象
　ベルクソン　　9, 14, 23-25, 27, 33-35, 37, 39-45, 50, 60, 63, 74, 80, 82, 86, 100, 107, 114, 116, 119, 122-26, 128, 131-33, 147-50, 163, 181, 217, 235, 236, 241, 243, 244
　マルセル　　57-60, 63, 67, 74, 88, 100, 101, 104, 107, 109, 129-34, 137, 161, 163, 168, 169, 217, 235, 236
広がり（延長）

ベルクソン　　10, 24, 42, 44, 45, 77-84, 86, 88-90, 92, 95-97, 105, 110, 112, 114-19, 121-28, 139, 179, 180, 185, 235, 244
　　マルセル　　78, 98, 99, 179, 182, 185, 188, 235, 240
彼岸　167, 174
美的経験　180
付帯現象説　102, 119, 138
仏教　215
並行論　104
　　心身——　88, 103, 110, 119, 165, 204
　　精神生理学的——　102, 120, 181
　　精神物理的——　138
本質
　　ベルクソン　　19, 23, 39, 87, 95, 157, 190
　　マルセル　　37, 109, 187, 206, 210, 212, 230, 231
　　愛の——　213
　　悪の——的要素　157
　　音楽（芸術）の——　213
　　神の「思考」である諸——　230
　　感覚の——　87
　　記憶の——　159-61

　　生物学的——　40, 223, 239
　　相互主観性の——　206
　　物質の——　23
　　「私たちの」——　214

マ〜ラ　行

未来
　　ベルクソン　　30, 93, 159, 169-73
　　マルセル　　134, 138, 154, 160, 168, 170-72
無　42, 55, 147
無意識　50, 81, 83, 97, 112, 121, 143, 145-47, 159, 161, 164, 179
目的論　23

唯物論　5, 25, 61, 62, 68, 102, 103, 208, 238
呼びかけ　36, 37, 45, 47, 65, 67, 170, 195, 213, 216, 218, 219, 225, 226, 232, 240, 241
喜び　150, 151, 182, 212

来世　174, 183
楽観論（楽観的）　151, 153, 154

塚田 澄代（つかだ・すみよ）
南山大学大学院文学研究科博士課程単位取得満期退学
哲学博士（グルノーブル第Ⅱ大学），鹿児島大学大学
院医歯学総合研究科准教授
〔主要業績〕L'immédiat chez H. Bergson et G. Marcel
(Édition Peeters, Louvain Paris, 1995). La réflexion sur
l'existence et l'être chez M. Heidegger et G. Marcel
(2006;), La fidélité à autrui et la fidélité à soi-même chez
G.Marcel contre Deleuze（2009）, Remise en question de
l'euthanasie chez Gabriel Marcel（2010）,「価値につい
て─ガブリエル・マルセルとサルトル，ドゥルーズ，
デリダ」(2006),「ガブリエル・マルセルの希望の死
生観と他の死生観との比較」(2012) など

〔ベルクソンとマルセルにおける直接経験〕　ISBN978-4-86285-149-9

2013年3月10日　第1刷印刷
2013年3月15日　第1刷発行

著 者　塚　田　澄　代
発行者　小　山　光　夫
製 版　ジ　ャ　ッ　ト

発行所　〒113-0033 東京都文京区本郷1-13-2　株式会社 知泉書館
　　　　電話03(3814)6161 振替00120-6-117170
　　　　http://www.chisen.co.jp

Printed in Japan　　　　　　　　印刷・製本／藤原印刷